L'EUROPE DES LANGUES

*PSYCHOLOGIE ET SCIENCES HUMAINES*

Miguel Siguan

l'europe des langues

MARDAGA

© 1996, Pierre Mardaga, éditeur
Hayen 11 - B-4140 Sprimont
D. 1996-0024-5

Avant-propos

Depuis les premiers efforts pour construire une Europe unie se sont multipliées réflexions et prises de position sur tous les aspects de l'entreprise. Il ne se passe pas de jour que l'on n'annonce la parution d'un livre, que ne se publie un article, que ne se tienne une rencontre, ne se prononce une conférence sur quelque thème crucial de cette construction, qu'il s'agisse de droit communautaire, de finances, de transports, de commerce, ou de communication. Il est rare, cependant, que l'on traite des problèmes linguistiques que soulève la construction de l'Europe, alors qu'à l'évidence, la pluralité des langues est l'un des obstacles majeurs à la mise en place d'une Europe unie, et qu'il nous faut bien disposer de langues communes si nous voulons discuter et nous mettre d'accord.

Ce livre vise à répondre à cette préoccupation en offrant une vue générale des questions qui s'y rapportent, à commencer par les origines historiques de notre pluralité linguistique, pour aborder ensuite les liens qui se sont établis entre langue et sentiment national et leur traduction politique, puis les diverses formules adoptées par les différents états européens pour répondre à leur diversité linguistique. Mais les pages qu'on va lire ne se limitent pas aux implications politiques de cette diversité; elles décrivent aussi les formes de vie propres aux sociétés où se parlent plusieurs langues, l'influence du progrès technique sur l'évolution des langues et la tendance à adopter certaines langues comme instrument de communication entre groupes linguistiques différents. Elles abordent enfin l'enseignement des langues étrangères, dans sa situation actuelle et ses nouvelles orientations. Toutes ces questions sont discutées dans le but avoué de parvenir à formuler une politique linguistique pour l'Union Européenne.

Avant de l'engager à commencer sa lecture, nous voudrions soumettre au lecteur deux remarques préalables.

L'ouvrage fait appel à l'histoire, à la linguistique, à la pédagogie des langues et à diverses autres disciplines sans que son auteur soit spécialiste d'aucune d'entre elles, pas plus qu'il ne s'adresse aux lecteurs spécialisés. Il vise à satisfaire la curiosité légitime de quiconque se sent, comme lui, et avec un bagage intellectuel minimum, intéressé par le problème des langues dans notre société à l'heure de la construction européenne.

D'autre part, ce livre a été écrit dans une perspective strictement européenne. Cependant, il a été écrit depuis la Catalogne — la première version a en être publiée l'a été en catalan. A mes yeux, ceci a facilité la perspective adoptée pour traiter des questions linguistiques. En effet, la Catalogne constitue un excellent exemple de la manière dont une langue peut se transformer en symbole de l'identité d'un peuple et mobiliser à son tour en lui des sentiments collectifs. Mais tout à la fois exemple de la nécessité pour un pays et une langue, somme toute mineure, de s'ouvrir à d'autres langues et de trouver des modes de coexistence. L'équilibre entre la fidélité à sa langue et la convivialité avec les autres est l'unique recette qui puisse être proposée pour gérer le plurilinguisme européen.

Un autre avantage mérite d'être noté. J'ai un jour proposé de caractériser la différence entre un monolingue et un bilingue en disant que, en cette fin de XXe siècle, est monolingue quiconque a l'anglais comme langue maternelle, et sont bilingues tous les autres. Sans doute est-ce une boutade, mais qui n'est pas sans fondement. Ceux qui apprennent à parler dans l'une des grandes langues mondiales ne ressentent pas autant la nécessité d'apprendre d'autres langues que ceux qui, comme nous, apprennent à parler dans une langue mineure. Cela ne va pas sans conséquences. Le monolingue tend à croire à l'identification entre la réalité et son expression verbale, et à cause de cela, il tend à adopter un mode de pensée dogmatique et absolutiste, alors que quiconque est habitué à se mouvoir dans des langues et des cultures diverses accepte plus facilement les divergences et les ambiguïtés. Si nous avons renoncé a construire une Europe selon un modèle unique, une Europe uniforme selon le rêve de Napoléon, ou, plus près de nous, et par des chemins plus scabreux, de Hitler, ne serait-ce pas que nous avons pris parti pour la diversité et pour la liberté, et que nous avons, du même coup, opté pour une Europe de bilingues et, pourquoi ne pas le dire nettement, de métisses?

M.S.

Chapitre 1
Les racines historiques

1.1. UN PANORAMA VARIÉ

De l'Atlantique à l'Oural, pour reprendre l'expression consacrée, le panorama linguistique qu'offre l'Europe est assurément très varié.

Si l'on commence par l'extrême sudouest du continent, on trouve en premier lieu une aire de langues romanes dérivées du latin, dont quatre sont langues officielles d'autant d'états : le portugais (Portugal, 9,9 millions d'habitants), le castillan ou espagnol (Espagne, 39,2 M d'habitants), le français (France, 57 M), et l'italien (Italie, 56 M). En Europe, le français est aussi langue coofficielle en Belgique (10 M) parce que c'est la langue propre de la Wallonie, et il coexiste avec le flamand à Bruxelles. C'est également la langue de différents cantons de la confédération Helvétique (6,9 M). En Italie, le français est cooficiel avec l'italien au Val d'Aoste.

D'autres langues romanes de diffusion inégale coexistent avec ces langues d'État. Le catalan a non seulement un nombre considérable de locuteurs, il est en outre officiellement reconnu et est actuellement langue coofficielle avec l'espagnol dans les territoires où il est parlé : Catalogne (6 M d'habitants), Iles Baléares (680 000) et Pays de Valence (3 M) où la variante locale est plus connue sous le nom de valencien. Le catalan est la langue officielle d'Andorre (50 000), récemment admis à l'ONU comme État indépendant. Il y a en outre en Galice (2,8 M) le galicien, langue apparentée au portugais, qui a statut de langue coofficielle à côté du castillan au sein de l'État espagnol. Au Val d'Aran (5 000 habitants), territoire de la Catalogne pyrénéenne frontalier avec la France, se parle l'aranais, un sous-dialecte gascon actuellement codifié et protégé. En Suisse, le rhétoroman ou romanche, bien que de diffusion réduite, a statut de langue nationale à côté de l'allemand, du français et de l'Italien. Au sud de la France, l'occitan, qui regroupe un nombre de locuteurs relativement important, se trouve dans une situation très précaire. Il en va de même pour le corse parlé en Corse, tout comme pour diverses autres langues néoromanes de la péninsule italienne tels le ladin et le furlane dans les contreforts des Alpes, ou le sarde en Sardaigne.

En Grande Bretagne, (57,8 millions d'habitants), la langue officielle est l'anglais alors qu'en Irlande (3,5 M), l'anglais est coofficiel avec l'irlandais, une langue celte qui fut pendant un temps la langue propre du pays. Diverses langues celtes se maintiennent également dans les Îles Britanniques : en premier lieu, le gallois qui bénéficie d'une certaine protection officielle. Beaucoup plus précaire est la situation du gaélique en Écosse et de la langue de l'île de Man qui a d'ailleurs peu de locuteurs. En France, et concrètement en Bretagne qui fait face aux côtes anglaises, une autre langue celte, le breton, se maintient difficilement.

L'allemand est la langue officielle de l'Allemagne (80,6 millions d'habitants) et de l'Autriche (7,8 M). L'allemand, à côté de sa forme cultivée, présente une grande variété de dialectes dont certains se parlent dans certaines régions des pays voisins; c'est le cas de différents cantons suisses, raison pour laquelle l'allemand est aussi l'une des langues nationales de la Confédération Helvétique. C'est également le cas de l'Alsace en France, mais dans ce pays, sans reconnaissance officielle. C'est encore le cas du Luxembourg (400 000 hab.) où le dialecte allemand local a été récemment codifié et promu langue nationale et officielle. L'allemand est enfin parlé dans une petite zone de Belgique qui dispose, de ce fait, d'un statut linguistique propre.

Le néerlandais est la langue officielle de la Hollande (15 M). C'est sous ce nom ou sous le nom de flamand qu'il est aussi langue coofficielle en Belgique puisque c'est la langue propre de la région des Flandres et qu'il coexiste avec le français dans la ville de Bruxelles. Dans la région frontalière entre la Hollande et l'Allemagne, le frison se maintient.

Dans les pays scandinaves sont parlées différentes langues étroitement liées entre elles : le danois au Danemark (5,2 M), le suédois en Suède (8,7 M), le norvégien en Norvège (4,3 M) et l'islandais en Islande

(260 000 habitants). A une certaine époque, le suédois fut la langue dominante en Finlande, où vit encore une minorité suédoise importante et où le suédois a statut de langue coofficielle.

Le finnois en Finlande (5 M) et le hongrois en Hongrie (10,5 M), bien qu'étant deux langues géographiquement très éloignées, sont classées dans le même groupe par les linguistes, groupe auquel appartient également l'estonien, parlé en Estonie (1,6 M).

Le grec, langue dérivée du grec classique, est la langue nationale de la Grèce (10,2 M). L'albanais est la langue de l'Albanie (3,3 M) ainsi que de la région du Kosovo dans l'ancienne Yougoslavie. Il existe aussi des petits îlots de langue albanaise en Grèce, voire en Italie où il est plus connu sous le nom d'albanite.

Dans la péninsule des Balkans, on trouve une langue néoromaine héritée de la présence des Romains dans cette aire, le roumain, langue de Roumanie (23,4 M). En Moldavie (4,4 M), région incorporée à l'Union Soviétique après la dernière guerre mondiale, mais aujourd'hui théoriquement indépendante, est parlée une variété du roumain qui, à une certaine époque, prétendit devenir langue indépendante. Plus consistant est l'aroumain, langue néolatine parlée par les anciens Valaques aujourd'hui disséminés dans divers pays balkaniques, en Grèce principalement.

Le lituanien parlé en Lituanie (3,8 M) et le letton en Lettonie (2,7 M) sont des langues liées entre elles et que les linguistes réunissent d'ailleurs dans un groupe balte.

Cependant, en Europe orientale, les langues les plus parlées sont les langues slaves, parmi lesquelles on peut distinguer plusieurs groupes. Dans le groupe occidental on range le polonais (Pologne 38,5 M), et le tchèque, séparé du slovaque depuis un certain temps, séparation consommée plus récemment sur le plan politique : République Tchèque (10,4 M) et République Slovaque (5,3 M). Le groupe méridional des langues slaves comprend le bulgare en Bulgarie (8,9 M), le slovène en Slovénie (2 M), et le serbocroate encore que les deux communautés, devenues des États indépendants, la Serbie (910,6 M) et la Croatie (4,9 M), utilisent des alphabets différents, et que, dans certains milieux croates, les deux langues soient considérées comme différentes. Il faut ajouter enfin le macédonien, si on le considère comme une langue indépendante plutôt que comme un dialecte bulgare.

Le groupe oriental est d'abord représenté par le russe, parlé dans la Fédération russe (149,2 M, dont une partie vit bien au-delà de l'Oural), ainsi que par le biélorusse et l'ukrainien, langues de deux entités nationales incorporées naguère à l'URSS mais aujourd'hui États indépendants : la Biélorussie (10,3 M) et l'Ukraine (52,2 M).

Pour des raisons que je commenterai aux chapitres historiques, dans les pays des Balkans et de l'Europe orientale, les frontières politiques coïncident rarement avec les frontières linguistiques, et dans tous ces pays se trouvent des minorités parlant les langues des pays voisins. Citer ici dans le détail tous ces cas compliquerait ce panorama, aussi les laisserons-nous pour l'instant de côté.

Pour rester fidèle à l'expression «de l'Atlantique à l'Oural», il faut inclure parmi les langues européennes, les trois langues parlées dans les régions du Caucase qui étaient auparavant des Républiques fédérées au sein de l'URSS et devenues, du moins en théorie, des Républiques indépendantes : le géorgien en Géorgie (5,5 M), l'arménien en Arménie (3,6 M) et l'azerbaïdjanais en Azerbaïdjan (7,3 M). De plus, sur les contreforts du Caucase et dans des territoires appartenant à la Fédération Russe ou aux États Caucasiens qui viennent d'être mentionnés, un certain nombre de langues mineures, ayant bénéficié à l'époque soviétique d'un certain degré de protection, se maintiennent encore. Si on se limite à celles qui sont parlées par plus de 200 000 personnes, on peut citer : le tchètchène, l'avar et le kavard qui appartiennent au groupe des langues caucasiennes; le kumik, qui appartient au groupe altaïque; et l'ossétique, de la famille indœuropéenne, et qui est une survivance de la langue que parlaient les Alains.

Pour clore cette liste, rappelons que le basque ou euskera, parlé dans la région du Nord de l'Espagne et du sud de la France, est une langue d'origine inconnue que certains linguistes ont apparentée avec les langues du groupe caucasien et plus concrètement avec le géorgien. Actuellement, en Espagne, le basque est officiellement protégé dans son territoire, le Pays Basque, (2,1 M) et il est coofficiel avec le castillan. Dans l'île de Malte (360 000 habitants), on parle une langue sémitique, le maltais, coofficiel avec l'anglais.

Cette liste permet de déduire que pour la seule zone géographique de la Communauté Européenne, reformulée depuis 1995, sous le nom d'Union Européenne et comprenant quinze États, treize langues d'État sont langues officielles de la Communauté encore que deux d'entre elles soient utilisées seulement dans des circonstances spéciales. A ces treize langues officielles ont peut en ajouter trois jouissant du statut de cooficialité dans leurs territoires respectifs et au moins huit langues minoritaires représentant des entités appréciables.

Au-delà des limites actuelles de l'Union, nous avons énuméré treize langues d'État auxquelles il faut en ajouter six autres si l'on considère qu'est consolidée la fragmentation de l'ex-Yougoslavie en différents États et si, par ailleurs, on compte les trois Républiques du Caucase comme des États indépendants. A cela, nous surajouterons six nouvelles langues : les langues propres des minorités linguistiques reconnues sur le plan politique.

On obtient ainsi, selon le critère utilisé, un ensemble de vingt-six ou de trente-deux langues d'État, et une cinquantaine si nous y incluons les langues non étatiques mais largement représentées du point de vue démographique ou bénéficiant d'un certain statut officiel. Cinquante langues, autrement dit beaucoup de langues ; certaines sont parlées dans plus d'un État et il arrive même qu'elles y soient l'objet d'un statut et d'un usage différents. Une même langue peut être langue majoritaire et officielle dans un pays, langue minoritaire mais reconnue officiellement dans un autre pays, et n'avoir, dans un troisième, aucune reconnaissance ni protection, ce qui complique considérablement le panorama.

Cinquante langues, cela fait évidemment beaucoup. Cependant, quand on sait que les linguistes estiment à un minimum de 3 500 les langues parlées à travers le monde, cinquante langues représentent bien peu de chose comparativement aux centaines de langues utilisées en Asie, en Amérique ou en Afrique. Il est vrai que la plupart de ces langues sont utilisées par un nombre réduit de locuteurs, qu'elles n'ont jamais eu un usage écrit, et par conséquent, qu'elles ne sont pas codifiées. Par contre, la majorité, pour ne pas dire la totalité des cinquante langues européennes, non seulement ont une forme d'usage écrit et sont assujetties à une codification plus ou moins stricte, mais en outre, dans bien des cas, leurs utilisateurs les considèrent — avec plus ou moins de conviction — comme symbole de leur identité collective.

En fait, et contrairement à ce que pourrait laisser penser ce nombre imposant de langues parlées à travers le monde, c'est l'Europe qui produit la plus grande impression de diversité linguistique. En Amérique du Nord, en Amérique du Sud, en Russie ou en Chine, on peut parcourir des milliers de kilomètres sans sortir de la même aire linguistique, alors qu'en divers endroits d'Europe, un simple déplacement de deux heures en voiture permet de traverser deux ou trois frontières linguistiques. Et pour observer les changements, il n'est pas besoin d'entrer en contact avec les habitants : les panneaux indicateurs le long des routes ou la toponymie sont assez explicites.

1.2. UNE ORIGINE COMMUNE : LES LANGUES INDOEUROPÉENNES

Certaines des langues parlées en Europe sont si ressemblantes entre elles — par exemple, le tchèque et le slovaque, ou le serbe et le croate, voire le danois et le norvégien — que l'intercommunication entre leurs locuteurs ne présente pas de difficulté particulière. Cependant, pour la plupart des langues européennes, c'est précisément le contraire qui se passe : elles sont mutuellement incompréhensibles. Pourtant, et malgré cette première impression de diversité, la majorité de ces langues ont quelque chose en commun.

C'est Friedrich Schlegel qui, au début du XIXe siècle (1808), fit remarquer les similitudes existant entre de nombreuses langues européennes. La preuve définitive fut apportée par Franz Bopp (1816) dans un livre intitulé : *Grammaire comparée du sanscrit, du zend, de l'arménien, du grec, du latin, du lituanien, du gothique et de l'allemand*. C'était l'époque de la préoccupation historiciste en linguistique, comme dans d'autres sciences, et l'on put bientôt établir la filiation détaillée et la description historique des langues qui reçurent le nom d'indo-européennes.

Longtemps, on a considéré que ces langues et les peuples qui les parlaient étaient originaires de l'Inde, d'où elles se seraient déplacées vers l'Europe au cours des siècles. Aujourd'hui cependant, on incline à penser qu'elles sont nées dans une région comprise entre la steppe d'Asie centrale, le sud de la Russie et les abords de la région d'origine des langues ouralo-altaïques, famille de langues apparentées aux langues indœuropéennes ; c'est-à-dire peut-être dans la région aujourd'hui connue comme la steppe de Kirghizie au Kazakhstan sud-oriental. On pense également que leur dispersion, du noyau d'origine vers l'Indoustan et vers l'Europe occidentale, s'est produite dès l'époque néolithique, de sorte que, vingt siècles avant J.C., les différents groupes linguistiques constituant cette famille de langues s'étaient déjà séparés.

Actuellement les linguistes s'accordent à distinguer neuf — ou dix, selon les auteurs — groupes principaux. Les trois premiers sont des groupes de langues qui n'ont été parlées qu'en Asie, et qui ne nous concernent pas ici ; il s'agit du tokharion aujourd'hui disparu, mais connu à partir de textes antérieurs au Xe siècle découverts au Turkestan ; de l'indo-iranien qui comprend des langues parlées autrefois, comme le sanscrit, le persan ancien, l'avestique, et, actuellement, l'indi ou bengali ;

l'urdu ; et le hittite, connu par des textes du second millénaire avant J.C. découverts en Asie Mineure.

En ce qui concerne le domaine européen, les groupes principaux sont :
1. **Le balto-slave** qui comprend deux principaux sous-groupes :
   - **le balte** : lituanien et letton
   - **le slave** : slave ancien et tout un ensemble de langues slaves actuelles divisées à leur tour en différents sous-groupes :
     - slave méridional : bulgare, serbocroate et slovène
     - slave oriental : russe ou grand russe, biélorusse ou petit russe, ukrainien ou russe blanc
     - slave occidental : tchèque, slovaque, polonais.

2. **L'illirien** avec un représentant actuel : l'albanais.

3. **Le germanique**, à partir d'un protogermanique parlé autrefois en Scandinavie et au nord de l'Allemagne et qui a donné naissance à différents sous-groupes :
– **le gothique** : langue parlée par les Goths avant qu'ils n'adoptent le latin, aujourd'hui éteinte, mais dont il reste des fragments dans la Bible d'Ulfilas du IVe siècle, et qui comprend le vandale et le burgonde.
– **le nordique** : langues scandinaves comme le danois, le suédois, le norvégien et l'islandais.
– **l'anglo-saxon** : *Old English* que parlaient les Anglais et les Saxons qui s'étaient établis dans Iles Britanniques à partir du Ve siècle et dont descend l'anglais actuel.
– **le haut allemand** : ancien haut allemand parlé au sud de l'Allemagne et dont provient l'allemand actuel.
– **le bas allemand** : ancien bas allemand et ancien saxon, parlé au sud de l'Allemagne et dont proviennent le néerlandais et le frison.

4. **L'Hellénique**, dans lequel ont peut historiquement distinguer la succession suivante : grec mycénien, grec hellénique avec ses différents dialectes, grec byzantin et grec moderne.

5. **Le celtique** avec deux sous-groupes :
– **le celtique continental** représenté par le gaulois, jadis utilisé dans les Gaules et aujourd'hui disparu.
– **le celtique insulaire** dont sont dérivés, d'une part, le gallois et le breton, et, d'autre part, le gaélique sous ses différentes formes : irlandais, écossais, manx (de l'Ile de Man).

6. **L'italique** : langues osquo-umbriennes de la Péninsule Italique et parmi elles, le latin (ou langue du Latium), dont proviennent les langues néo-latines actuelles : français, espagnol, italien, portugais, provençal, catalan, roumain.

Bien que les langues indœuropéennes se soient étendues dans tout le continent européen, des îlots linguistiques relevant d'autres familles de langues se sont maintenus. Il s'agit de :

– La famille ouralo-altaïque, à laquelle appartiennent également les langues turques, et représentée en Europe par le groupe finno-hongrois : finlandais, hongrois, estonien.

– La famille caucasienne, ensemble de langues parlées dans les contreforts du Caucase et dont la plus connue est le géorgien.

– La famille sémitique représentée par le maltais dans l'Ile de Malte.

– Le basque ou euskera, peut-être antérieur à l'arrivée des indœuropéens et dont on ne connaît pas clairement les connexions linguistiques même si on l'a mis en rapport avec la famille caucasienne.

Si, du point de vue de la linguistique, l'identification d'une famille de langues indo-européenne ne soulève guère de difficulté, en revanche, il apparaît très aventureux de tenter d'identifier les peuples qui, aux origines, parlaient ces langues, et qui, en raison de leur communauté d'origine, ont dû avoir une ascendance également commune.

Ce sont principalement les linguistes qui ont déployés leurs efforts pour élucider l'«énigme de l'indœuropéen». La glossochronologie tente, à partir de la comparaison entre les langues d'une même famille, dans ce cas l'indœuropéen, de déterminer l'époque à laquelle elles se séparèrent les unes des autres. La paléolinguistique, pour sa part, en se fondant sur les mots qui ont une racine commune dans les différentes langues de la même famille, tente de déduire le vocabulaire de base de l'indogermain primitif. De ce vocabulaire commun, on tente ensuite d'inférer certaines caractéristiques principales des peuples qui parlaient l'indogermain. Nous apprenons ainsi que les indopeuropéens primitifs constituaient une société à structure familiale solide, avec une organisation sociale hiérarchisée, peuples de pasteurs nomades et belliqueux qui montaient à cheval, et qu'ils se répandirent en vagues successives à travers l'Europe au cours du second millénaire avant Jésus-Christ, se superposant aux populations locales d'agriculteurs néolithiques.Quant à la localisation de leur territoire d'origine, les premiers spécialistes qui se sont intéressés au problème le situaient aux Indes, d'où l'identification des Indo-européens avec les Aryens, et la mythification qui s'ensuivit de la race aryenne comme colonne vertébrale de l'Europe. Mais ultérieurement, on a opté pour des localisations plus à l'Ouest, et selon l'hypothèse la plus généralement admise, pour une zone comprise entre la steppe d'Asie centrale et la Russie méridionale, aux alentours de la famille linguistique ouralo-altaïque, peut-être dans ce qui est aujourd'hui la steppe des Kirghises dans le Kasakstan occidental ; de là ils s'étendirent vers l'Est, jusqu'en Inde, aussi bien que vers l'Ouest, dans un premier temps en direction du sud et du nord de l'Europe, puis plus tard en direction de l'ouest jusqu'à atteindre les côtes atlantiques.

La difficulté est de concilier ces conclusions tirées de la linguistiques historiques avec les données archéologiques même si, dans un cas au moins, il semble que l'on puisse proposer une confirmation historique de cette théorie. L'arrivée des Doriens, un peuple qui parlait une langue indœuropéenne, dans la péninsule grecque, peut être mise en relation avec un panthéon de divinités solaires et guerrières dirigées par Jupiter qui se substituèrent, sans toutefois parvenir à les éliminer, à des divinités antérieures liées plutôt à la nature et à la fécondation. Il paraît assez facile, par ailleurs, de mettre en relation ces légendes homériques et la société héroïque qui les alimentait avec les splendeurs de l'archéologie du bronze dans quantité de sites de l'Europe centrale et danubienne et avec les restes qui nous sont parvenus de la culture des Celtes.

De toute manière, et en dépit de l'acceptation générale qu'a rencontrée cette interprétation des indogermains, il reste très difficile d'établir solidement la correspondance entre les déductions linguistiques et les données archéologiques. Le problème continue donc d'alimenter le débat et de favoriser l'éclosion de nouvelles théories. Récemment, un archéologue distingué, Colin Renfrew (1987), a suscité une attention considérable en faisant une proposition radicalement différente de celle, la plus généralement adoptée, qui vient d'être exposée. Les langues indogermaniques auraient, à coup sûr, une origine commune, que lui situe en Anatolie, donc en Asie mineure, mais leur diffusion en Europe serait beaucoup plus ancienne, commençant plus ou moins avec les débuts du néolithique, soit six ou sept millénaires avant notre ère ; cette diffusion n'aurait pas pris la forme d'invasions guerrières, mais au contraire elle aurait accompagné la propagation de l'agriculture, et dès lors la transformation des sociétés de chasseurs-cueilleurs en sociétés d'agriculteurs-éleveurs, un changement lent, échelonné au long de dizaines de siècles, au cours desquels les langues indo-européennes non seulement se seraient substituées aux langues antérieures, mais auraient elles-mêmes évolué pour finir par se séparer. L'auteur lui-même admet qu'il s'agit d'une hypothèse aussi difficile à démontrer que les autres, dans la mesure où le débat porte sur des époques qui ne nous ont laissé aucun témoins linguistique.

Pour notre propos, il reste clair que nous sommes fort loin de connaître les traits de la société primitive qui parlait la langue qui, avec le temps, a donné lieu aux langues indœuropéennes, et que, même à supposer que l'unité d'origine implique une base culturelle commune, les siècles ou les dizaines de siècles qui se sont écoulés dans son processus de différenciation ont évidemment dissout cette hypothétique communauté primitive. Il serait dès lors tout à fait vain de tenter de déduire des traits communs des langues européennes actuelles ce que les Européens auraient conservé de commun depuis leurs origines les plus éloignées. Ce qui s'est passé, au contraire, est tout à l'inverse : les différentes langues indœuropéennes, précisément parce qu'elles ont vécus ensemble une histoire commune, se sont influencées mutuellement et ont peu à peu acquis des traits semblabes à mesure que se forgeait une culture commune.

Parmi les facteurs de cette convergence, l'un des plus déterminants a été l'usage généralisé du latin dans la majeure partie du continent européen.

1.3. LE LATIN, LANGUE DE L'EMPIRE ROMAIN

L'expansion de Rome au-delà de ses frontières, tout autour du Bassin Méditerranéen et dans une bonne partie du continent européen, fut remarquablement rapide. L'expansion du latin, langue des Romains, dans tous les territoires conquis, n'en fut pas moins remarquable. C'était la langue des envahisseurs, évidemment, mais ces derniers étaient relativement peu nombreux et ils n'avaient pas non plus un intérêt particulier à imposer leur langue. Il faut penser plutôt au prestige de l'organisation romaine, extraordinairement efficace. Disons que la romanisation fut le désir de s'intégrer dans des formes de vie qui étaient propres aux Romains, et c'est cela qui s'est développé rapidement. La langue fut un des éléments de cette romanisation.

Ceci est valable pour les territoires de l'Occident européen conquis par les Romains. En Orient, la pénétration du latin fut plus faible. En Grèce, les Grecs continuèrent à parler leur langue; ce fut aussi le cas en Perse, en Syrie, en Égypte, pays de civilisations anciennes, où les langues locales résistèrent à la pression du latin. C'étaient d'ailleurs des territoires fortement hellénisés depuis les conquêtes d'Alexandre.

Mais la langue grecque n'a pas seulement résisté à la pression du latin. Les Romains, gens cultivés, conscients de la valeur de la culture grecque, très supérieure à la leur dans de nombreux aspects, assumèrent réellement la culture d'expression grecque et s'efforcèrent d'acquérir la langue grecque. Dans l'empire romain d'Auguste, connaître le grec devint symbole de supériorité intellectuelle. Et les œuvres littéraires et philosophiques écrites en grec se convertirent en parangons de la littérature et de la pensée philosophique. De sorte que l'on peut parler d'une authentique culture bilingue avec tout ce que cela supposait pour l'enrichissement du latin lui-même.

Même si l'on admet que ce latin cultivé n'était pas celui que l'on parlait dans la majeure partie de l'Europe — c'était le latin vulgaire, le *sermo rusticus* — il reste que dans une grande partie de ce que nous appelons aujourd'hui l'Europe, on parlait une même langue, une langue qui véhiculait un patrimoine culturel important, en partie latin — pensons à la législation romaine —, et en partie hérité de la Grèce.

On ne peut oublier la part qui revient à Rome dans la formation de l'idée européenne. A partir de Charlemagne, le souvenir de l'Empire Romain a encouragé toutes les tentatives visant à construire une structure politique européenne. Le droit romain est demeuré un des piliers de la conscience européenne bien des siècles après que l'Empire eût disparu. Et les renaissances successives tout au long de l'histoire de l'Europe ont débuté comme des redécouvertes de l'Antiquité classique, latine et grecque.

Quant à l'influence linguistique, elle n'a pas été moindre. A l'unique exception des Iles Britanniques, dans toutes les terres de l'Occident européen où s'établirent les Romains : la Péninsule Italique, la Péninsule Ibérique, les Gaules, on continue aujourd'hui encore à parler des langues néo-latines. Les invasions germaniques, à la fin de l'Empire, déplacèrent légèrement vers l'ouest les frontières entre les langues d'origine latine et les langue d'origine germanique. Dans la partie orientale de l'Empire, le maintien du latin a été bien moins marqué, et ce n'est que dans l'ancienne Dacia, actuelle Roumanie, que s'est maintenue une langue néo-latine.

Mais le rôle du latin dans l'histoire linguistique de l'Europe ne s'est pas limité à engendrer des langues néo-latines. Adopté par l'Église comme sa langue propre, le latin est resté une langue vivante, même lorsque les invasions barbares sont venues détruire la structure de l'Empire Romain.

1.4. LE LATIN, LANGUE DE L'ÉGLISE ET DE LA CULTURE

Le christianisme est apparu dans un contexte juif mais, très tôt, il manifesta une vocation universelle qui se traduisit par le fait que ses propagateurs commencèrent à prêcher dans d'autres langues. Tout d'abord en grec, de la bouche de Saint Paul, puis en latin, dès que les premiers noyaux chrétiens s'établirent à Rome. Or, Rome étant la capitale de l'Empire, l'Église de Rome occupa très tôt un rôle prééminent et toute la prédication du christianisme en Occident européen se fit en latin. Il est vrai que longtemps les communautés chrétiennes d'Orient ont maintenu leur importance et que la grande tradition culturelle dans ces régions détermina l'usage du grec dans les premières traductions de la Bible, les premiers écrits théologiques, les premières grandes discussions doctrinales et les premiers essais de philosophie chrétienne. Cependant, à mesure que les invasions et que la décomposition de l'Empire contribuaient à accroître la distance entre l'Église d'Occident et l'Église d'Orient jusqu'à leur séparation définitive, le rôle du grec en Occident diminua au point de disparaître et de faire place au latin, qui devint langue de la liturgie et de l'enseignement. Pendant les siècles obscurs qui firent suite aux grandes invasions, jusqu'au XIe siècle où les peuples européens acquirent une certaine stabilité et commencèrent à produire des témoignages écrits, l'Église était l'unique institution stable qui, en outre, s'étendait sur tout le monde connu. Elle utilisait uniquement le latin, aussi bien pour la liturgie et la prédication que dans son administration interne. Évêques et religieux voyageaient sans cesse d'un pays à l'autre sans aucun besoin de recourir aux traducteurs.

A l'aube du XIIe siècle, la société médiévale arrivait à sa plénitude. C'est le siècle des croisades et des grandes cathédrales, c'est le siècle de l'ordre cistercien et de la création des premières universités qui, en peu de temps, vont s'étendre à travers toute l'Europe : Paris, Oxford. Cambridge, Bologne, Montpellier, Cologne, Uppsala, Cracovie, Salamanque, pour ne citer que quelques-unes des plus connues et qui, des siècles durant, seraient d'authentiques «usines du savoir». Dans toutes ces villes, la vie universitaire se déroule intégralement en latin. Étudiants et professeurs passent d'une université à l'autre, d'un bout de l'Europe à l'autre sans aucun problème. Aujourd'hui, il est facile de ridiculiser la scolastique, mais la scolastique dans ses trois versions chrétienne, juive, musulmane prétendait non seulement rendre compréhensible la foi, et donc la rationaliser en quelque sorte, mais elle prétendait le faire en utilisant la philosophie grecque, de telle manière que toute la philosophie européenne et la pensée scientifique ultérieure y sont reliées. C'est en latin que sont formés les premiers juristes qui auront un rôle si important dans le passage des divers régimes féodaux aux monarchies nationales. C'est encore en latin que rédigeront les médecins chargés d'introduire la médecine arabe en Europe occidentale.

Lorsque, à la Renaissance, le savoir n'est plus synonyme de savoir ecclésiastique, le latin continue à être le langage de la science. Copernic (1473-1543), Kepler (1571-1630), Huyghens (1629-1695), Newton

(1642-1727), tous les précurseurs de la science moderne écrivent en latin. Certes, les langues vulgaires ou populaires acquièrent un prestige grandissant; certes, Descartes (1596-1659) écrit le *Discours de la Méthode* en français, cependant il emploiera latin pour les *Méditations métaphysiques*. C'est en latin que Spinoza (1632-1677) écrit toute son œuvre, et il en va de même pour une grande partie de l'œuvre de Leibnitz (1646-1711). Malgré cette survivance, il n'en est pas moins vrai que le latin va peu à peu perdre ses positions au profit des langues vulgaires converties en langues nationales. Pendant le XVIIIe siècle, et au début du XIXe siècle, dans de nombreuses universités, les thèses doctorales sont encore rédigées en latin. Celle de Kant en est un exemple. Mais c'était alors une marque de la tradition qu'il devenait de plus en plus difficile de justifier. Lorsque, au XIXe siècle, l'enseignement secondaire est réglementé et étendu à toute l'Europe, les langues classiques, le latin et le grec, y occupent encore une place importante. Toutefois, c'est davantage comme une introduction à la culture que dans la perspective de leur utilisation par les élèves, car déjà, elles sont étudiées comme des «langues mortes». Seule l'Église continue de les utiliser dans son fonctionnement interne, dans la liturgie et dans la formation des religieux. Au XXe siècle, cet usage continue de s'amoindrir. Le Concile de Vatican II décide la substitution du latin par les langues vulgaires dans la liturgie. Au demeurant, Vatican II est le premier Concile qui verra une grande partie de ses évêques dans l'impossibilité d'intervenir en latin au cours des discussions.

Quand, au siècle dernier, on proposa d'utiliser des langues artificielles comme l'espéranto pour faciliter les communications internationales sans dépendre de la langue d'une grande puissance, certains crurent que le latin pouvait occuper cet espace. On présenta même un latin simplifié qui, pendant un certain temps, éveilla quelque intérêt. Aujourd'hui cependant, l'éventualité de voir le latin réapparaître comme langue de communication entre les Européens est définitivement écartée.

Néanmoins, l'usage systématique du latin comme véhicule du savoir et de la culture a eu pour conséquence, parmi d'autres, que tout notre vocabulaire scientifique, au sens le plus large du terme, de la métaphysique à la mathématque, de la botanique à la médecine, du droit à l'administration, est directement dérivé du latin ou du grec, et dans ce cas souvent à travers le latin. Ce vocabulaire est rigoureusement homogène non seulement à travers toutes les langues néolatines mais à travers toutes les langues européennes. Et aujourd'hui encore on a recours a des racines gréco-latines lorsqu'on invente de nouvelles dénominations scientifiques ou techniques.

1.5. L'ASCENSION DES LANGUES VULGAIRES

Comme je l'ai rappelé, bien que le latin fût la langue parlée dans la plupart des territoires qui constituaient l'Empire Romain, il faut distinguer entre le latin cultivé, latin de l'Eglise et des textes littéraires et administratifs — une langue qui peut être considérée rigoureusement commune à tous les territoires de l'Empire — et, par ailleurs, le latin de la vie quotidienne, langue fondamentalement parlée et qui présentait des particularités locales parfois assez accentuées, dans la prononciation d'abord, mais également dans le vocabulaire et parfois dans la syntaxe. Un phénomène parfaitement logique et qui, dans une certaine mesure, existe dans toutes les langues ayant un usage cultivé distinct de l'usage vulgaire, et parlées dans des territoires étendus. Les différences locales et régionales qui se manifestent ainsi sont le résultat des contacts oraux circonscrits aux personnes directement en contact, ce qui produit des évolutions différentes à chaque endroit. Mais, à leur tour, ces évolutions différentes sont influencées en bonne partie par la pression que continue d'exercer la langue qui était parlée antérieurement et qui a été remplacée par la nouvelle langue après une étape de bilinguisme, pression que le linguiste nomme pression du *substrat linguistique*. Ainsi, pour donner un exemple parmi d'autres, quand les Ibères du littoral méditerranéen commencèrent à parler le latin, ils conservèrent leurs habitudes articulatoires et, d'une certaine manière également leurs habitudes et leurs préférences syntaxiques en même temps qu'ils incorporaient dans le latin certains mots du vocabulaire de leur ancienne langue.

Tant que l'Empire conserva la solidité de ses structures et la fluidité de ses communications, ces différences se maintinrent dans des limites relativement réduites qui ne détruisaient pas l'unité de la langue, mais à mesure que l'Empire s'affaiblissait et surtout à partir des invasions du Ve siècle, le processus s'accéléra jusqu'à produire des langues clairement différenciées.

Si on se demande concrètement quel a été ce processus et quelles phases il a dû traverser, il faut reconnaître que l'on sait bien peu de choses. En effet, dès le Ve siècle, et jusqu'au Xe siècle, tous les documents conservés sont en latin, et ce n'est qu'à partir du XIe siècle que l'on dispose de textes dans lesquels des clercs ont noté, en marge de certains mots, leur équivalent en langue vulgaire. En ce qui concerne cette époque, les historiens des langues doivent donc travailler sur la base de suppositions et d'hypothèses.

Cependant, même si l'on disposait d'une information complète, on ne pourrait pas connaître le moment où la langue parlée cessa d'être le latin pour se convertir en une autre langue, étant donné qu'il s'agit d'un processus graduel et continu. Et ce caractère se manifeste non seulement dans le temps, mais aussi dans l'espace, les divergences graduelles formant, aussi bien géographiquement que temporellement, une sorte de continuum linguistique. L'évolution du latin dans une vallée pyrénéenne ou alpine ne coïncide pas exactement avec l'évolution qui se produit dans la vallée voisine. S'agit-il de deux variantes d'une même langue en formation ou de deux langues différentes? Et ce qui est valable pour les deux vallées, l'est également pour l'ensemble linguistique roman.

Toute évolution linguistique suppose des tendances à la différenciation mais, en même temps, elle met en jeu des tendances à l'unification qui maintiennent l'unité de la langue parmi les locuteurs. Ceux qui parlent souvent entre eux, ceux qui habitent dans un même village, dans une même vallée, se réunissent dans la même église ou sur un même marché, ou encore, sont soumis à une même autorité, tendent à se mettre d'accord sur leur manière de parler un modèle linguistique commun.

Si, comme je l'ai dit, du Ve au Xe siècle on ne dispose pas de documents en langues vulgaires, par contre, on sait que la distance entre, d'une part, le latin que maintenaient les clercs ou les personnes lettrées et, d'autre part, la langue populaire parlée un peu partout, devenait de plus en plus grande et que les locuteurs eux-mêmes étaient conscients de cette distance. Charlemagne fonda des écoles afin que les fils de la noblesse puissent apprendre le latin, mais sous son règne même, le Concile de Tours (813) ordonna aux clercs de traduire en langue vulgaire, romane ou germanique, les serments afin que tout le monde pût les comprendre facilement. De ce texte du Concile on peut déduire que la différence entre le latin et la langue, ou les langues romanes que parlaient le peuple, était si grande qu'elle en rendait la compréhension très difficile. A partir de ce texte, on peut également admettre que la langue germanique que parlaient les anciens «barbares» qui n'avaient pas adopté le latin était, d'ores et déjà, une langue ayant les mêmes droits que ceux des langues romanes.

Mais, quelle est donc cette langue «romane» que parlaient les fidèles auxquels se référait le Concile? Quelques années plus tard, Nithard, neveu de Charlemagne, dans une narration en latin des luttes entre les fils de Louis le Pieux, transcrit le texte du Serment de Strasbourg (842), prononcé par Louis le Germanique en français et par Charles le Chauve en allemand, afin qu'ils pussent être compris de leurs partisans respectifs.

Le texte en français est vraiment trop bref pour que l'on puisse avoir une idée claire et savoir quelle langue néo-latine était en train d'émerger en France. Les dialectologues débattent encore aujourd'hui pour savoir s'il s'agissait d'une forme antérieure du picard, de l'angevin ou même du francoprovençal. Ce qui signifie qu'à cette époque-là, le latin en France — et l'on peut considérer le même phénomène dans le reste du domaine des langues romanes — a subi une évolution qui a produit des parlers différenciés selon les régions, mais que ces différentes formes linguistiques constituaient, sans aucun doute, un *continuum* sans limites précises entre ses composantes.

Si, jusqu'à présent, nous nous sommes centrés sur l'évolution du latin vers les langues néo-latines, nous pourrions décrire une histoire à peu près semblable en ce qui concerne les autres langues européennes au cours de tous ces siècles, bien que les données dont on dispose soient encore plus rares. Pendant les invasions, les différentes branches du protogermanique auquel j'ai fait allusion lorsque j'ai décrit les langues indœuropéennes, s'étaient déjà différenciées en haut allemand, frison et vieil anglais (le vieil anglais était la langue que les Angles et les Saxons avaient introduite en Angleterre lorsqu'ils l'ont envahie au Ve siècle) et l'on sait que sous le règne de Charlemagne le haut allemand présentait déjà de multiples variétés locales. Il en reste quelques preuves écrites du Xe siècle, parfois même plus abondantes que celles que l'on possède des langues romanes, sans doute parce que, dans ce cas, la distance entre le latin et la langue vulgaire était plus grande. Par conséquent, il était plus nécessaire de gloser les textes en latin. Par contre, pour ce qui est de l'état des langues slaves, on peut uniquement avancer avec certitude que, lorsque, vers l'an 863, les moines Cyrille et Méthode, qui évangélisèrent les Slaves, développèrent un nouvel alphabet basé sur l'alphabet grec afin de transcrire les textes sacrés, les groupes les plus importants des langues slaves étaient déjà clairement différenciés.

Si le panorama linguistique que l'on peut décrire de l'Europe vers l'an mille est encore relativement vague, deux cents ans plus tard, lorsque se produit une certaine renaissance au XIIe siècle et son épanouissement au XIIIe siècle, la situation a complètement changé. Des ensembles politiques définis et des monarchies stables ainsi que des cités en expansion commencent à se développer. Ces organismes généralisent l'usage de documents administratifs écrits en langue vulgaire. Et, en même temps, des œuvres littéraires écrites sont publiées. Par diverses voies, certaines formes linguistiques tendent à se développer et à se stabiliser, de telle sorte que les variétés linguistiques acquièrent une dimension propre ; on peut alors commencer à établir des domaines linguistiques plus précis.

L'Italie était la patrie du latin, mais il faut rappeler que le latin était, à l'origine, la langue de Rome et que c'est uniquement à travers les conquêtes que la langue du Latium s'étendit sur toute la Péninsule Italique. Par ailleurs, la péninsule fut envahie par les barbares, en l'occurrence, par les Lombards qui adoptèrent le latin, en y laissant leur empreinte. Avec la chute de l'Empire, la fragmentation politique sera considérable. Mais les cités survécurent et avec elles les noyaux linguistiques néo-latins. Dante, qui écrivit vers la fin du XIIIe siècle et au début du XIVe son œuvre *De vulgare eloquentia*, revendique la dignité de la langue vulgaire et s'efforce d'écrire en un *volgare illustre*.

Le territoire français est, à cet égard, un bon exemple. Depuis le commencement de l'évolution linguistique, il s'est produit une nette séparation entre les langues d'oïl au nord, et les langues d'oc au sud. Dans les régions du nord de la France, les domaines géographiques donnent lieu à différentes variétés linguistiques : en Wallonie, en Picardie, en Champagne, en Normandie, en Bourgogne, puis après une oscillation qui dure à peu près deux siècles, c'est la langue parlée de la région de Paris, de l'Ile de France, appelée parfois francien, qui se trouve consacrée comme langue de l'administration et de la littérature. Au sud, les langues d'oc présentent également une grande variété : le limousin, l'auvergnat, le dauphinois, le gascon, le languedocien et le provençal. Et entre les langues d'oc et les langues d'oïl, dans une situation intermédiaire, le francoprovençal. Aux XIIe et XIIIe siècles, les langues d'oc connaissent un succès et une diffusion considérables avec la poésie des troubadours qui utilisaient une langue commune et qui étaient souvent imités au-delà même de leurs frontières. Cependant, la langue des troubadours représentait un phénomène purement littéraire, et les terres d'oc toujours désunies souffraient d'une forte fragmentation dialectale. Au cours des siècles suivants, ces dialectes s'effaceront progressivement devant la pression venue du nord.

Dans la Péninsule Ibérique, où la décomposition du latin aurait dû produire des variétés différenciées dans tout le territoire, le processus se trouva contrarié par l'occupation arabe, de sorte que, finalement, ce furent de nouvelles langues néo-latines qui se formèrent dans les montagnes du nord, c'est-à-dire dans les Pyrénées où s'étaient réfugiés les habitants qui fuyaient l'invasion. Ces langues s'étendirent vers le sud à mesure que progressait la Reconquête et elles déterminèrent ainsi la situation linguistique actuelle de la Péninsule Ibérique. Se constituèrent tout d'abord cinq nouvelles langues, qui se réduisirent à trois : le galicien à l'extrêmité occidentale, qui, en s'étendant vers le sud, selon un axe correspondant à la Reconquête, donnera lieu au portugais ; le castillan au centre; et le catalan à l'extrémité orientale, selon un axe Nord-Sud pareillement motivé par la Reconquête sur les Arabes. Pendant les XIIe et XIIIe siècles, les trois langues donneront lieu à une production littéraire remarquable.

En Allemagne, et dans l'ensemble des pays de langue germanique, à la variété de formes dialectales que nous avons déjà rappelée, il faut ajouter une forte évolution qui marque une certaine opposition au haut allemand des siècles antérieurs ; on appellera « moyen allemand » la langue parlée pendant les XIIe et XIIIe siècles. C'est dans cette langue que furent écrits les *Nebelungen* et la Chronique Impériale. La poésie lyrique des *Minnesänger*, par contre, était écrite dans une langue qui évitait les différences trop marquées et qui était, de plus, influencée par le français et le provençal. Toutefois, la variété dialectale continuera à être très forte puisque, durant quelques siècles, aucune autre variété particulière ne s'impose, même si finalement une variété dialectale parviendra à devenir indépendante. Les Pays-Bas constituaient un territoire linguistiquement très varié, mais ses cités possédaient une vie prospère et relativement indépendante, ce qui donnait du prestige à leur variante dialectale. Au XIIe siècle, des œuvres littéraires sont écrites en « hollandais moyen » et, au siècle suivant, les cités écrivent régulièrement leurs documents en néerlandais, ou hollandais.

Beaucoup plus complexe est l'histoire de l'anglais. Nous avons déjà rappelé qu'au début du IXe siècle, le vieil anglais, qui avait été amené sur les îles britanniques par les Anglo-saxons, était parfaitement identifiable bien que, comme partout ailleurs, il possédât une grande variété de formes dialectales. Cependant, l'année 1066, suite à la bataille de Hastings, l'invasion normande de la Grande Bretagne s'étendit et les Normands, bien que d'origine scandinave, s'étaient établis depuis quelques siècles en Normandie et parlaient désormais un dialecte français : le normand. De telle sorte que le français devint la langue de la cour et de la noblesse tandis que le peuple continuait à parler anglais. Ce n'est qu'à partir de la guerre de Cent Ans que la cour et la noblesse vont récupérer l'usage de l'anglais, mais deux siècles de coexistence ont laissé filtrer dans la langue anglaise et surtout dans son vocabulaire une influence marquée de la langue française.

L'évolution linguistique dans les pays de l'est et du sud-est de l'Europe est plus difficile à résumer faute de documents écrits, mais cela ne change rien au panorama que j'ai essayé de brosser. Et l'on peut conclure en soulignant qu'au début du Moyen Age, à l'intérieur de chaque famille linguistique, on observe une très grande variété de dialectes ; en revanche, à la fin de cette époque apparaissent des systèmes linguistiques clairement différenciés qui peuvent être reconnus comme des langues et, parmi elles, toutes celles que parlent aujourd'hui les Européens.

Dans le processus qui conduit à la formation d'une langue comme un ensemble de normes communément acceptées, nous avons observé que la création littéraire se place au tout premier plan, surtout lorsqu'elle peut être diffusée dans l'espace et dans le temps; mais non moins importantes sont les structures politiques qui utilisent la langue, plus spécialement la langue écrite, dans l'exercice de leur autorité.

1.6. LES FACTEURS DE LA CONSOLIDATION

Dans les premières périodes de toutes les langues européennes actuelles, on trouve quelques œuvres littéraires qui en constituent une première preuve de maturité. Dans certains cas, il s'agit de poésie lyrique comme les poèmes des troubadours ou bien les *Minnesänger*. Dans d'autres cas, il s'agit de poèmes épiques comme la *Chanson de Roland*, le *Mío Cid* ou bien les *Niebelungen*. Dans d'autres cas encore, il s'agit d'œuvres plus savantes, comme la *Divina Commèdia*. Dans tous ces exemples, la création littéraire devient populaire et célèbre, fixant et accréditant une certaine forme d'expression, une certaine variété de la langue, et la conduisant aussi au-delà de son berceau. L'écriture accroît cette extension dans l'espace et dans le temps, et elle implique un plus grand degré de fixation grâce aux règles d'orthographe et grâce à la transcription de la langue orale. De plus, l'introduction de l'imprimerie augmentera d'autant cette capacité de diffusion du texte écrit et, en premier lieu, de l'œuvre littéraire.

On ne peut trop insister sur le poids de l'œuvre littéraire dans l'élaboration et la fixation d'une langue. L'Italie et la langue italienne nous en offrent certainement l'exemple le plus clair.

Dante Alighieri énumérait jusqu'à vingt-quatre dialectes italiens correspondant à autant de régions et d'aires géographiques d'Italie.

Si, comme ce fut le cas en France ou en Espagne, l'unité politique de la péninsule italienne s'était réalisée à partir d'une cité ou d'une région précise, la langue de cette région serait sans doute devenue la langue italienne. Mais en Italie un tel projet n'a pas existé, ce qui à première vue peut paraître surprenant si l'on considère que Rome est le lieu où se maintient le plus vif souvenir de la grandeur impériale et, par conséquent, des possibilités d'une organisation politique unitaire. Mais Rome est également le siège de la papauté et la capitale de l'Église catholique, une institution étendue à travers tout le monde connu de l'époque et qui jouissait d'un poids politique considérable à Rome même, en premier lieu, mais aussi dans l'ensemble de la péninsule. Or, elle voit d'un mauvais œil les menaces qui pèsent sur cette influence. Ce qui explique qu'en Italie un ensemble de cités et de régions théoriquement indépendantes parviennent à se maintenir. Mais dans la pratique, elles sont soumises à une confrontation entre la papauté et l'Empire Germanique et au jeu des ambitions des pays voisins, de la France d'abord, puis de la couronne d'Aragon, qui sera remplacée, quelques siècles plus tard, par les monarchies espagnoles.

Il n'y avait donc aucun pouvoir politique capable d'imposer une langue commune. L'Église, avec Rome pour capitale, de par son influence sur toute la péninsule italique, aurait pu imposer l'utilisation du dialecte romain, mais en tant qu'institution, elle possède déjà une langue savante : le latin. Aussi, la consécration de l'italien comme langue cultivée généralisée sera marquée par des connotations exclusivement littéraires. Dans la péninsule italienne, la grande éclosion de la littérature en langue vulgaire a lieu dès le XIVe siècle avec l'œuvre de Dante, de Boccace et de Pétrarque ; tous trois écrivent en toscan, la langue parlée à Florence. Le succès de l'œuvre de ces trois écrivains prestigieux donnera au dialecte toscan l'occasion de devenir la langue littéraire par excellence. Deux siècles plus tard, l'humaniste Bembo, qui écrit *Prosa de Volgar Lingue*, la propose à ceux qui veulent se consacrer à la littérature, et son opinion est amplement partagée. Les cercles romains eux-mêmes le préfèrent au dialecte romain. Et quand l'Académie de la Crusca décide en 1612 d'élaborer un dictionnaire de la langue italienne, elle choisit Boccace comme référence principale. S'il y a des tentatives pour donner du prestige à d'autres dialectes italiens, elles sont de courte durée car l'italien de Toscane est finalement consacré comme la forme cultivée de l'italien et utilisé dans les usages administratifs et en général dans tous les registres écrits. Lorsqu'au milieu du XIXe siècle, l'État italien se constitue avec l'objectif déclaré de l'unification politique et linguistique, il n'est pas besoin d'un grand effort pour codifier la langue étant donné que cet effort était déjà réalisé : la langue de l'État italien sera la langue de Manzoni, lettré, patriote et défenseur de la tradition culturelle toscane.

Malgré le poids énorme de la tradition littéraire dans la configuration d'une langue, et l'exemple italien est assez démonstratif, il faut rappeler que pendant des siècles les discours oraux et les textes écrits qui arrivaient au grand public n'étaient pas littéraires, c'étaient des textes plutôt religieux, des sermons et des livres de piété. J'ai déjà rappelé que le

Concile de Tours recommandait la prédication dans la langue du peuple ; quelques siècles plus tard, le Concile de Trente a réitéré cette recommandation en pensant surtout aux peuples de l'Amérique qui venait d'être découverte, mais également à beaucoup de régions d'Europe où coexistaient différentes langues. La littérature religieuse a eu une influence directe sur la constitution de certaines langues. Dans d'autres langues encore, ce phénomène a joué en faveur de leur conservation. On calcule ainsi que de la totalité des textes édités en langue basque avant le XXe siècle, près de 90 % se réfèrent à des thèmes religieux.

La réforme protestante représenta une nouveauté dans cette influence. Si l'Église catholique avait défendu la prédication et favorisé la production d'ouvrages religieux dans les langues vulgaires, par contre, elle avait maintenu le latin comme langue de la liturgie et des textes sacrés. Les réformateurs, quant à eux, à commencer par Luther, utilisaient non seulement la langue populaire dans la liturgie, mais ils encourageaient la lecture de la Bible et, à cette fin, ils en favorisaient la traduction. Et cela, dans un tel enthousiasme que la diffusion de la réforme dans un pays s'accompagnait de la traduction de la Bible et de la généralisation de sa lecture. On peut ainsi imaginer jusqu'à quel point la variété de la langue choisie pour la traduction bénéficiera de cette diffusion.

C'est l'Allemagne qui nous offre l'exemple le plus clair. Comme en Italie, au début de l'époque moderne, coïncident en Allemagne une grande variété dialectale et l'absence d'une autorité politique capable d'unifier le pays. Cependant, il manque en Allemagne une tradition littéraire qui joue un rôle comparable à celui que nous avons vu représenter en Italie par les écrivains florentins. Et ce rôle fut représenté par la traduction de la Bible par Luther. En effet, Luther eut l'habilité d'utiliser un allemand relativement neutre, sans trop d'implications dialectales marquées ; c'est grâce à l'extraordinaire popularité de sa version de la Bible que sa langue se convertit en un modèle de l'allemand écrit, du moins jusqu'à la fin du XIXe siècle.

Mis à part l'exemple du cas allemand, on peut citer d'autres endroits où la réforme et les traductions de la Bible ont eu une forte influence sur l'histoire de la langue. Les historiens de la langue anglaise sont unanimes à considérer l'influence qu'eut, sur la langue écrite, la traduction appelée « traduction du roi Jacques ». Et les traductions réalisées en gallois au XVIe siècle ne furent pas moins significatives. C'est à cette époque également, avec la traduction de la Bible en finlandais, que commencera l'usage écrit de cette langue.

Le processus de stabilisation d'une langue, influencé par de nombreux facteurs, dont les œuvres littéraires et les textes religieux, devient à un moment donné un mouvement conscient et réfléchi, et se traduit par un effort d'élaboration des règles de la langue exprimé en normes linguistiques. C'est également à ce moment que sont écrites les premières grammaires, que se multiplient les dictionnaires et que sont formulées les règles d'orthographe. Dans la perspective actuelle, le fait de disposer d'une grammaire, d'un dictionnaire et de règles d'orthographe constituent les éléments distinctifs d'une langue digne de ce nom, c'est ce qui permet de distinguer clairement une langue d'une autre. Les troubadours de Provence furent les premiers à manifester ce souci, mais ils se référaient davantage au langage poétique et aux règles de la versification. On trouve également dans l'œuvre de Dante des réflexions sur le langage. Cependant, la première grammaire d'une langue vulgaire pensée comme telle, c'est Antonio de Nebrija qui l'écrivit en 1492.

Nebrija publie donc sa *Gramática castellana* l'année même de la découverte de l'Amérique; c'est un humaniste qui connaît bien la grammaire latine et grecque, et il pense que si le latin et le grec se sont maintenus durant des siècles comme des langues vivantes et que, cessant d'être parlés, si l'un et l'autre ont continué, malgré tout, à être étudiés et compris, c'est grâce à l'existence des grammaires qui en ont assuré la stabilité. Nebrija prétend atteindre le même objectif pour le castillan, pour que « *lo que ahora y de aquí en adelante se escriba pueda quedar en un tenor y entenderse por toda la duración de los tiempos* » (ce qui maintenant et ici s'écrira puisse demeurer et être compris à travers les siècles).

L'initiative de Nebrija eut un grand succès, sa grammaire fut rééditée plusieurs fois et fit très tôt des émules, tout d'abord en France et en Italie et, par la suite pour beaucoup d'autres langues. Ou, plus précisément, dans toutes les langues qui vont se convertir en langues reconnues d'un État national. D'autres langues, qui resteront en marge des États constitués, réduites très souvent à un usage purement oral, ne sentiront pas la nécessité de cette codification. Et ce n'est qu'au moment où elles seront soutenues par des mouvements revendiquant leur reconnaissance publique et leur enseignement, que se fera plus pressante la nécessité de les codifier. Que la revendication nationale aboutisse à l'indépendance, et la codification linguistique se révèlera immédiatement nécessaire, comme ce fut le cas lorsque la Norvège devint un État indépendant. Les Norvégiens sentirent la nécessité de convertir ce qui, jusque là, n'avait été qu'un dialecte du danois, en une langue indépendante dotée d'une norme linguistique propre.

Nous en arrivons ainsi au dernier des facteurs qui ont influencé la constitution et la consolidation des langues européennes : le rapport entre ces langues et les processus de constitution des États nationaux. Ce dernier facteur semble aussi le plus décisif, puisque c'est lui qui a déterminé la carte linguistique de l'Europe actuelle.

Chapitre 2
Langues nationales
et nationalismes linguistiques

> « La langue n'a pas toujours été le critère principal par lequel se sont identifiées les nations. Jusqu'au XIXe siècle la conscience de nombreux peuples européens se base sur différents facteurs parmi lesquels les croyances religieuses, les traditions féodales, la classe sociale, l'ascendance ethnique et l'héritage culturel, le langage n'étant qu'un aspect de ce dernier. Mais à partir de 1840, il se produit un brusque déplacement d'accent dans les idéologies nationalistes : sans que l'on sache si cela est positif ou négatif, la langue se convertit en un facteur décisif et en symbole de la nationalité. »
> Meic Stephens, *Linguistic Minorities in Western Europe*

2.1. UNIFICATION POLITIQUE ET UNIFICATION LINGUISTIQUE – LE MODELE FRANÇAIS

La grande variété de dialectes que nous avons évoquée pour l'Italie de la fin du Moyen Age correspond certes à ces régions précises, mais également à des cités qui y exerçaient un pouvoir dominant. Dans le cas de la France, il faut replacer les variétés linguistiques régionales plutôt dans un rapport avec les pouvoirs féodaux et avec les monarchies émergentes. On peut observer le même phénomène en ce qui concerne les langues néo-latines qui se cristallisent dans la Péninsule Ibérique : les cinq foyers linguistiques originaux correspondent à autant de foyers indépendants de résistance face aux Arabes lors de la Reconquête. L'issue ultérieure de ces foyers linguistiques — alors réduits à trois, et une fois leur expansion vers le sud achevée — est liée à l'histoire des configurations politiques qu'ils adoptèrent et à leurs conquêtes militaires. Il ne s'agit pas d'un rapport linéaire, puisque le jeu des alliances, des unions et des désunions des premières monarchies féodales fut très complexe et très changeant. On peut ainsi observer que le royaume d'Aragon est en partie de langue catalane et en partie de langue castillane; que dans le royaume de Castille-Léon, le castillan prend la place du léonais; et que le royaume du Portugal n'inclut pas la Galice, cette dernière était pourtant le berceau de la langue galaïco-portugaise. Cependant, en admettant toutes les nuances qui s'imposent, il est évident que, dès les premiers temps, se produisirent des implications mutuelles entre langue et pouvoir politique. La langue ou la modalité de langue utilisée dans l'exercice du pouvoir se convertit donc, pour cette même raison, en langue de prestige, et ce prestige est particulièrement décisif lorsque le pouvoir politique s'étend sur plusieurs territoires où l'on parle une langue ou une variété de langue différente.

La relation entre langue et pouvoir politique, que l'on observe déjà à la fin du Moyen Age, s'affirmera avec une force accrue tout au long de l'époque moderne sur le chemin qui conduit à la constitution des États nationaux. Ces processus se développent de manières différentes dans toute l'Europe. Mais le cas de la France est certainement le plus représentatif parce que c'est là que le processus d'expansion et de codification d'une langue est le plus clairement lié à un processus d'unification politique et linguistique. Et parce que c'est, aussi et surtout, le modèle qui, directement ou indirectement, inspira des évolutions semblables dans de nombreux autres pays.

En France, l'expansion progressive de la monarchie, établie à Paris à la fin du Xe siècle, finira par imposer la langue d'oïl dans le royaume de France et plus concrètement la variété de la langue d'oïl parlée dans la région de Paris, en Ile de France. Un résultat difficilement prévisible lorsque le processus débuta. Lorsque la monarchie des Capétiens commença son ascension, les territoires qui constituent aujourd'hui la France se trouvaient dans une situation inextricable de diversité linguistique. Le trait le plus saillant était l'existence d'une frontière d'Est en Ouest séparant, au Nord, les langues d'oïl et, au Sud, les langues d'oc; une frontière très nette qui trouve probablement son fondement dans le substrat linguistique de la langue parlée avant l'arrivée des Romains. De plus, à l'Est, les langues d'oïl étaient en contact avec les langues germaniques — variétés de l'allemand ancien; par ailleurs, la frontière entre les deux familles de langues qui, à l'origine, coïncidait avec celle de la Gaule et de la Germanie, se déplaça vers l'ouest de sorte que les langues germaniques pénétrèrent dans le territoire de l'ancienne Gaule. Sur les bords de l'Atlantique, les langues d'oïl coexistaient avec une langue celtique, le breton, qui bien plus qu'un substrat de la langue parlée des anciens habitants, semble être arrivée de la Grande Bretagne. Au sud, les Pyrénées constituaient une limite naturelle pour les langues d'oc, mais à l'extrêmité occidentale elles coïncidaient avec le basque, présent bien avant l'arrivée des indogermains.

Dans ce panorama largement diversifié de langues locales ou régionales, toutes ne possèdent pas la même diffusion ni le même prestige. Au XIIe siècle, lorsque commencent les grandes manifestations littéraires dont on conserve un témoignage écrit, le plus grand prestige est attaché à l'occitan, et plus précisément au dialecte parlé en Provence, la langue des troubadours et de la grande civilisation provençale. Son prestige était tel que de nombreux poètes de régions proches ou même lointaines écriront souvent en provençal.

Cependant, à la fin du XIIe siècle et au début du XIIIe siècle, se produira un épisode aux conséquences décisives dans l'histoire linguistique de la France, et qui, bien que provoqué par des motivations religieuses, revêtira une portée strictement politique. En effet, le roi de France profite de la croisade contre les Albigeois pour détruire le pouvoir des seigneurs du sud et soumettre toute la région à son influence. Avec la perte du pouvoir politique, la langue d'oc entre en décadence.

Le triomphe du nord ne signifie pas nécessairement le triomphe de la langue de Paris, tout du moins pendant un certain temps. Si Paris est bien le centre du pouvoir politique et possède, de plus, le prestige que lui confère son Université, néanmoins celle-ci utilise le latin, et la littérature d'expression française est cultivée également dans les cours d'Aquitaine et de Normandie. De sorte que, pendant un certain temps, le dialecte normand disputa au francien le rôle de langue de culture. Et même le picard et le bourguignon, deux variétés de langues d'oïl parlées en Picardie et en Bourgogne, aspirèrent à cette distinction. Au XIVe siècle, Jean Froissart écrivit encore quelques œuvres en picard, mais il est vrai que c'était déjà une exception pour l'époque.

Progressivement, la langue de la cour de Paris s'est convertie en une langue de l'administration royale et d'une bureaucratie qui s'étend sur tout le territoire. Parallèlement à l'influence de la chancellerie royale, s'exerce celle de l'abbaye de Saint Denis, qui étend un réseau de possessions sur tout le pays et agit comme ambassade et agent de diffusion du pouvoir royal. Pendant le XIVe siècle, cette variété de français est déjà la langue de toutes les activités administratives dans l'ensemble du royaume, comme l'établira deux siècles plus tard, en 1539, l'Édit de Villers Cotterets. Ainsi, à partir du XVe siècle, pratiquement toute la production littéraire, aussi bien à Paris qu'en province, sera rédigée dans cette langue.

L'introduction de l'imprimerie renforcera encore cette tendance. Excepté le latin, on ne publie qu'en français, désormais consacré comme langue unifiée avec des règles grammaticales et orthographiques relativement fixes. C'est ainsi que se constitue progressivement une langue cultivée, avec des modèles littéraires, qui au XVIe siècle comptera des noms illustres : Ronsard, Rabelais, Marot, Du Bellay... pour atteindre l'apogée de la littérature classique française du XVIIe siècle sous le règne de Louis XIV, avec Corneille, Racine, Molière... La conscience de l'importance et de la pureté de la langue s'exacerbe au point qu'en 1635, l'Académie Française de la Langue est créée comme une institution de l'État français.

La protection de la langue française par l'État n'est pas un phénomène fortuit. Tout le processus de consolidation du français tout d'abord comme langue administrative et juridique, et ensuite comme langue commune de la vie publique en France a été solidaire de l'effort visant à construire un État solide, unitaire et centralisé. Dans un État ainsi conçu, l'unité de la langue est le symbole de l'unité de la monarchie, et la pureté et la correction de la langue sont symptomatiques du bon fonctionnement des institutions; il n'est pas étonnant, dans ces conditions, que l'État s'en sente responsable.

Au XVIIIe siècle, alors que la langue poursuit son chemin ascendant dans l'ordre littéraire et dans l'ordre politique, elle acquiert, en outre, une reconnaissance internationale qui la convertit en une langue de culture illustrée dans toute l'Europe. A la conscience du rôle de la langue, s'ajoute désormais la conscience de sa supériorité. En 1784, Rivarol publie un ouvrage intitulé *Universalité de la langue française*, qui proclame et justifie cette supériorité.

C'est ainsi qu'à la veille de la Révolution, la langue parlée à l'origine dans l'Ile de France, grâce à une évolution continue et à un travail soutenu des écrivains, se convertit en une langue strictement codifiée et, en même temps, d'une grande richesse qui la rend apte à de nombreux usages ; c'était la seule langue utilisée par la société cultivée française et qui, de surcroît, jouissait d'un haut prestige international.

Malgré tout, les anciennes langues locales et régionales étaient loin d'avoir disparu. Aux alentours de la Révolution française, l'abbé Grégoire estimait qu'un tiers seulement de la population française possédait le français comme langue maternelle ou était capable d'utiliser cette langue avec facilité. Cela signifie que dans de nombreuses régions de France le français était le patrimoine des couches cultivées de la population, tandis que la majorité des habitants continuait à utiliser leur ancienne langue ou dialecte.

La Révolution française détruit l'ordre ancien et remplace l'autorité royale par celle du peuple, mais elle maintient l'idéal d'un état fort ainsi que l'objectif du français comme langue nationale. Et si, jusqu'alors, les objectifs politiques de la promotion de la langue avaient été implicites, à partir de la Révolution, ils allaient devenir explicites. L'abbé Grégoire, dans une argumentation très souvent citée, explique les raisons pour lesquelles il faut promouvoir l'usage du français. Le français est la langue de la raison et du progrès et donc la langue des démocrates et de tous ceux qui défendent les idéaux de la Révolution. C'est en même temps l'expression de l'égalité et de l'unité entre tous les habitants de France. Face au français, les langues régionales représentent la tradition et l'obscurantisme, et par là-même, la réaction, qui a un lien direct avec les pays étrangers, et par conséquent, qui équivaut à la trahison des idéaux révolutionnaires. La conclusion est claire : il s'agit pour les constructeurs de la France révolutionnaire de diffuser la connaissance et l'usage du français dans tout le territoire de la République.

Les affirmations de l'abbé Grégoire sont empreintes de rhétorique : l'identification entre langue française et pensée rationnelle se trouve déjà dans Rivarol et renoue, par ailleurs, avec la mythologie révolutionnaire qui exalte la raison, et l'identification entre les langues différentes du français et la réaction n'est que pur opportunisme. Mais cette rhétorique soustend une conviction inébranlable : la Révolution prétend construire un État national en substituant à l'autorité du roi l'autorité du peuple. Et pour ce faire, le peuple doit prendre conscience de sa force et doit aussi être capable de l'exercer démocratiquement, ce qui requiert l'utilisation d'une langue commune. Ainsi le français, langue de tous les citoyens, est l'expression de l'unité et de la force du peuple, mais c'est aussi l'instrument qui sert à exercer son autorité dans un système démocratique.

Fondamentalement, deux institutions vont se charger de la tâche de diffuser l'enseignement et l'usage du français : l'École et l'Armée. Dans chacune de ces deux institutions, les français vont vivre pendant un certain temps de leur vie dans des conditions d'égalité et vont se former comme citoyens de la République. Aussi bien à l'école qu'à l'armée, le français sera utilisé en exclusivité, de façon à ce que tous ceux qui ne le connaissent pas encore puissent l'apprendre, et que tous ceux qui le pratiquent déjà comme langue maternelle puissent le corriger et le perfectionner.

La période révolutionnaire sera relativement courte, mais l'Empire napoléonien reprendra son héritage quant à la promotion de la langue et la façon d'y parvenir; les régimes suivants l'imiteront également. En ce même sens, l'école atteindra un tel degré d'efficacité qu'un siècle plus tard, au moment où éclate la Première Guerre Mondiale, la proportion de la population que dénonçait l'abbé Grégoire s'est inversée et ceux qui entrent à l'école sans connaître le français représentent désormais moins d'un tiers de la population. La vague patriotique qui accompagne la Première Guerre Mondiale de 1914-1918 accélère l'omniprésence du français.

2.2. L'EMPIRE ET LES LANGUES

Lorsque, en l'an 800, Charlemagne est proclamé Empereur et héritier de l'Empire Romain, il affirme son autorité sur les peuples qui parlent des langues différentes et qui possèdent le latin comme lien commun. Quelques siècles plus tard, le Saint Empire Romain Germanique (XIVe siècle), qui prétend reprendre son héritage impérial, bien que centré sur les terres germaniques, inclut également les territoires de langues néo-latines. En réalité, le fait même de vouloir constituer une autorité européenne parallèle et opposée à l'autorité religieuse de la papauté implique l'acceptation de la pluralité linguistique. Toutefois, l'Empire est basé sur une conception de l'autorité d'origine germanique qui fait de l'Empire une confédération de seigneurs féodaux, et de la dignité d'empereur une charge à vie, même s'il est élu par un groupe de seigneurs — les grands électeurs — qui gardent une marge d'indépendance relativement ample. Cette indépendance signifie qu'ils maintiennent dans leurs territoires leur propre organisation légale et, bien sûr, également leur propre langue.

Lorsqu'en 1519 Charles Quint est élu empereur, des circonstances favorables d'héritages dynastiques l'ont converti en un puissant monarque. De son père Philippe le Bel, il a hérité du royaume de Bourgogne qui comprenait, non seulement le duché de Bourgogne, de langue française, mais également une bonne partie des PaysBas, qui constituent aujourd'hui la Hollande, les Flandres et le Luxembourg, tous de langue germanique. De son grandpère Maximilien, il obtient les territoires hérités des Autrichiens. C'est-à-dire, l'Autriche actuelle augmentée des terres de l'Allemagne qui appartiennent aujourd'hui à la Suisse et à la Lorraine. Il obtient également, vers le sud, des territoires qui actuellement appartiennent à l'Italie, certains de langue allemande et d'autres de langue italienne. Et de sa mère Jeanne, fille des Rois Catholiques, il avait hérité de la couronne d'Espagne, et avec elle des territoires italiens qui appartenaient à la couronne d'Aragon ainsi que de toutes les terres d'Amérique que l'on venait de découvrir. De par la dignité impériale son autorité s'étendait, de surcroît, sur les terres du Saint Empire Romain Germanique qui, en plus de l'Autriche, comprenait les duchés et des villes de langue allemande, mais également la Bohème, la Moravie, la Hongrie, et des populations de langue slave et de langue hongroise.

Charles Quint avait une haute considération de sa tâche d'empereur, qui pour lui était centrée sur le maintien de l'unité catholique de l'Europe menacée par la scission protestante. L'opposition avec son principal adversaire, le roi de France, montre bien le contraste entre les deux projets politiques. Charles Quint, fidèle à une idée médiévale, comprend l'Europe comme un ensemble de chrétiens qui doivent maintenir leur unité afin de s'opposer au danger turc, tandis que le monarque Valois, catholique et ami du Pape — préfigurant déjà ce que serait l'État moderne — ne voit pas d'inconvénients, au nom des intérêts de la France, à s'allier avec les Turcs et avec les princes protestants allemands qui s'opposent à l'Empereur.

Mais si Charles Quint a pour objectif le maintien de l'unité religieuse, il ne vise pas, en revanche, l'unité linguistique. Pas plus d'ailleurs que les princes qui s'opposent à lui. Il est significatif que la paix de Westphalie, qui met fin à la guerre de Trente Ans, consacre le principe : «*cuius princeps, eius religio*», ce qui signifie que les sujets doivent accepter la religion du prince et que celui qui y est opposé doit émigrer. Cependant, personne n'aurait eu l'idée de proposer le principe : «*cuius princeps, eius lingua*».

Lorsque Charles abdique, il est conscient de son échec. Le fait est qu'avec son abdication, ce qui fut le Saint Empire n'avait, désormais, plus de sens. En revanche, la monarchie autrichienne se maintient, même si le monarque reçoit formellement le nom d'empereur. Ce nouvel Empire est, en réalité, une confédération de royaumes unis par la personne du monarque, qui conservent un degré élevé d'autonomie malgré les efforts qu'entreprendront les empereurs suivants pour renforcer leur autorité. Un système apparemment fragile mais qui réussira à se maintenir pendant trois siècles encore.

Ainsi, à la moitié du XVIIIe siècle, lorsque la France s'est convertie en un État moderne, politiquement unifié et fortement centralisé, l'Empereur d'Autriche règne sur une confédération de quasi États, chacun ayant sa propre configuration, ses propres lois et sa langue. Parmi eux, il y a, en premier lieu, les quatre «nations historiques» : l'Autriche, la Hongrie, la Bohême avec la Moravie et la Croatie. Dans cet ensemble hétéroclite, la langue allemande, langue du pays central de la monarchie, occupe un lieu privilégié, c'est la langue de l'administration impériale et, dans une certaine mesure, la langue de la communication entre les différents territoires de l'Empire.

En Hongrie, qui possède une longue tradition de gouvernement autonome, et où l'aristocratie s'est toujours méfiée de la dynastie autrichienne, bien que la langue officielle soit toujours théoriquement le latin, la langue principale à toutes fins pratiques est le hongrois, une langue qui compte une tradition littéraire notoire. Elle est parlée non seulement par le peuple mais également par l'aristocratie, et c'est la langue des institutions du gouvernement dont les représentants attendent de l'empereur qu'il en use lorsqu'il s'adresse à eux. Mais la Hongrie est loin d'être linguistiquement uniforme. Lorsque les Turcs se sont retirés, de nombreux territoires désertés ont été colonisés par des paysans allemands. Au-delà, en Transylvanie, la population paysanne est surtout roumaine, bien que les propriétaires soient hongrois et allemands. La religion orthodoxe des Roumains contribue encore davantage à leur marginalité. Dans le nord du royaume de Hongrie, certaines régions sont peuplées de Slaves, Slovènes à l'Ouest, Ukrainiens à l'Est.

En Bohême et en Moravie la langue principale est le tchèque, mais l'allemand revêt aussi un caractère de langue officielle, non pas que se soit la langue de l'empereur mais parce que la présence allemande y est considérable : près de 30% de la population. Quant à la Silésie, qui a longtemps été considérée comme liée à la Bohême et à la Moravie, la population du Nord est de langue slave, alors qu'au sud la présence de la langue allemande est prédominante. En Croatie, la langue est le croate, une langue slave du groupe méridional. Dans différentes régions du territoire impérial se sont implantés des Serbes qui ont fui le territoire ottoman. Les Serbes, orthodoxes, sont frères ennemis des Croates, catholiques; les uns comme les autres parlent pratiquement la même langue, mais les premiers l'écrivent avec un alphabet cyrillique, les seconds avec l'alphabet latin.

En Autriche, la langue prédominante est bien évidemment l'allemand. Cependant, au Sud, en Carniole, c'est le slovénien que l'on parle, alors que dans le Tyrol, comme dans le Frioul, il existe des territoires traditionnellement autrichiens où l'on parle l'italien (Trentin). Ajoutons à cela que Vienne est une capitale impériale cosmopolite ; la cour de l'aristocratie viennoise, bien que conservatrice, est très ouverte à toutes sortes d'influences. Ainsi, pendant le premier tiers du XVIIIe siècle, la cour et l'aristocratie parlent l'italien, qui sera remplacé quelques années plus tard par le français. En fait c'est toute l'aristocratie centre-européenne qui est traditionnellement multilingue : tous apprennent, lorsqu'ils sont enfants, à parler l'allemand si ce n'est pas leur langue maternelle, puis le français. Les empereurs ne font pas exception à la règle : très tôt tous les Habsbourg ont été polyglottes, l'apprentissage des langues étant un aspect important de leur éducation. Étant issus d'une société aussi traditionnelle, tous les empereurs de la dynastie dominent le latin et parlent couramment le français et l'italien, de même que l'allemand, et tous connaissent suffisamment le hongrois et le tchèque pour pouvoir prononcer des discours protocolaires dans ces langues lorsque les circonstances l'exigent.

Au XVIIIe siècle, la monarchie danubienne est une mosaïque d'ethnies, de traditions culturelles et de langues, ce qui ne va pas sans grands conflits internes. En fait, il s'agit souvent de conflits d'intérêts provoqués par l'aristocratie des différentes régions, et de tentatives pour modifier à leur profit l'équilibre des forces existantes. Mais il serait certainement exagéré de parler de revendications nationales et encore plus de leur assigner des motifs linguistiques.

Un siècle plus tard, le panorama aura complètement changé.

2.3. LE NATIONALISME LINGUISTIQUE

La Révolution Française produit une grande impression dans toute l'Europe. Face à l'ordre traditionnel qui attribuait aux princes et aux dynasties la source de l'autorité, la Révolution Française affirme que le sujet du pouvoir politique est le peuple souverain, qui exerce le pouvoir à travers ses représentants légalement élus. Ce bouleversement des idées les plus généralement acceptées, provoque naturellement la surprise et l'hostilité dans une aristocratie qui se sent désormais contestée, mais il est ressenti avec sympathie par une bourgeoisie triomphante et par une majorité d'intellectuels critiques envers l'ancien régime. Les campagnes napoléoniennes trouveront, en face d'elles, les défenseurs de l'ordre traditionnel, l'Empire Autrichien et l'Empire Russe en premier lieu, mais provoqueront des réactions patriotiques et populaires qui, en définitive, se justifient par les principes mêmes de la Révolution.

C'est dans cette perspective de résistance populaire et patriotique face à l'invasion napoléonienne que Fichte publie en 1807 son *Discours à la nation allemande*. Mais le destinataire du discours revêt un caractère singulier. Fichte ne s'adresse pas à un État particulier qui verrait ses frontières menacées, étant donné qu'il y a tout un ensemble d'États qui peuvent être considérés allemands — les uns relativement grands, les autres très réduits encore qu'indépendants, et souvent affrontés les uns aux autres. Ce que Fichte appelle la nation allemande, c'est l'ensemble des citoyens qui ont l'allemand comme langue et qui constituent une vaste communauté, non seulement linguistique, mais aussi culturelle.

Lorsque j'ai parlé du processus d'unification linguistique en France, on a pu voir comment s'est imposée l'uniformité linguistique au nom de l'unité de l'État et grâce au critère de rationalité, ou simplement d'efficacité. Fichte, quant à lui, raisonne d'une manière opposée. C'est à partir de la communauté de langue qu'il prétend faire dériver l'unité de la nation. Par ailleurs, l'apologie de la langue française s'était faite en la considérant langue rationnelle par excellence et en lui attribuant les vertus que les humanistes avaient prêtées au latin et au grec. Or, il ne semblait pas que cette argumentation pût être transférée à une autre langue. L'idée de nationalité que Fichte se forgeait et son étroite connexion avec la langue ne pouvait donc dériver de la tradition française. Il faut évidemment penser à une autre influence, qui n'est guère difficile à identifier.

Quelques années avant la publication du *Discours*, en 1772, Herder avait déjà publié les *Considérations sur l'histoire universelle*, œuvre qui eut une influence capitale dans la mentalité historiciste de la pensée romantique. L'histoire universelle est le déploiement majestueux des peuples tout au long des temps, chaque peuple ayant sa propre culture, exprimée dans ses créations de tous ordres, et qui sont toutes l'expression de son esprit collectif : le *Volksgeist*. Parmi toutes ces manifestations, la langue occupe une place privilégiée.

Ces idées furent immédiatement acceptées. Il est fort probable que leur acceptation, indépendamment de la brillante exposition de Herder, ait été le résultat de leur coïncidence avec les préoccupations du moment, où dominait l'intérêt pour l'histoire dans tous les domaines, où s'épanouissait la sensibilité pour les cultures exotiques. Il est également possible que le concept de *Volksgeist* ait été simplement la traduction de *l'Esprit des nations* utilisé par les philosophes français. Mais, ce qui, pour ces derniers, n'était qu'un simple exercice de curiosité intellectuelle, se convertit, dans la philosophie de l'histoire germanique, en un concept fondamental. A partir de perspectives différentes, Herder et les autres auteurs allemands contribuèrent ainsi à façonner le concept de nation et celui de culture nationale. Sans aborder ici l'aspect historique du concept, ce qui nous entraînerait hors de notre propos, soulignons qu'il y eut unanimité pour considérer qu'une nation est une communauté humaine reposant sur une base ethnique ou biologique commune, établie dans un espace physique déterminé, et possédant des traits psychologiques communs — le caractère national —, s'appuyant sur une longue histoire et s'enrichissant de créations culturelles de toutes sortes : les unes populaires — le folklore —, les autres savantes — la philosophie et l'art. Mais à côté des créations intellectuelles, l'esprit national se manifeste également dans les formes d'organisations collectives : le droit et les structures sociales et politiques. Ces fondements théoriques aboutissent à des conséquences pratiques. La nation, comme structure sociale, possède un caractère autosuffisant auquel correspondent une autonomie et surtout la pleine indépendance et la souveraineté.

Évidemment, pour aspirer à cet objectif les membres de la communauté doivent être conscients de constituer une nation et cette conscience peut être soit tournée vers le passé, vers l'histoire qui lui donne ses fondements, soit tournée vers l'avenir, dans un projet collectif. Tandis que certains auteurs mettent l'accent sur le passé et sur les déterminismes historiques, d'autres préfèrent mettre en relief la solidarité dans un projet librement choisi.

J'ai laissé pour la fin le rôle du langage. La langue est une des créations culturelles de la collectivité nationale, ou mieux encore : c'est la première de ses créations et c'est celle qui conditionne toutes les autres. Elle est aussi le symbole de la communauté et le signe d'identification de ses membres qui se reconnaissent comme membres d'un même groupe, d'un même peuple, parce qu'ils parlent la même langue.

Si Herder est le premier à énoncer le lien entre la langue et la nationalité, la formulation la plus brillante et la plus influente se trouve néanmoins dans l'œuvre de Wilhem von Humboldt. Humboldt est, en effet, convaincu de la coïncidence entre la pensée et le langage; l'homme pense verbalement; mais, alors que le linguiste classique insiste sur les caractères formels et invariables du langage et sur les relations avec les structures de la connaissance et de la logique du raisonnement, Humboldt, pour sa part, insiste sur son aspect créatif, création de l'homme individuel, et c'est l'artiste qui représente le mieux cet aspect, mais une création qui joue sur une langue déterminée : la langue de la communauté. Il existe une dynamique continue entre l'individu et la collectivité qui fait que la langue évolue, mais à chaque moment et tout au long du temps la langue est la première expression de l'esprit du peuple qui la parle.

En 1806, dans un texte intitulé *Latium und Hellas* il écrit : *« La plupart des circonstances qui accompagnent la vie d'une nation, l'espace géographique, le climat, la religion, les us et coutumes, la constitution d'un État, peuvent, dans une certaine mesure, en être séparés; et l'on peut également distinguer ce qu'elles reçurent de ce qu'elles donnèrent dans leur formation, bien que ce soit dans une réciprocité constante. Par contre, il existe un facteur qui est de nature absolument différente, c'est le souffle, l'âme même de la nation, qui apparaît à tout moment uni à elle et qui porte vers la recherche d'un cercle sans fin, que se soit comme cause ou comme conséquence, il s'agit de la langue. Toute tentative visant à identifier les caractéristiques nationales qui laisserait de côté le rôle instrumental de la langue serait vaine, car c'est à travers la langue que se manifeste et se scelle l'ensemble du caractère national et, c'est encore à travers elle, comme moyen de compréhension générale du peuple, que prennent racine les différentes individualités. »*

Le rapport entre langue, culture et nationalité aussi clairement énoncé par Herder et par Humboldt devint un lieu commun qui imprégna toute la pensée du XIXe siècle allemand. Les locuteurs des grandes langues se complaisent dans la découverte de leur histoire linguistique et littéraire et dans l'étude des grands traits de leur personnalité collective. Et ceux qui parlent des langues que l'histoire a abandonnées sur le bord du chemin, en recueillent avec passion les témoignages anciens et rêvent d'une renaissance. Le fait d'avoir une langue propre se convertit en un déclencheur de conscience collective et, à la limite, d'une conscience nationale. « La langue est gardienne de la nationalité », dit, d'une manière lapidaire, Prat de la Riba, un des théoriciens du nationalisme catalan. De la mise en valeur de la langue propre et de la volonté consciente de construire une communauté linguistique, le pas vers la revendication politique est aisément franchi.

Ce n'est pas un hasard si l'idéologie de la nationalité et de ses fondements linguistiques fut accueillie avec un sentiment tout particulier dans les terres de l'Empire Autrichien, secoué par les tensions entre une société traditionnelle et des illusions révolutionnaires qui combinent le malaise social et les différences ethniques et linguistiques. La révolution de 1848 illustre clairement la situation, c'est le prologue de revendications semblables dans toute l'Europe, auxquelles je ferai tout de suite référence.

Sur le plan idéologique, le marxisme, conçu à l'origine comme une doctrine internationaliste, est amené à développer une théorie de la nationalité et il le fait précisément lorsque ce phénomène commence à s'étendre dans les pays danubiens. Une théorie exposée dans l'œuvre de l'austromarxiste Otto Bauer, *Le marxisme et la question nationale*, théorie qui, quelques années plus tard, permettra à Lénine de la développer à son tour et ainsi de dissoudre l'Empire Russe, tout en maintenant à l'intérieur de l'URSS l'ensemble des nationalités qui la constituaient.

2.4. REVENDICATIONS LINGUISTIQUES ET REVENDICATIONS NATIONALES

A la grande déception de la jeunesse allemande, à qui s'adressaient les lettres de Fichte après la déroute de Napoléon, le Congrès de Vienne ratifie le vieil ordre qui maintenait les terres de langue allemande dans la division d'une quantité d'États indépendants. A vrai dire, tout le monde était d'accord sur le fait que l'unité de la langue justifiait une unité politique, mais les difficultés surgirent lorsqu'il fallut la réaliser. Pour construire une Grande Allemagne, aussi bien l'Autriche que la Prusse considéraient qu'il leur appartenait d'en prendre la direction. De sorte qu'il fallut attendre la fin du XIXe siècle, en 1871, pour que l'Allemagne soit unifiée, encore que partiellement, puisque l'Autriche restera en marge.

Le cas de l'Italie est beaucoup plus clair. La diffusion des idées libérales et révolutionnaires et leur critique des pouvoirs établis coïncident avec les aspirations d'une Italie nouvelle qui pourrait restaurer son passé glorieux. Le mouvement qui en émerge ainsi est nommé *Risorgimento*, allusion claire à la résurrection de ce passé, mais il s'agit d'une implication en bonne partie arbitraire dans la mesure où l'Italie n'avait jamais constitué une unité politique. Mais l'existence d'une communauté de langue, surgie du Moyen Age et exaltée par la Renaissance, suffit à alimenter une conscience nationale. La lutte pour l'unité italienne est dirigée contre l'occupation autrichienne dans les régions du nord, mais également contre la place singulière que l'Église occupait à Rome et dans l'ensemble de l'Italie.

Ces deux exemples, allemand et italien, d'unification d'un État national au nom de la communauté de langue ne doivent pas faire oublier que la majorité des revendications nationalistes à fondement linguistique ont été dirigées dans un sens opposé : elles visaient une plus grande autonomie, voire l'indépendance, dans le cadre d'un État préexistant. L'examen détaillé de tous les cas serait ici trop long, aussi me bornerai-je à en donner une vue générale.

J'ai déjà précisé que c'est dans le cas de l'Autriche-Hongrie que ces revendications étaient les plus avancées. A partir de la moitié du XIXe siècle, en Hongrie, en Bohème et Moravie, et en Croatie, les singularités linguistiques justifient des mouvements spécifiquement nationalistes qui secouent la structure impériale. Mais ce sera la Première Guerre Mondiale de 1914-18 qui mettra un terme à l'Empire austro-hongrois et fera émerger de nouveaux États nationaux. Le Traité de Versailles (28 Juin 1919) reconnaît l'indépendance de la Hongrie et celle de la Bohème et Moravie sous le nom de Tchécoslovaquie, tandis que la Croatie est intégrée dans le conglomérat des États slaves du sud, sous le nom de Yougoslavie. Cependant, sur le plan linguistique aucun de ces nouveaux États n'est uniforme. En Hongrie, les minorités linguistiques sont assez nombreuses. La Tchécoslovaquie ne regroupe pas seulement les Tchèques et les Slovaques mais aussi une nombreuse minorité allemande. En Yougoslavie enfin, Croates et Serbes seront séparés tout à la fois par la langue et par de sourdes et profondes oppositions culturelles.

A l'intérieur de l'Empire Russe, la vague de revendication nationaliste se fait également sentir sous la forme d'une renaissance littéraire et de fortes demandes autonomistes. Les Pays Baltes, l'Ukraine, l'Arménie, l'Azerbaïdjan, en sont les exemples les plus représentatifs.

Les pays scandinaves présentent eux aussi deux exemples très caractéristiques. La Finlande a été pendant longtemps incorporée à la Suède et, bien que le peuple parle le finnois, le suédois était la langue de l'administration et de la culture. Or, cette situation durait encore lorsque, en 1808, la Finlande cesse de dépendre de la Suède pour devenir un grand duché russe. Vers la moitié du XIXe siècle, la langue finnoise acquiert ses lettres de noblesse grâce à un mouvement favorable.Mouvement qui, bientôt, se convertit en une revendication patriotique à double sens : d'autonomie politique par rapport à la Russie, et de substitution du finnois au suédois dans le domaine linguistique.

L'autre exemple est celui de la Norvège, qui était traditionnellement une province danoise, passée sous régime suédois en 1814. Encore sous domination danoise, elle entama un mouvement de revendication qui la porta finalement, en 1905, vers l'indépendance. La séparation géographique et la différence de populations et d'intérêts suffisent certainement à expliquer l'apparition d'une conscience nationale, bien plus qu'une différence linguistique qui n'était, somme toute, que dialectale. En tout état de cause, la première conséquence de l'indépendance sera de définir une norme linguistique propre à la langue parlée en Norvège, et qui sera différente de la norme danoise.

Les revendications à base linguistique se produisent également dans l'Europe occidentale, dans les pays qui ont eu une politique d'unification linguistique plus constante.

En France, le premier grand épisode du processus d'unification avait été, je l'ai déjà rappelé, l'imposition de la langue d'oïl, du nord, dans les territoires de la langue d'oc, au sud. Plus tard, vers la moitié du XIXe siècle, se produisit la récupération littéraire de cette langue. Frédéric Mistral, l'auteur de *Mireio* (1851), fonde en 1854 le mouvement littéraire connu sous le nom de «Felibrige» dans le but de déployer la récupération de la poésie en provençal, cet effort sera reconnu et couronné par le prix Nobel qu'il reçoit en 1904. Mais le mouvement littéraire n'est pas suivi de la revendication politique et le mouvement devient pratiquement inopérant pendant de nombreuses années. Également en Bretagne et en Alsace se manifeste un regain d'intérêt pour la langue locale ainsi que des réclamations d'autonomie sporadiques qui n'ont guère de succès.

C'est exactement le contraire qui va se passer en Espagne. En Catalogne, qui possède un passé historique et littéraire brillant, les Catalans n'ont jamais cessé de parler leur langue, aussi bien en Catalogne proprement dite qu'aux Iles Baléares et dans une bonne partie de la région de Valence. Au XIXe siècle, la Catalogne se convertit en un centre d'industrialisation et de modernisation de la péninsule réellement exemplaire. Il s'ensuit que la renaissance littéraire de la langue, qui se produit à partir de la moitié du XIXe siècle, trouvera non seulement un écho populaire mais coïncidera également avec la conscience d'une forte différence entre la Catalogne industrielle et moderne et l'ensemble d'une Espagne restée traditionnelle et décadente. Cette opposition est perçue par la bourgeoisie catalane beaucoup plus comme une différence d'intérêts et d'objectifs. C'est dans ce climat global que se produit la revendication politique et qu'elle se convertit, très tôt, en une formulation nationaliste qui obtient une première satisfaction lorsqu'en 1914 est constituée la *Mancomunitat de Catalunya*. (préfiguration du Gouvernement Autonome).

Le Pays Basque est également un des foyers d'industrialisation de la Péninsule encore que, à la différence de la Catalogne, le nationalisme basque se présente d'abord comme un mouvement de défense de la société traditionnelle menacée par la modernité, et c'est uniquement avec le temps qu'elle se convertira en un facteur d'innovation. La question de la langue est posée de manière différente à celle de la Catalogne. En effet, tandis qu'en Catalogne s'est maintenu l'usage majoritaire de la langue, au Pays Basque le domaine d'usage s'était progressivement réduit et semblait même condamné à l'extinction. De plus, les langues en présence en Catalogne, le catalan et le castillan, sont deux langues néo-latines, et par conséquent, l'acquisition de l'une à partir de l'autre est relativement facile; tandis qu'au Pays Basque, où les deux langues n'ont aucune relation entre elles, c'est exactement le contraire qui se passe. Cependant, en raison du caractère emblématique que les Basques attribuent à leur langue, sa défense se convertit pour eux en une question vitale.

Le galicien, la langue de la Galice, au nord-est de la Péninsule — et dont a dérivé le portugais — est tout comme le catalan une langue néolatine, et la renaissance du galicien au XIXe siècle, ainsi d'ailleurs que les positions politiques qui l'accompagnent sont semblables à celles de la Catalogne. Mais alors qu'en Catalogne le développement économique est le résultat d'une industrialisation qui offre un ample support à la revendication politique, en Galice, pays rural et pauvre, miné par l'émigration, la revendication ne touche que quelques cercles réduits. Toutefois, lorsque dans les années trente la Deuxième République concède un statut d'autonomie à la Catalogne et au Pays Basque, elle le concède aussi à la Galice.

Dans le «Royaume Uni de Grande Bretagne et d'Irlande», nom sous lequel les Iles Britanniques étaient officiellement connues au siècle dernier, les revendications nationalistes ont eu des conséquences décisives : la séparation de l'Irlande. Cependant, l'indépendance n'a pas signifié, dans ce cas, la récupération de la langue. Au début du XIXe siècle, la résistance avait déjà commencé avec force, alors qu'une grande partie des Irlandais s'exprimaient déjà en anglais. Et c'est seulement en 1893, lorsque la langue irlandaise est déjà en pleine régression, qu'est créée la Ligue Gaélique pour la récupération de l'usage et du prestige de l'irlandais. Durant un certain temps, cet objectif semble accessible. Lorsqu'en 1921, l'Irlande obtint finalement son indépendance, le nouveau gouvernement entreprit des efforts dans cette direction, mais les résultats furent très limités, probablement parce que la majorité de la population n'avait pas fait pression dans ce sens. Dès lors, le nombre de locuteurs de l'irlandais a continué de diminuer. L'exemple de l'éducation est, à cet égard, significatif. A partir de l'indépendance, l'enseignement de l'irlandais a été déclaré obligatoire dans le système éducatif et il fallait démontrer sa compétence dans cette langue à la fin des études. Mais, dès les années soixante-dix, cette exigence a été de moins en moins respectée, et en 1973, l'examen obligatoire a été supprimé.

La situation du gallois a été différente. Au Pays de Galles, à la fin du XIXe siècle, la langue semblait vouée à une proche disparition, mais un mouvement littéraire et politique de défense de la langue a fini par en assurer la survivance, bien que sur le plan politique, les résultats aient été très modestes.

A la différence de la France, de l'Espagne ou de l'Angleterre, la Belgique est un État de création récente (1830), issu, au terme d'une brève révolution, de la sécession, des Pays-Bas du Sud d'avec les Pays-Bas du Nord auxquels ils avaient été rattachés par le Traité de Vienne, passant ainsi, en 1815, sous régime hollandais. Les Pays-Bas du Sud étaient, du point de vue linguistique, constitués d'une région francophone, alors déjà en voie d'industrialisation, la Wallonie — où se parlait encore dans le peuple le wallon, forme dialectale du français — et une région de langue néerlandaise, parlée par le peuple sous diverses formes dialectales communément désignées comme le parler flamand. Il faut cependant noter qu'à l'époque, la bourgeoisie des territoires flamands parlait principalement le français, de telle sorte que le Belgique proclamée indépendante adopta le français comme langue officielle, sans que cela apparaisse comme un inconvénient (on était loin encore du suffrage universel). Outre l'usage généralisé du français dans les classes dirigeantes, les deux régions avaient en commun la religion catholique ; la vieille hostilité religieuse envers les Hollandais, protestants, joua un rôle plus important dans la proclamation d'indépendance du pays que le facteur linguistique. Les Flamands, d'ailleurs, qui parlaient plusieurs dialectes de la langue pratiquée par les Hollandais, résistaient à identifier leurs parlers à la langue officielle du Nord. Cependant, avec le temps, et à mesure que se sont propagées les revendications des langues minoritaires, les Flamands ont commencé à réclamer pour leur langue un rôle plus significatif, et à baser sur la singularité linguistique leur demande d'autogouvernement. Après plusieurs années de lutte, la personnalité flamande a acquis, dans le cours du XXe siècle, sa pleine reconnaissance, sur un plan d'égalité avec la personnalité wallonne ; les Flamands ont unifié leur langue et l'ont assimilée au néerlandais, au point d'établir un accord linguistique avec la Hollande visant à assurer la promotion de leur langue commune, tout en précisant que cette reconnaissance de l'unité linguistique ne comporte, par ailleurs, aucune implication politique. Autrement dit, le mouvement d'autonomie flamand, largement ancré dans la définition d'une identité culturelle et linguistique, n'envisage à aucun moment l'hypothèse d'un rattachement à la Hollande au nom d'une communauté de langue. Depuis lors, la Belgique s'est transformée en un pays fédéral sans que l'on puisse dire que le conflit linguistique soit complètement résolu.

Reste la question des Balkans, la région d'Europe où les revendications nationales et linguistiques recouvrent les aspects les plus dramatiques, dont les conséquences, aujourd'hui encore, obscurcissent le panorama européen.

Au début du XIXe siècle, toute la région que l'on nommait les Balkans, appartenait à l'Empire Ottoman, turc d'origine et musulman de religion, dont la capitale était Constantinople. Dans la partie européenne de l'Empire, coexistaient des populations ethniquement très diverses, différentes aussi du point de vue de la religion ou de la langue. Les Turcs n'étaient majoritaires que dans certains endroits : il y avait aussi des Grecs, des Slaves orthodoxes et des Slaves catholiques, des Roumains, des Albanais, des Juifs et un long *et caetera*. Le régime ottoman, despotique et ne connaissant d'autre loi que la volonté du sultan était, en revanche, particulièrement tolérant : chaque groupe ethnique pouvait ainsi maintenir sa religion, sa langue, ses coutumes, et ses propres structures sociales, de sorte que, dans un même espace géographique, et au sein d'une même population, plusieurs groupes ethniques pouvaient coexister. Cependant, la rébellion généralisée, au nom du principe de la nationalité, changea totalement cette situation.

Prenons comme exemple la Grèce. A l'époque classique, la Grèce ne constituait pas une nation au sens moderne du mot ; c'était un ensemble de cités indépendantes qui ne réussirent jamais à se mettre d'accord, pas même pour lutter contre un ennemi commun. La Grèce classique n'avait pas non plus de limites définies : de nombreuses cités étaient situées sur la péninsule hellénique, mais il y en avait d'autres également et des plus importantes, en Ionie, en Asie Mineure et dans la Grande Grèce, au sud de l'Italie, et jusque sur les côtes d'Afrique. Au nord de la péninsule hellénique aussi les limites étaient floues ; ainsi, lorsque Philippe de Macédoine (fin du VIIe siècle av. J.C.) voulut unifier les cités grecques, les citoyens d'Athènes le considérèrent comme un étranger.

Lorsque l'Empire Romain se divisa, Constantinople devint la capitale de l'Empire d'Orient, et surtout capitale de l'Église grecque qui se considère orthodoxe face à celle de Rome. Entretemps, les émigrations des Slaves, les ont conduit vers le nord de la péninsule hellénique. Avec l'occupation turque, à partir du XVe siècle, le mélange de peuples continue d'augmenter.

Pendant les siècles de l'occupation turque, les Grecs s'identifient entre eux grâce à la langue et à la religion orthodoxe, des signes identitaires qui se renforcent mutuellement, par le fait que l'Église orthodoxe conserve la langue grecque comme langue de la liturgie.

La lutte des Grecs contre l'occupation turque s'appuie sur la sympathie que l'Europe occidentale ressent pour son passé classique grec. La présence de Lord Byron à Athènes est, à cet égard, symbolique. Mais ce que cherchent les Grecs, c'est l'établissement de la nation grecque, ils luttent donc au nom d'une idéologie nationaliste. L'expulsion de l'armée occupante turque signifie aussi expulsion de tous les paysans turcs établis dans la péninsule depuis des siècles. Lorsqu'à partir de 1897, la guerre contre les Turcs se déplace vers le nord de la péninsule, c'est-à-dire en Macédoine, d'autres peuples des Balkans se sont déjà révoltés contre les Turcs, et les Grecs entrent en conflit avec leurs voisins. Il s'ensuit finalement qu'un grand nombre de Slaves doivent quitter la Macédoine grecque, tout comme de nombreux grecs doivent abandonner la Bulgarie et d'autres terres slaves. Mais l'épisode le plus dramatique n'est pas encore arrivé.

Depuis le début de l'histoire de la Grèce, une partie considérable de sa population a vécu sur les côtes de l'Ionie. Les Ioniens, confiant sur l'aide que jusqu'alors ils avaient reçue des occidentaux, se lancent dans la libération de l'Ionie soumise au joug de l'Empire turc. Mais, à la veille de la Première Guerre Mondiale, les puissances occidentales ont d'autres préoccupations et abandonnent les Grecs d'Ionie qui seront anéantis par les Turcs. Un million de Grecs meurent ou doivent abandonner précipitamment l'Ionie, ce à quoi la Grèce répond en expulsant tous les Turcs restés sur le territoire grec, à l'exception d'une petite minorité de Thrace : monnaie d'échange qui oblige les Turcs à permettre la résidence de l'Église orthodoxe à Constantinople.

Ainsi, la tentative d'une nation grecque indépendante, conduit-elle à certaines exclusions ethniques et linguistiques. Ce qui a caractérisé la Grèce se reproduit pour l'ensemble de la région balkanique. La guerre des Balkans, qui débuta comme un effort pour se libérer des Turcs, dérive en une guerre généralisée dans la région.

De cette guerre naîtront de nouveaux États nationaux : la Bulgarie, la Roumanie, l'Albanie... Mais, le fait le plus significatif, est que ce sont les puissances étrangères qui exigèrent la fin de la guerre et qui fixèrent les limites des nouveaux États. La création de la Yougoslavie, le pays des Slaves du sud, se justifiait par la difficulté de séparer les différentes ethnies, et parce qu'il était préférable de les rassembler en un État confédéral, sous la direction de la Serbie. Un siècle plus tard le problème subsiste dans toute sa virulence.

2.5. LES CONSÉQUENCES

Près d'un siècle de revendications nationales basées sur la langue ont modifié la carte de l'Europe, comme on peut l'observer clairement si l'on compare la situation issue du Congrès de Vienne (1814) avec celle de l'Europe du Traité de Versailles (1918). Un vent de liberté a parcouru le continent, la langue a joué un rôle primordial dans la définition des identités collectives; beaucoup de langues ont atteint leur plénitude et une présence significative, non seulement dans la littérature, mais également dans la vie politique.

Comme tous les phénomènes historiques, l'émergence des langues est un phénomène plus complexe qu'il n'y paraît à première vue; il résout d'anciens problèmes et en soulève de nouveaux.

Dans une perspective strictement idéologique, on observe que, tout au long du XIXe siècle, l'affirmation du lien intime et nécessaire entre la langue et la conscience de la nationalité ne s'est pas toujours confirmée. Je ne me réfère pas aux langues qui n'ont pas réussi à s'éveiller à la conscience nationale, mais au fait qu'une grande langue comme l'allemand, qui a un poids et une unité indiscutables, n'ait pas réussi à assurer la construction d'un État allemand unique, qui ait pu représenter la nationalité allemande dans son ensemble.

Un exemple moins spectaculaire mais qui va dans le même sens est celui du néerlandais, déjà évoqué plus haut à propos de la Belgique. Pendant un certain temps, les Flamands ont fait remarquer avec insistance leur spécificité dialectale comme un signe de leur identité. Mais il y a longtemps qu'ils ont changé d'opinion et, désormais, ils insistent non seulement sur les aspects communs avec le néerlandais, mais également sur un traité culturel passé avec la Hollande, dans lequel sont ratifiés l'unité de la langue et l'engagement à la préserver. Le flamand, ainsi identifié avec le hollandais, acquiert statut de langue officielle dans la communauté européenne et assure par là même sa présence internationale. Cependant, ce même traité spécifie que l'unité de la langue ne signifie pas qu'il y ait une implication politique et elle ne suppose pas une unité de nationalité.

S'il existe des cas, comme les exemples qui viennent d'être évoqués, dans lesquels l'unité de la langue ne correspond pas à une conscience nationale unique, il y a des cas opposés, où la pluralité des langues n'empêche nullement d'aboutir à une conscience nationale unitaire. Tel est le cas de la Suisse.

On présente très souvent la Confédération Helvétique, avec son fédéralisme et sa reconnaissance de quatre langues nationales, comme un bon exemple pour les États présentant une diversité linguistique sur leur territoire. Ce faisant, on a tendance à oublier qu'en Suisse la fidélité linguistique n'est pas liée à des sentiments nationalistes spécifiques mais à une conscience nationale suisse différente, très forte au demeurant, et indépendamment de la langue dans laquelle elle s'exprime.

Tous ces exemples sont des cas isolés, face à une majorité de situations qui semblent s'orienter dans un sens contraire, mais ils suffisent à démontrer que le rapport entre langue et nation, même s'il est très étroit, n'a pas un caractère absolu, applicable de la même manière à toutes les situations.

Pour ce qui est, à présent, des conséquences de la vague d'exaltation nationaliste des langues commentée antérieurement, il faut commencer par mentionner un aspect souvent passé sous silence. L'idéologie nationaliste n'a pas seulement stimulé l'étude et la revendication des langues auparavant plus ou moins abandonnées, mais elle a également touché, plus spécialement, les grandes langues, c'est-à-dire, celles qui étaient déjà des langues officielles et des moyens d'expression d'États constitués depuis longtemps et fortement unifiés.

Lorsque j'ai évoqué l'exemple français, j'ai souligné que c'est précisément tout au long du XIXe siècle que se produisit l'effort principal et le plus réussi pour aboutir à l'unification linguistique. Le rôle de l'école et de la presse y a été évident et décisif, mais il est également certain que l'élan qui a soutenu cet effort est le résultat de l'identification explicite entre la langue française et l'esprit de la nation française, un critère partagé par les intellectuels et par tous les mouvements politiques.

Le cas allemand est également significatif, en ce qu'il existe une pluralité linguistique qui invite à mener une lutte pour l'uniformité. L'exaltation de la langue comme valeur propre du peuple allemand se manifeste de plusieurs manières : ainsi, la montée des «irrédentismes», chez les Sudètes de Bohème, par exemple, où certains éducateurs, mettent en garde les Allemands qui vivent à l'étranger contre le danger de voir leurs enfants apprendre trop vite une langue étrangère, le «mélange de langues» étant, pour eux, comparable à la dégénérescence produite par le «mélange du sang».

Mais c'est sans doute en Italie que l'on rencontre l'exemple le plus significatif : dès la constitution de l'État italien, non seulement la langue italienne est exaltée comme véhicule de l'esprit italien et expression de l'unité nationale, mais, à travers l'école, s'exerce une pression sur les variantes dialectales et s'impose dans les régions bilingues l'usage exclusif de l'italien. Excès qui ne seront rectifiés qu'après la dernière Guerre Mondiale.

Ces remarques et ces critiques ne concernent pas seulement les grandes langues dans les grandes nations; elles valent aussi pour d'autres pays qui ont obtenu leur indépendance, après avoir été soumis et avoir vu leur langue marginalisée. C'est le cas de la plupart des pays balkaniques qui, une fois obtenue leur souveraineté, ont démontré bien peu d'intérêt pour leurs propres minorités linguistiques. D'une certaine manière, cette remarque peut provoquer des réflexions décourageantes sur la nature humaine et sur la difficulté d'aborder les problèmes à partir des perspectives d'autrui. Mais mon propos n'étant pas de m'attarder sur des considérations de type moral, je me limiterai à signaler que nous touchons là au cœur de la théorie de la nationalité, trop souvent réduite à la question des limites territoriales.

Dire que la langue est l'expression la plus claire d'une identité nationale ou d'une communauté équivaut à dire que les limites géographiques de la communauté nationale coïncident, ou devraient coïncider avec l'usage de la langue et que, par conséquent, les frontières politiques devraient s'ajuster aux frontières linguistiques. Mais cela implique une difficulté de principe : alors que les frontières politiques qui séparent les états ou les régions administratives sont des lignes continues parfaitement tracées qui séparent avec précision les habitants de part et d'autre de la frontière, les cartes linguistiques présentent des gradations plus ou moins continues et des situations de transition dans lesquelles les langues se superposent, et il existe, de chaque côté de la frontière, des îlots linguistiques différenciés du reste des territoires où ils sont enclavés.

On peut affirmer que la majorité des frontières qui séparent les États du continent européen ne correspondent pas strictement aux frontières linguistiques ainsi définies, mais constituent souvent des coupures arbitraires dans des situations complexes.

Dans la zone frontalière qui sépare la France et l'Espagne, il n'existe pas de contacts entre le français et le castillan, par contre, dans son extrêmité occidentale, le basque s'étend sur les deux marges de la frontière, et à l'extrêmité orientale, on constate le même phénomène avec le catalan. A l'Est de l'hexagone, la frontière, qui a très souvent changé tout au long des siècles, traverse la zone de dialectes germaniques. Il en est de même à la frontière française avec la Belgique : près de l'Atlantique, on trouve une zone de pénétration du flamand, dans le Pas-de-Calais. La séparation entre les deux langues de Belgique est, en de nombreux points, incertaine, Bruxelles est d'ailleurs officiellement bilingue, et l'allemand pénètre à l'est à l'intérieur des frontières belges.

Beaucoup plus discutables, linguistiquement parlant, sont les frontières du nord de l'Italie. A l'ouest, la frontière s'étend sur le territoire de l'ancien francoprovençal, dans des vallées alpines où le français était le langue cultivée et où l'adhésion à l'État italien a été décidée par référendum. Le Val d'Aoste est, encore aujourd'hui, un territoire bilingue. Mais un peu plus à l'est, à la frontière avec la Suisse, le ladin et le frioulan se trouvent des deux côtés de la frontière. Dans le Haut Adige, vit une population de langue allemande et une autre de langue italienne. Près de Trieste, une population de langue slovène compense la présence d'Italiens de l'autre côté et dans toute la Dalmatie.

Si la situation est à ce point délicate dans l'occident européen, que dire de ce qui se passe dans les pays plus orientaux ? Même si on laisse de côté les Balkans, pensons à ce que peut signifier la discussion sur les frontières ethniques et linguistiques de la Pologne, lorsque la Silésie a été successivement prussienne, tchèque puis autrichienne, pour redevenir polonaise. Ou plus à l'Est, en Galicie, qui a successivement appartenu à l'Empire Russe, à la Pologne, à l'Empire Autrichien, puis une seconde fois à la Pologne, à l'URSS après la dernière Guerre Mondiale, et qui est actuellement ukrainienne. Plus au nord, la Prusse orientale qui fut colonisée par les chevaliers teutoniques au XIIe siècle, est actuellement, en partie polonaise et en partie russe ; ainsi Konigsberg, où enseigna Kant, s'appelle maintenant Kaliningrad.

Un siècle de revendications nationales et linguistiques a produit des rectifications sur la carte de l'Europe et a permis de satisfaire de nombreuses aspirations, mais le panorama qui en résulte est loin d'être parfait, et il produit l'impression, ou mieux la conviction, que toute autre alternative serait également imparfaite. On en arrive donc à la conclusion qu'il n'est pas possible de déduire de la distribution géographique des langues, les frontières politiques entre les États nationaux, même si, par ailleurs, on admet que la langue est un élément caractéristique d'une communauté nationale. Il faudra donc admettre la coexistence de plusieurs langues sur un même territoire et arbitrer des formules politiques pour permettre cette coexistence.

En fait, la plupart des États européens actuels incluent dans leurs limites territoriales des différences linguistiques notoires. Dans le chapitre suivant, nous allons examiner les différentes formes d'organisation que ces États ont essayé de mettre en place pour affronter leur pluralisme linguistique.

Chapitre 3
Unité et diversité : politiques linguistiques des états européens

3.1. TYPOLOGIE

Les États européens ne présentent pas seulement une grande diversité de situations linguistiques quant à l'importance des minorités linguistiques ou de leurs variétés dialectales sur leur propre territoire, ils présentent également une grande variété dans les politiques appliquées en réponse à ces situations. Je vais, à présent, me référer principalement — sauf exception — aux pays qui constituent l'Union Européenne, laquelle, jusqu'au Traité de Maastricht, s'appelait Communauté Européenne : j'utiliserai d'ailleurs indistinctement ces deux dénominations.

Fondamentalement, on peut distinguer cinq types principaux de politiques linguistiques :

a) Le monolinguisme

Il s'agit des États qui reconnaissent une seule langue comme langue nationale et basent leur politique linguistique exclusivement sur la défense de cette langue. Cette politique de défense stricte du monolinguisme peut s'assortir de la reconnaissance de l'existence de certaines minorités linguistiques et de la tolérance envers des initiatives en leur faveur. Dans cette catégorie, on peut inclure des pays comme le Portugal, pratiquement monolingue, comme la France qui, malgré sa diversité linguistique, possède une tradition historique de promotion du monolinguisme.

b) Protection des minorités linguistiques et tolérance à leur égard

Dans ce cas, les États ne reconnaissent qu'une seule langue comme langue nationale et, sans accorder de droits politiques particuliers à leurs minorités linguistiques, ils adoptent des mesures pour les protéger et les défendre. Tel peut être le cas de l'Angleterre par rapport au gallois ou de la Hollande par rapport au frison.

c) Autonomie linguistique

Il s'agit des États qui ont une langue nationale reconnue, mais qui accordent l'autonomie politique à des territoires possédant une langue propre, ainsi que des droits politiques qui incluent la cooficialité des langues dans le territoire qui les concerne, et enfin la possibilité d'établir une politique linguistique propre. L'exemple le plus typique est l'État espagnol actuel, mais c'est aussi la situation de l'Italie pour certains de ses territoires.

d) Fédéralisme linguistique

Il s'agit d'États ayant une structure fédérale dans laquelle chaque entité fédérée possède une langue propre et sa politique linguistique; toutes les langues de ces États sont considérées langues d'État. Dans la Communauté Européenne, c'est le cas de la Belgique et, en dehors de la Communauté, celui de la Suisse.

e) Plurilinguisme institutionnel

Il s'agit là d'États qui reconnaissent deux ou plusieurs langues comme langue d'État et qui adoptent des mesures afin que toutes puissent être reconnues et utilisées sur tout le territoire. Le Luxembourg est certainement l'exemple le plus clair de plurilinguisme institutionnel. La définition peut aussi s'appliquer en partie à l'Irlande et à la Finlande.

3.2. LE MONOLINGUISME COMME OBJECTIF

Il existe des pays dans lesquels la politique linguistique est orientée exclusivement vers la promotion et la défense d'une seule langue, soit parce que c'est l'unique langue parlée sur leur territoire — mises à part d'éventuelles exceptions négligeables —, soit parce que, en dépit de différences linguistiques importantes, l'Etat se donne comme objectif le monolinguisme.

Aussi bien en Europe que dans le monde en général, les pays monolingues sont l'exception plutôt que la règle. Au sein de la Communauté, le Portugal est un exemple représentatif. Par contre, la France est un exemple de pays linguistiquement très varié, mais appliquant le monolinguisme comme objectif linguistique fondamental.

Au Portugal, comme dans tout espace linguistique relativement peu étendu, la langue standard commune à tout le pays coïncide assez bien avec les différences dialectales qu'explique l'histoire de la langue : diffusion du Nord vers le Sud, selon l'axe de la reconquête sur les Arabes, à quoi s'ajoute le substrat linguistique antérieur à l'occupation romaine et à l'introduction du latin, le tout se soldant par des différences somme toute peu significatives. L'unique exception digne de mention est la région de Miranda, une petite localité près de la frontière espagnole où se parle le «mirandais», variante du dialecte léonais, qui est lui-même un reste de l'ancien noyau asturo-léonais. Le fait que l'on puisse citer cette unique exception est bien la preuve de l'uniformité de l'espace linguistique portugais. Ce qui ne veut pas dire que le portugais ne connaisse pas de problèmes ayant des implications politiques, mais ils se rapportent à l'unité de langue à l'échelle internationale (avec la Galice en Espagne d'une part, et entre le Portugal et le Brésil, d'autre part) et aux efforts pour adopter une norme orthographique commune dans tous les territoires lusophones.

On peut aussi inclure l'Allemagne parmi les pays monolingues, bien que les différences dialectales sur son territoire soient plus fortes que dans le cas du portugais. Le fait que l'unification politique ne se soit produite qu'assez tardivement, au XIXe siècle, explique en grande partie cette variété. Dans la partie orientale de l'Allemagne, certains îlots linguistiques (le sorabe) rappellent que, avant l'expansion germanique vers l'Est, des langues slaves y étaient parlées. De même que, près de la frontière avec le Danemark, certaines populations parlent le danois, alors que près de la frontière avec la Hollande d'autres populations utilisent le frison. Mais dans l'ensemble, ces singularités sont peu significatives et elles ne s'accompagnent d'aucune implication politique. La séparation rigide, maintenue pendant près d'un demi siècle, entre l'Allemagne occidentale et l'Allemagne orientale, dont on disait qu'elle produirait une différenciation linguistique irréversible, ne semble pas, finalement, avoir eu de conséquences appréciables ni durables.

La France, par contre, se présente comme un exemple typique de politique monolingue visant à éliminer les variétés linguistiques existantes. Nous avons, dans un chapitre précédent, vu comment que le processus historique d'unification politique et d'unification linguistique avait été conduit parallèlement avec autant de cohérence que d'efficacité, au point de servir de modèle pour les politiques linguistiques d'autres pays en voie de se transformer en états nationaux. On peut admettre que ce processus historique a atteint ses visées unificatrices, en dépit du fait qu'il continue d'exister en France des différences et des particularités linguistiques non négligeables.

Les différences dialectales à l'intérieur de la langue d'oil ont perdu le poids et l'importance qu'elles avaient jadis, mais elles survivent, certes atténuées, dans des formes locales et rurales. En ce qui concerne la langue d'oc, ou plus correctement l'ensemble des langues d'oc — car elles n'ont pas bénéficié de la tradition d'une autorité politique commune qui en eût favorisé l'unité —, une pluralité de dialectes se maintient encore de nos jours, gascons à l'Ouest et provençaux et franco-provençaux à l'Est. Ce fut précisément le provençal auquel le félibrige tenta de redonner vie au XIXe siècle, avec Mistral comme figure de proue. Mais, quelles qu'en soient les raisons, le mouvement ne parvint pas à assumer une position politique, et il disparut pratiquement sans laisser de traces. Ce n'est que tout récemment que l'on assiste à de nouveau efforts pour ressusciter la langue, efforts qui devraient commencer par faire l'accord sur un code commun.

Entre le territoire de la variante dialectale languedocienne et la frontière pyrénéenne, dans le Roussillon, le catalan se maintient. Cette langue a continué d'être parlée bien après le Traité des Pyrénées de 1659 qui incorpora le Roussillon à la France. Plus tard, la renaissance littéraire puis l'autonomie politique recouvrées dans la Catalogne voisine ont raffermi la survivance du catalan dans le Roussillon.

A l'Ouest de l'hexagone, en Bretagne, le breton se maintient également. Cette langue celte apparentée à celle que parlaient les anciens habitants de la Gaule est également parlée en Irlande et au pays de Galles. Il existe un mouvement de récupération du breton qui, dans certains cas, a eu des implications politiques.

Plus au Sud, près de la frontière avec l'Espagne se maintient le basque ou *euskera*, dont j'ai déjà précisé que c'est une des plus anciennes langues parlées en Europe. Là encore, la reconnaissance politique que la langue basque trouve dans la nouvelle situation espagnole encourage le Pays Basque français, beaucoup plus petit et moins peuplé, à exprimer des revendications semblables.

A la frontière orientale de la France, les limites entre les langues romanes et les langues germaniques s'étendent à l'intérieur du pays. En Alsace, ainsi que dans une partie de la Lorraine, on continue de parler un dialecte allemand. Le souvenir récent de trois guerres en moins d'un siècle et l'idée qu'une quelconque revendication linguistique pourrait être interprétée comme favorable aux ambitions annexionnistes des voisins allemands, ont fortement pesé sur la prise de conscience de cette collectivité linguistique.

A la frontière septentrionale, dans la région de Dunkerque, qui est en fait, la continuité des Flandres en France, il existe également une enclave germanique, où l'on parle une variété de flamand. La récupération du néerlandais en Belgique a provoqué un mouvement parallèle de récupération linguistique, mais qui ne s'identifie pas formellement avec le néerlandais et qui propose une orthographe légèrement différente.

Finalement, en Corse, île incorporée à la France en 1768, juste un an avant la naissance de Napoléon Bonaparte, s'est maintenu l'usage d'une langue propre, le corse, qui, à ses origines, était un dialecte italien très proche du toscan. Lorsque la Corse a été annexée à la France, la langue cultivée dans l'île, comme dans toute l'Italie, était précisément le toscan, mais cet usage cultivé était très limité étant donné la pauvreté de l'île. En l'absence d'une tradition d'usage cultivé, le corse comprend aujourd'hui un ensemble de variantes dialectales. Cependant, il existe actuellement une proposition de codification unique de la langue corse soutenue par le mouvement autonomiste et nationaliste.

Bien que, depuis la renaissance de l'occitan à la fin du siècle dernier, la majorité de ces langues aient compté sur des petits groupes de militants enthousiastes acharnés à les cultiver, jusqu'à une date très récente l'État français s'était systématiquement refusé à prendre une quelconque initiative pour les protéger. Toute la tradition d'exaltation de la langue française comme symbole et expression de l'identité nationale s'opposait à leur reconnaissance. Dans la première moitié du XXe siècle, l'école publique française, «laïque, gratuite et obligatoire», avait toujours parmi ses objectifs explicites l'imposition du français comme première langue aux élèves qui habitaient des régions où étaient encore parlés certains «patois» régionaux. La première manifestation en sens opposé a été constituée par la loi Dixone, loi «de défense des langues et des dialectes locaux», promulguée en 1951; elle permettait, entre autres, l'enseignement de quatre langues (le breton, le basque, l'occitan et le catalan) à l'école primaire et dans des conditions précises. Mais les moyens mis en œuvre pour appliquer cette loi furent si limités et les conditions tellement difficiles à remplir, que les résultats furent purement symboliques.

Trente ans plus tard, en 1981, alors que la pression en faveur de ces langues avait considérablement augmenté, François Mitterrand, candidat à la présidence de la République, inscrivit dans son programme électoral (point 54) «que les langues et les cultures régionales seraient respectées et enseignées». Et c'est effectivement à partir de ce moment-là que furent adoptées des mesures attestant un changement d'orientation. Le nombre de langues protégées ne se limitait plus à quatre : toutes étaient incluses ; et le nombre d'heures consacrées à l'enseignement volontaire de ces langues avait considérablement augmenté. On réglementa également la possibilité de délivrer des diplômes universitaires au niveau de la licence pour ces langues. Mais il est encore plus significatif que l'État français ait reconnu et subventionné des écoles privées soutenues par des associations de parents et dans lesquelles la langue régionale est utilisée comme langue d'enseignement : il s'agit des écoles «Diwan» en Bretagne, des «Ikastolas» au Pays Basque, des «Bressoles» dans le Roussillon et des «Calendretas» en Occitanie. Dans l'enseignement public, des écoles se sont vues transformées en écoles bilingues, et en Bretagne, certaines écoles offrent un enseignement en breton. Étant donné la tradition de l'État français, il s'agit de changements significatifs qui auraient été difficilement imaginables il y a seulement quelques années. Cependant, ces changements n'autorisent pas à parler d'une nouvelle orientation dans la politique linguistique française, ainsi que le démontre le refus de la France de signer la déclaration sur le droit des minorités linguistiques proposée par le Conseil de l'Europe.

Au sens strict, l'Italie peut être classée parmi les États qui pratiquent une politique d'autonomie linguistique étant donné que, dans deux de ses régions autonomes, le Haut Adige et la Val d'Aoste, l'italien partage avec une autre langue le caractère de langue officielle : l'allemand dans le premier cas, le français dans le second. Mais il s'agit de régions très petites dans l'ensemble de l'État italien et, par ailleurs, les langues qui bénéficient de la coofficialité sont des langues des États voisins. On peut supposer que le régime spécial accordé à ces langues a été influencé par des raisons de politique internationale. Il serait, par conséquent, exagéré de caractériser la politique linguistique italienne à partir de ces deux exceptions.

Comme je l'ai rappelé dans les chapitres historiques, pendant des siècles une grande diversité dialectale a coïncidé, en Italie, avec une langue littéraire commune, et c'est seulement au moment de l'unification de la Péninsule, à la fin du XIXe siècle, que cette variété littéraire est devenue la langue de l'État et symbole de la nation italienne et de son unité. Une politique d'unification linguistique a débuté au nom de ce principe, et principalement à travers l'école, politique qui prétendait imposer l'italien dans toutes les zones où il n'était pas traditionnellement parlé et réduire ainsi les différences dialectales. Bien qu'aujourd'hui ce dernier objectif se soit considérablement atténué, l'orientation fondamentale n'a pas changé et la politique linguistique italienne reste celle de la défense d'un monolinguisme intérieur. Mais en dépit de ces efforts, l'Italie continue de présenter une diversification dialectale presque aussi marquée qu'au temps de Dante. Ainsi peut-on distinguer :

– les dialectes septentrionaux : piémontais, lombard, vénitien, istrien, et de l'Emilie Romagne.

– les dialectes toscans, avec le florentin en position centrale et privilégiée.

– les dialectes du centre et et du midi : des Marches, de l'Ombrie, de Rome, des Abruzzes, de l'Apulie septentrionale, de la Calabre et de la Sicile.

D'autres dialectes, également dérivés du latin, ne peuvent pas être considérés, à proprement parler, comme des variantes de l'italien, mais comme apparentés à d'autres langues. Au nord de la péninsule, on trouve d'Ouest en Est :

– le provençal alpin, parlé au Val d'Aoste (le valdôtain).

– les dialectes rhétoromans, qui peuvent être regroupés à leur tour en deux groupes : d'une part, les dialectes ladins parlés dans les vallées des Dolomites et qui forment un continuum avec ceux qui sont parlés en Suisse; d'autre part, les dialectes orientaux, celui du Frioul, le frioulan, étant le principal représentant dans la région qui a comme centre la ville de Udine, encore parlé jusqu'à Trieste à la fin du XIXe siècle. Certains linguistes pensent que ces dialectes sont les variantes d'une même langue; d'autres que l'on peut distinguer deux langues indépendantes : le ladin d'une part, le frioulan de l'autre.

En Sardaigne, on distingue quatre dialectes d'une langue sarde représentée, en premier lieu, par le logudorais parlé au centre de l'île et qui eut une tradition littéraire notoire. Au sud de l'île, se parle le campidanais. Quant aux deux autres dialectes, ils sont à rapprocher des dialectes toscans.

On soulignera également la présence de certaines langues assez inhabituelles dans ces régions. Ainsi, le catalan dans la ville de L'Alguer, en Sardaigne, est un vestige de la présence catalane au Moyen Age. Dans la péninsule italique persistent de nombreux îlots linguistiques dont le grec et l'albanais. Et aux alentours de Trieste, près de la frontière avec la Slovénie, il existe une population de langue slovène.

Depuis un certain temps, et en contraste avec l'uniformité linguistique que diffusent les moyens de communication, la télévision en particulier, les dialectes régionaux soulèvent un certain intérêt et les occasions de les utiliser se multiplient, qu'il s'agisse de célébrations folkloriques ou bien de productions littéraires. Dans certaines municipalités, il a été proposé de les utiliser au début de la scolarité. Des efforts considérables ont été réalisés pour mettre en valeur l'usage du frioulan. Des associations ont d'ailleurs été créées à cet effet. Cependant, tous ces efforts n'ont pas encore conduit à fixer une norme commune généralement acceptée. Il n'existe pas non plus une conscience collective permettant la présentation et l'élaboration de revendications qui traduiraient une politique en faveur de la langue. C'est probablement en raison de ce manque de pression de la société civile que la politique linguistique italienne continue de proposer le monolinguisme comme objectif central.

Les seules exceptions sont celles que nous avons déjà citées à propos du Haut Adige et du Val d'Aoste. Le Haut Adige qui, pour la population de langue allemande, correspond au Tyrol du sud, c'est-à-dire le Tyrol italien, a été incorporé à l'Italie par le Traité de Versailles; les habitants en sont encore principalement germanophones malgré une forte immigration en provenance du reste de l'Italie qui se produisit juste après l'annexion; aujourd'hui, la population est composée approximativement de 60 % de germanophones et de 40 % d'italophones. Les deux populations ont l'usage de leur langue propre garanti en toutes circonstances, ce qui signifie, dans la pratique, l'existence d'un double système éducatif, l'un en langue allemande, l'autre en langue italienne. De même, il existe parfois un double système administratif dans les organismes locaux. Cette séparation est telle que les offres publiques des postes de travail sont soumises à des quotas linguistiques, à proportion du nombre d'habitants dans chaque communauté linguistique.

Il est des conséquences imprévues de cette séparation : ainsi, dans la Vallée de Gardana, dont les habitants parlent un dialecte ladin ou rhétoroman, on a organisé un système scolaire propre avec la présence des trois langues, qui s'étend aux activités culturelles de la région. Ainsi le ladin qui, comme le frioulan, ne jouit dans le reste de l'Italie d'aucune protection, bénéficie dans le Haut Adige d'une sollicitude toute particulière.

La situation est tout à fait différente dans le Val d'Aoste. Lorsque l'État italien se constitua, le Val d'Aoste y fut incorporé. La langue que parlaient les habitants de cette petite vallée alpine était un dialecte francoprovençal, mais l'enseignement se faisait en français, qui était la langue préférée de la petite noblesse locale. La présence du français s'est maintenue, à l'école et dans l'adiministration, à la faveur du statut d'autonomie accordé au Val d'Aoste pour toute une population qui pratique effectivement le bilinguisme — français et italien —, qu'encourage par ailleurs la vocation touristique de la région. Le dialecte local valdôtain, par contre, ne survit plus que dans les familles paysannes montagnardes ; il n'est l'objet d'aucune protection et est pratiquement en voie d'extinction.

Présentons finalement le cas de la Grèce comme un exemple extrême de politique linguistique centrée sur la défense de la langue nationale, ignorant l'existence des minorités linguistiques. Avant de faire référence à ces minorités, rappelons que tout au long du XXe siècle la Grèce a vécu un conflit linguistique très vif, aux implications diverses, en raison de l'affrontement entre la modalité de langue traditionnelle, la *katharevousa*, conservée par l'Église pendant les siècles d'occupation turque et utilisée uniquement comme langue cultivée et comme langue écrite, et la modalité populaire, le *démotique*, qui était utilisé comme langue de communication orale dans la vie quotidienne. Le processus de substitution de la langue populaire à la langue cultivée traditionnelle a duré un peu plus d'un demi siècle, donnant lieu à des batailles féroces entre conservateurs et progressistes, et ce n'est qu'à partir des années 1970 que la langue populaire s'est affirmée comme nouvelle langue de culture.

Quant aux minorités linguistiques, elles correspondent aux langues suivantes : le turc, le pomac (langue slave apparentée au bulgare), le slave-macédonien (réminiscence de la présence des Slaves dans la Macédoine grecque), l'aroumain (langue néo-latine apparentée au roumain), et l'albanite, qui est une variété d'albanais. La majorité de ces groupes linguistiques sont numériquement restreints et, si l'on excepte les Turcs, seuls les Aroumains présentent une certaine conscience de groupe et des revendications linguistiques. La grande méfiance que le gouvernement grec et la majorité des partis politiques manifestent à l'égard de ces minorités semble donc peu justifiée. Cette attitude s'explique, sans doute, par les circonstances difficiles de la guerre d'indépendance de la Grèce et de son histoire ultérieure, mais aussi par le fait que ces langues sont apparentées aux pays voisins, avec lesquels la Grèce a toujours eu, tout au long de l'histoire, des relations plus ou moins conflictuelles. Cette situation est certainement la règle dans les Balkans plutôt que l'exception.

3.3. LA PROTECTION DES MINORITÉS

Ce chapitre traitera des États qui n'admettent qu'une seule langue comme langue nationale, et ne reconnaissent pas de droits politiques particuliers à leurs minorités linguistiques, mais adoptent, malgré tout, des mesures pour protéger et développer leurs langues.

Le Royaume Uni constitue un bon exemple de cette politique à l'égard du gallois. Lorsqu'au Ve siècle, les Saxons envahirent les Iles Britanniques, l'usage des langues celtes alors utilisées dans ces îles commença à décliner; ce déclin se poursuivit jusqu'au XIe siècle, époque où une dynastie normande imposa le français à la Cour de Londres. Avec la récupération de l'anglais comme langue de la vie politique, l'Angleterre commença alors un processus d'unification administrative et d'unification linguistique à l'image de ce qui était réalisé en France, processus qui, à la fin du XIXe siècle, semblait avoir conduit les diverses langues celtes au seuil de la disparition. Effectivement, la variante parlée sur l'île de Man avait disparu. Il en était de même pour le cornique parlé sur la presqu'île de Cornouailles et que l'on essaie maintenant de faire revivre. Le gaélique d'Écosse s'est maintenu dans certaines régions, bien que les perspectives de survie ne semblent pas brillantes. Par contre, le gallois, au Pays de Galles, non seulement compte sur un nombre appréciable de locuteurs, mais également sur l'appui de différents groupes civiques qui luttent pour sa défense et formulent des revendications d'ordre politique. Selon un recensement de 1991, il existe actuellement près de 500 000 locuteurs du gallois, nombre auquel certaines enquêtes ajoutent 400 000 locuteurs supplémentaires ayant un certain niveau de connaissance active ou passive de cette langue.

Au Royaume Uni, il n'existe aucune loi qui reconnaisse officiellement l'existence du gallois et les droits de ses locuteurs. Le Pays de Galles ne jouit pas non plus d'une autonomie politique qui lui permette d'avoir un gouvernement propre ou de se doter d'une politique linguistique; c'est le gouvernement du Royaume Uni qui exerce son autorité au Pays de Galles à travers le Wales Office, sa propre délégation territoriale. Cependant, cet organisme administratif a pris un certain nombre d'initiatives en faveur du gallois. Il n'en favorise pas seulement la connaissance et l'utilisation, mais il en fait lui-même parfois usage. D'autre part, il faut tenir compte qu'au Royaume Uni et, par conséquent, également au Pays de Galles, les autorités locales, et notamment les municipalités, possèdent une marge d'attributions très large, notamment en matière d'enseignement, dont elles peuvent user en faveur de la langue. La situation est, à cet égard, extrêmement variée : certaines autorités municipales se montrent indifférentes au problème de la langue, d'autres favorisent la gallois ou pratiquent un bilinguisme systématique.

L'enseignement est le domaine le plus significatif de ce regain d'activité du gallois et du support public qu'il reçoit. La situation est également très variée selon les municipalités, mais en simplifiant on peut dire que, dans l'ensemble du pays de Galles, près de 20 % des élèves de l'enseignement primaire reçoivent un enseignement en gallois et près de 60 % suivent un enseignement de la langue galloise. Dans l'enseignement secondaire, le pourcentage de ceux qui reçoivent l'enseignement en gallois est réduit à 10 %, et à l'université seules quelques disciplines peuvent être assurées en gallois.

Quant aux moyens de communication, il existe une chaîne de télévision publique qui émet 30 heures de gallois par semaine et plusieurs émissions de radio accordent une partie significative de leur temps à cette langue. Ajoutons à cela un certain nombre de revues et d'hebdomadaires et près de cinq cents livres édités par an. Il est, finalement, un fait significatif : les enquêtes démontrent une augmentation de la connaissance et de l'usage de cette langue par les jeunes locuteurs, ce qui ouvre ainsi une perspective optimiste pour son futur.

On trouve une situation semblable en Hollande en ce qui concerne le frison. Le frison est une langue d'origine germanique apparentée à l'allemand et au néerlandais, qui s'est maintenue à la frontière entre les deux langues dans la province hollandaise de Frise. On considère que près de 400 000 personnes continuent de la pratiquer. Il existe des lois et des dispositions qui reconnaissent l'existence de la langue frisonne, mais on ne peut pas dire qu'il y ait une politique définie de protection de la langue. Il n'existe pas non plus de normes qui règlent l'utilisation et le fonctionnement de l'administration publique dans ses rapports avec la population.

La manifestation la plus claire de l'attitude positive de l'État hollandais à l'égard du frison est la présence de cette langue dans le système éducatif. Dans la plupart des écoles de la région, le frison est la langue de l'enseignement et la langue de la communication dans les premiers degrés de l'enseignement; dans les niveaux supérieurs, il est remplacé par le néerlandais, tout en étant encore objet d'enseignement. De l'autre coté de la frontière, sur le territoire allemand, des petits noyaux de population parlent le frison, dont la présence à l'école est similaire à ce qu'elle est en Hollande.

3.4. L'AUTONOMIE LINGUISTIQUE

L'exemple le plus typique de ce qu'on peut appeler «politique d'autonomie linguistique» a été appliqué pendant très longtemps en Union Soviétique. Le russe était la langue de la République Russe, la plus étendue des Républiques Fédérées, mais aussi la langue de l'URSS, tandis que dans chacune des autres Républiques, le russe partageait la coofficialité avec la langue locale. Cependant, la dissolution de l'Union Soviétique, et le caractère changeant de la situation actuelle, empêche de savoir jusqu'à quel point cette politique se maintient ou dans quelle mesure elle est modifiée. La vague de nationalisme qui a secoué l'ancienne Union Soviétique laisse supposer que, dans chaque République, la langue locale est passée au premier plan et est devenue la langue nationale. Néanmoins, l'élimination du russe est peu probable, car à l'intérieur de ces Républiques, il existe un multilinguisme. Ce qui est d'ailleurs également le cas dans la République Russe elle-même.

A l'intérieur de l'Union Européenne l'exemple caractéristique est celui de l'Espagne. Dans les chapitres historiques, j'ai fait référence à la pluralité linguistique de la péninsule et, plus concrètement, des territoires qui constituent l'actuel État espagnol. On a également constaté que la décomposition du latin a donné naissance aux différentes langues néo-latines et que, par ailleurs, le basque a survécu. De la même manière qu'en France et qu'en Angleterre, le processus de construction d'un État national tout au long de l'époque moderne a été accompagné par un effort d'unification linguistique qui n'a pas réussi à éliminer l'usage populaire des langues différentes du castillan. C'est en partie grâce à cela qu'au XIXe siècle ont pu se produire des mouvements de récupération littéraire et de revendication politique. J'ai fait également référence à la répression qui a été imposée à ces mouvements par le régime franquiste. La Constitution actuelle rectifie cette tradition de monolinguisme en affirmant notamment que *«le castillan est la langue officielle d'Espagne»*, que *«les autres langues espagnoles sont également officielles sur les territoires des communautés autonomes et en accord avec leur propre statut d'autonomie»*, et que *«la richesse des différentes modalités linguistiques d'Espagne est un patrimoine culturel qui sera l'objet de respect et de protection»*. En accord avec la Constitution de 1978, le territoire espagnol a été divisé en seize communautés autonomes, ayant chacune son propre gouvernement et son parlement. Cependant, il est cinq cas pour lesquels le Statut d'Autonomie stipule que la Communauté Autonome possède une langue propre coofficielle avec le castillan dans tout le territoire de cette Communauté. Il s'agit de : la Catalogne (6 000 000 d'habitants, langue catalane), les Iles Baléares (680 000 habitants, langue catalane), la communauté de Valence (3 750 000 habitants, langue valencienne, une variante du catalan), la Galice (2 850 000 habitants, langue galicienne) et le Pays Basque (2 200 000 habitants, langue basque ou euskera). Le statut d'autonomie d'une sixième communauté, la Navarre (516 000 habitants), reconnaît également le basque comme langue propre, conjointement au castillan, mais elle limite sa coofficialité à la seule partie nord de son territoire. Mentionnons, par ailleurs, trois cas particuliers : le statut d'autonomie des Asturies recommande la protection du «bable», ancien asturoléonais, mais sans lui donner un caractère de co-officialité ; le statut d'autonomie de l'Aragon fait référence aux particularités linguistiques aragonaises, en se référant aux vestiges de l'ancienne langue aragonaise qui se maintient dans les Pyrénées et au catalan, parlé dans la zone limitrophe avec la Catalogne ; enfin, en ce qui concerne la situation linguistique du Val d'Aran, situé dans les Pyrénées centrales, le Statut d'Autonomie de la Catalogne reconnaît l'existence de l'aranais — un sousdialecte du gascon, qui est à son tour une variante de l'occitan — et s'engage à le respecter et à en développer l'usage.

Entre 1982 et 1986, les Parlements respectifs de ces six communautés autonomes ont approuvé des lois linguistiques qui définissent la coofficialité ainsi que l'égalité juridique entre les deux langues, qui accordent donc la même valeur aux documents rédigés dans l'une ou l'autre des deux langues, et affirment le droit des citoyens à utiliser l'une quelconque des deux langues dans leurs actes privés et publics. En même temps, les lois établissent des mesures visant à faciliter la promotion et l'usage de la langue propre dans trois domaines fondamentaux : l'administration publique, l'enseignement à tous les niveaux et les media.

Pour ce qui est de l'administration, les citoyens ont le droit d'utiliser l'une ou l'autre des deux langues dans leurs rapports avec l'administration publique et ceci dans toutes les circonstances. Quant à l'enseignement, les statuts d'autonomie établissent qu'au terme de la scolarité obligatoire les élèves doivent être en mesure d'utiliser les deux langues et d'atteindre une compétence égale. Voilà pourquoi est établie l'obligation d'enseigner la langue propre de la communauté à tous les niveaux et qu'est admise la possibilité que cette langue soit réellement langue d'enseignement. Quant aux moyens d'information, les lois autorisent chaque gouvernement autonome à établir son propre réseau de radio et de télévision en utilisant la langue locale.

Bien que ces lois linguistiques soient toutes semblables, la situation de la langue propre dans les différentes communautés autonomes est très variée et tout aussi variées sont les modalités d'application et les résultats obtenus. Le catalan, qui au Moyen Age avait déjà connu une tradition cultivée et littéraire et qui au XIXe siècle a compté sur une renaissance non moins brillante, a bénéficié en Catalogne d'une solidarité politique générale, les partis explicitement nationalistes prédominant au gouvernement. La Catalogne est, par ailleurs, l'une des régions les plus industrielles et les plus dynamiques de l'ensemble espagnol. C'est précisément ce développement économique qui a converti la Catalogne en une terre d'immigration préférentielle pour les travailleurs venus du sud de l'Espagne, un phénomène social qui a eu des répercussions défavorables sur la langue. Actuellement, près de la moitié des habitants de la Catalogne déclare que leur langue principale est le catalan, tandis que l'autre moitié considère que leur langue principale est le castillan. Quatre-vingt dix pourcent de la population totale comprennent le catalan, et soixante-dix pourcent sont capables de le parler; pratiquement tous les habitants comprennent et sont capables de parler le castillan. La politique linguistique adoptée par le gouvernement catalan est très énergique, comme en témoigne le fait que l'administration publique autonome fonctionne en catalan, et le fait que la moitié de la population scolaire reçoit un enseignement préférentiel en catalan. Celui-ci tient également une place majoritaire dans les universités.

Aux Iles Baléares, les pourcentages de connaissance du catalan sont semblables à ceux de la Catalogne, mais les implications politiques de la langue sont bien moins évidentes et le fait que le tourisme soit l'activité économique ne favorise pas l'usage de la langue catalane. A Valence, la connaissance de la langue catalane ou valencienne est inférieure à ce qu'elle est dans les deux cas précédents et les polémiques sur la dénomination et le caractère de la langue parlée ainsi que sur l'identité valencienne, en opposition au catalan et à la Catalogne, compliquent encore davantage son développement.

Au Pays Basque, comme en Catalogne, l'engagement politique basé sur la langue est très fort et le gouvernement basque est également de tendance nationaliste. Les limitations proviennent, dans ce cas, du nombre de locuteurs plus réduit et de l'écart linguistique très prononcé qui sépare le castillan, langue néo-latine, du basque, langue non indoeuropéenne. Néanmoins, dès lors que la politique de promotion de la langue a pu être appliquée, au prix d'un effort considérable, une nette tendance à la récupération s'est amorcée. Un phénomène similaire se produit en Navarre où le basque est encore parlé dans une petite zone au nord du territoire.

Le galicien est, quant à lui, effectivement une langue populaire, connue de la presque totalité de la population de Galice, mais l'extrême pauvreté traditionnelle de la région qui condamnait ses habitants à l'émigration a depuis longtemps supprimé tout prestige social à l'usage d'une langue identifiée au monde rural et à la misère, tandis que le castillan représentait la langue de l'ascension sociale. L'usage du galicien dans l'administration et à la télévision commence lentement à modifier cette attitude diglossique.

3.5. LE FÉDÉRALISME LINGUISTIQUE

On peut parler de fédéralisme linguistique à propos des états constitués de territoires possédant leur langue officielle propre, ces langues étant tout à la fois langues officielles de l'état fédéral. En principe, le fédéralisme linguistique suppose un État reposant sur une structure fédérale.

En Europe, les exemples les plus représentatifs du fédéralisme linguistique sont la Suisse et la Belgique, bien qu'ils présentent des caractéristiques totalement divergentes.

La Confédération Helvétique

A la différence de nombreux États européens qui se sont formés à la suite d'un processus d'expansion et d'unification autour d'un noyau central, la Suisse s'est constituée, à partir du XIIe siècle, comme une fédération de territoires qui s'opposaient aux Habsbourg. Elle a maintenu ce caractère de confédération égalitaire tout au long des siècles jusqu'à sa conversion en un État fédéral. A l'origine, et comme dans toute l'Europe, les habitants parlaient différents dialectes, des dialectes germaniques dans certains endroits et des dialectes néo-latins dans d'autres, mais cette variété n'a pas modifié la volonté de maintenir jusqu'à nos jours des liens communs.

Quatre langues sont actuellement parlées en Suisse. L'allemand est la langue principale dans une majorité des cantons, à commencer par celui de Berne, où sont implantés les organismes de gouvernement de la Confédération. D'autres cantons sont de langue française : Genève, le canton du Jura, Neuchâtel et Vaud ; dans le canton de Fribourg, il existe des zones de langue française et d'autres de langue allemande. La langue italienne est parlée dans le canton du Tessin. Finalement, dans le canton des Grisons, on trouve des zones de langue allemande, de langue italienne et de langue rhétoromane. Selon de récents recensements, 65 %

des quatre millions d'habitants que compte la Suisse sont de langue allemande, 18,5 % de langue française, 9,8 % de langue italienne et 7,8 % de langue rhétoromane ou romanche, à quoi il faut ajouter 6 % d'étrangers qui parlent d'autres langues.

La Constitution Fédérale de 1848 déclarait déjà que la Confédération Helvétique possède trois langues ayant la même considération officielle : l'allemand, le français et l'italien. Un siècle plus tard, en 1938, un amendement au texte constitutionnel est proposé afin d'y inclure le rhétoroman ; c'est ainsi que dans l'Article 116 de la Constitution actuelle, il est stipulé que la Suisse possède quatre langues nationales : l'allemand, le français, l'italien et le rhétoroman, mais ce même article ajoute que les langues officielles sont uniquement l'allemand, le français et l'italien. Cette double définition entre l'*officiel* et le *national* se traduit dans un ensemble de dispositions légales que l'on peut résumer ainsi :

Pour ce qui est des cantons, le principe accepté est celui de la territorialité : chaque canton possède une langue officielle et dans les cantons qui en possèdent deux ou trois on distingue les zones selon la langue principale. Le principe de territorialité signifie, par exemple, qu'à Genève la langue de l'administration publique et la langue de l'enseignement sont exclusivement le français, et si un citoyen suisse de Zurich s'installe à Genève il devra s'adapter afin de comprendre le français.

Dans le domaine fédéral, on peut distinguer deux secteurs, celui des organismes de représentation et celui du fonctionnement de l'administration. Dans le premier secteur, au Parlement, les députés peuvent s'exprimer dans l'une des trois langues officielles, mais il n'existe de traduction que vers le français et vers l'allemand, car l'italien ne s'emploie pratiquement pas. Au Sénat, les sénateurs peuvent s'exprimer dans l'une de ces trois langues, mais il n'existe pas dans ce cas de traduction simultanée, et la majorité des interventions se font en allemand. Quant au fonctionnement de l'administration fédérale, si les lois sont publiées dans les trois langues officielles, le fonctionnement interne de l'administration fédérale utilise, quant à elle, majoritairement l'allemand. Un ensemble de dispositions détermine quels sont les postes de travail de l'administration pour lesquels il est nécessaire d'être compétent dans deux ou trois langues. Des règles semblables peuvent exister pour les entreprises ayant des succursales dans toute la Suisse, comme par exemple les banques ou les entreprises multinationales. Ainsi, une bonne partie du personnel de la compagnie d'aviation Swissair est bilingue (allemand et français). Mais pour comprendre la situation linguistique de la Suisse, il convient d'ajouter à ces normes légales quelques considérations socio-linguistiques.

En premier lieu, il faut savoir que si les quatre langues, ou tout du moins les trois langues officielles, ont une même considération légale, leur poids dans l'ensemble de la société suisse est très différent. Ainsi le romanche ou rhétoroman, qui a un nombre relativement restreint de locuteurs, et qui est confiné aux zones agricoles aujourd'hui transformées en zones touristiques, est très sérieusement menacé d'être remplacé par l'allemand, en dépit de la protection qu'il reçoit. L'italien ne subit pas cette menace étant donné que l'italien est la langue du pays voisin, mais sa présence dans l'ensemble de la Suisse et dans les organismes gouvernementaux est relativement faible. Quant au français, il a une présence respectable, mais qui reste bien inférieure à celle de l'allemand.

L'allemand est ainsi la première langue de la Suisse, mais cela ne signifie pas qu'il n'y a pas de problèmes. Tandis que dans la zone française les dialectes d'origine francoprovençale ont presque disparu face au français standard, dans la zone germanique l'usage du dialecte suisse allemand s'est maintenu, de sorte que l'on peut parler d'une authentique situation de diglossie, avec une langue inférieure, le *«Schweizerdeutsch»* (suisse allemand) utilisé exclusivement comme langue orale, et le *«Hochdeutsch»* (allemand cultivé ou littéraire) utilisé comme langue écrite, comme langue de l'enseignement et de toutes les situations formelles. Cependant, depuis quelque temps, on assiste à une expansion des usages du *«Schweizerdeutsch»*, surtout à partir de la diffusion des émissions de radio et de télévision. Ce phénomène conduit à la reprise d'un certain usage écrit du dialecte et parfois même, dans certains endroits, à son utilisation comme langue d'enseignement. On peut donc imaginer qu'avec le temps il pourra se produire un processus comparable à celui qui, en Grèce, a permis de remplacer la variété cultivée par la variété populaire de la langue, ou encore à celui qui, au Luxembourg, a élevé le dialecte local allemand au niveau de langue nationale.

Dans la plupart des cantons, le système éducatif établit qu'à partir du septième degré de l'enseignement primaire, et à côté de l'étude de la langue familière de l'élève et propre au canton, intervient l'étude d'une seconde langue nationale. Ce qui signifie que la grande majorité des élèves de la zone francophone étudient l'allemand et que la majorité des élèves de la zone germanique étudient le français. Les résultats ne sont pas généralement très satisfaisants. Simultanément, et pour une série de raisons, l'étude de l'anglais est de plus en plus populaire. Il en résulte que, dans certains endroits où coïncident germanophones, francophones et étrangers, par exemple à l'Université Polytechnique de Zurich ou bien au siège des grandes entreprises multinationales suisses, l'anglais tend à être utilisé comme langue commune et parfois même comme langue de communication entre les Suisses de langue allemande et de langue française.

La Suisse attire une immigration étrangère considérable, en partie grâce à sa renommée de pays paisible pour les retraités privilégiés, et en partie grâce à la présence sur son territoire du siège de nombreux organismes internationaux et d'entreprises multinationales. A l'autre extrémité de l'échelle, la Suisse attire des émigrants économiquement faibles, venant occuper des postes de travail peu qualifiés que les Suisses ne souhaitent plus assurer. Dans l'ensemble, 14 % de la population suisse est constituée d'étrangers, ce qui la place, si l'on excepte le Luxembourg, au premier rang des pays d'Europe. Chez les résidents permanents et transitoires de niveau économique aisé, c'est la langue anglaise qui sert de langue de communication, mais les immigrés économiquement faibles et, plus précisément, leurs enfants, posent des problèmes de langue à l'école suisse, phénomène qui dans certains villes dépasse les capacités du système scolaire.

Tous ces problèmes ne peuvent faire oublier un fait fondamental : dans une situation linguistique complexe, les Suisses ont réussi un équilibre enviable qui contraste avec les conflits linguistiques souvent rencontrés dans d'autres endroits. L'explication en est simple : dans certains pays, la langue étant considérée comme signe d'identité nationale, les conflits linguistiques sont interprétés comme des conflits nationaux, alors qu'en Suisse, c'est l'inverse qui se produit : la fidélité linguistique étant indépendante de l'identité nationale, le multilinguisme n'a aucune répercussion sur le nationalisme et le patriotisme suisse, qui sont par ailleurs très forts.

C'est une situation opposée que l'on observe en Belgique où les questions linguistiques n'ont pas uniquement des implications politiques mais constituent aussi très souvent le problème politique central du pays. Dans un chapitre antérieur consacré aux revendications linguistiques et nationales, j'ai déjà rappelé que la Belgique s'est constituée au siècle dernier, comme un État composé par deux populations linguistiquement opposées, l'une de langue française et l'autre de langue flamande, le français occupant cependant à l'époque une position clairement dominante, du fait que les Flamands étaient dans leur grande majorité d'origine rurale, et n'utilisaient leur langue que dans la vie quotidienne, alors que le français était le langue de la bourgeoisie citadine, de l'administration et de la culture. Je rappelais également comment, à travers un long processus, la population de langue flamande avait réussi à donner du prestige à sa langue et à rétablir un régime de parité linguistique.

Selon la Constitution actuelle, la Belgique est composée de trois communautés : la communauté française, la communauté néerlandaise et la communauté allemande (art. 2 de la Constitution). Cependant, du point de vue administratif, la Belgique est divisée en quatre régions linguistiques : la région de langue française, la région de langue néerlandaise, la région bilingue de Bruxelles et la région allemande (art. 4 de la Constitution).

Les différences de langue entre les communautés sont soumises à une réglementation juridique. Mais, l'article 30 de la Constitution précise que l'on ne peut stipuler légalement les usages de la langue que dans l'administration publique et dans l'administration de la justice. Dans toutes les autres situations, les citoyens sont libres d'utiliser la langue de leur choix. Un amendement de 1971 a étendu les domaines pouvant être réglementés par loi, pour y inclure la documentation que les entreprises doivent remplir pour satisfaire à des exigences légales, ainsi que les contrats et les conventions qu'elles établissent avec leur personnel.

L'ensemble des normes qui règlementent l'usage des langues peut donc être résumé de la manière suivante : dans la région de langue néerlandaise, traditionnellement connue sous le nom de Flandres, la langue de l'administration et de l'enseignement est le néerlandais. Dans la région de langue française, traditionnellement connue sous le nom de Wallonie, la langue de l'administration et de l'enseignement est le français. Dans la région de langue allemande, la langue de l'administration et de l'enseignement est en premier lieu l'allemand et en second lieu le français. Dans la région de Bruxelles, l'administration utilise, selon les cas, les deux langues, et il existe deux système d'enseignement : l'un en langue néerlandaise et l'autre en langue française. La division concerne également l'université. Dans la région néerlandaise, les universités enseignent en néerlandais et dans la région française en français. En revanche, à Bruxelles, il existe des universités de langue néerlandaise et des universités de langue française. En fait, il existe depuis longtemps deux universités prestigieuses en Belgique : il s'agit de l'Université Catholique de Louvain et de l'Université Libre de Bruxelles, toutes les deux se sont divisées pour donner lieu, chacune de leur côté, à deux universités, l'une de langue flamande et l'autre de langue française.

La distribution du pays en régions linguistiques a obligé à adopter une réglementation très détaillée en ce qui concerne l'utilisation des langues dans chaque cas précis. Ainsi, un procès débuté à Bruxelles se déroulera dans la langue du requérant, le français par exemple si le requérant est de langue française; et l'introduction d'un seul document dans l'autre langue suffirait à invalider ce procès. Cependant, en dépit de tout ceci, si le défendeur est de langue néerlandaise, il aura le droit de s'exprimer en néerlandais et il pourra exiger que ses déclarations soient traduites en français pour être versées au dossier du procès. Il pourra également exiger que toutes les communications qui devraient être adressée à une localité de la région flamande soient traduites en flamand. La réglementation linguistique se complique davantage encore du fait de l'existence de municipalités flamandes ayant un haut pourcentage d'habitants de langue française, auxquelles s'applique un régime spécial. Dans la région de langue allemande, de dimensions relativement restreintes, le nombre peu élevé d'habitants (100.000 locuteurs) conditionne un usage limité de l'allemand et une présence plus importante du français.

Quant à l'administration centrale, elle procède de manière semblable à l'administration municipale de Bruxelles : s'il s'agit de répondre aux demandes ou de résoudre les affaires d'un citoyen, elle utilise la langue de celui qui introduit la requête, français ou néerlandais ; s'il s'agit de s'adresser au public en général (règlements, formulaires, circulaires d'information, etc.) elle le fait dans les deux langues.

Cette réglementation se compléte de normes qui déterminent, pour chaque poste de travail de l'administration publique, la connaissance des langues que doit avoir le personnel qui l'occupe. Ainsi dans l'armée, pour citer un cas très significatif, les unités sont monolingues, et les soldats et les officiers sont affectés en fonction de leur langue. Cependant, un officier qui désire bénéficier d'une promotion pour devenir capitaine ou commandant, doit pouvoir démontrer une connaissance au moins élémentaire de l'autre langue, que ce soit le français ou le néerlandais. Les officiers supérieurs doivent pouvoir s'exprimer sans difficulté dans les deux langues.

A ce cadre général concernant les dispositions légales, il convient d'ajouter quelques considérations d'ordre socio-linguistique.

Quand l'État belge s'est constitué, la région flamande, qui était essentiellement agricole, se trouvait dans une situation d'infériorité, non seulement sur le plan linguistique mais aussi socio-économique, face à la région wallonne industrialisée et beaucoup plus développée. Avec le temps, la situation s'est inversée, l'industrie wallonne fondamentalement sidéro-métallurgique est entrée en crise, tandis que dans les villes flamandes le secteur tertiaire s'est considérablement élargi. Une plus grande croissance démographique flamande a eu également un rôle décisif. De sorte que les Flamands sont maintenant en mesure d'imposer l'actuelle législation linguistique qui leur est favorable et qui a conféré au pays une structure fédérale. Néanmoins, ils restent conscients de ce que leur langue est en position d'infériorité face au français qui jouit d'une plus grande présence internationale. C'est en quelque sorte pour essayer de palier cette trop grande disparité qu'a été signé l'accord qui officialise le flamand comme variante de la langue parlée dans le pays voisin, la Hollande, et c'est ainsi qu'a été adopté l'usage de la dénomination de néerlandais comme langue commune. Malgré cet accord, qui accroît la présence internationale de la langue néerlandaise, l'impression de menace du français continue d'être très vive, en particulier à Bruxelles où la présence de résidents étrangers est notable, surtout depuis que s'y sont établis les grands organismes internationaux, comme par exemple la Commission de la l'Union européenne ou l'OTAN. La plupart des étrangers préfère utiliser la langue française plutôt que le flamand, ce qui accentue le déséquilibre entre les deux langues et modifie sensiblement le bilinguisme de Bruxelles.

Cette situation de méfiance à l'égard du français explique l'insistance des responsables de l'enseignement flamand à Bruxelles lorsqu'ils affirmaient que les familles de langue flamande étaient légalement obligées d'inscrire leurs enfants dans les écoles flamandes. Insistance alors justifiée par la crainte de voir certaines familles flamandes inscrire leurs enfants dans les écoles de langue française, en raison du plus grand prestige de cette langue. Cette préoccupation a perdu son sens, dès l'instant où l'on s'est avisé que des familles de langue française inscrivent, à leur tour, leurs enfants dans des écoles de langue flamande afin qu'ils puissent se convertir en bilingues et accéder ainsi aux nombreux postes de travail que la législation actuelle réserve aux personnes bilingues. Observé de l'extérieur, ce phénomène fait apparaître peu justifié qu'une ville officiellement bilingue offre deux réseaux scolaires rigoureusement séparés plutôt que d'opter pour une solution beaucoup plus souple et plus opératoire dans le but d'assurer à tous les élèves une compétence égale dans les deux systèmes linguistiques. Ajoutons enfin que la présence à Bruxelles de nombreux étrangers en provenance des pays communautaires explique l'existence de nombreuses institutions scolaires, comme l'« École Européenne » ou diverses autres écoles internationales, qui utilisent systématiquement plusieurs langues dans l'enseignement. Cette abondance d'étrangers fait aujourd'hui de Bruxelles une ville réellement cosmopolite. Le fait que le pays où les tensions linguistiques sont les plus vives soit, en même temps, la capitale la plus multilingue de toute l'Europe ne laisse pas d'étonner. A moins que ce ne soit là le symbole de l'Europe de l'avenir.

3.6. LE BILINGUISME INSTITUTIONNEL

Nous considérerons comme pays institutionnellement bilingues ceux qui possèdent comme langue d'expression officielle plus d'une langue, mais sans pour autant rattacher chaque langue à un territoire précis comme c'est le cas dans les États fédéraux. L'Irlande, le Luxembourg, et depuis peu la Finlande, à l'intérieur de la Communauté Européenne, sont des exemples de ce type de situation.

J'ai déjà rappelé le cas de la Finlande à propos des mouvements de libération nationale et linguistique du siècle dernier. En Finlande, occupée pendant des siècles par la Suède, le suédois était traditionnellement la langue des colonisateurs, mais aussi la langue cultivée de la population finlandaise. Cependant, le mouvement de récupération et de remise en valeur du finnois qui se produisit à la moitié du XIXe siècle n'était pas dirigé contre la Suède dans la mesure où, dès le début du siècle (1809), la Finlande avait déjà cessé d'appartenir à ce pays pour se convertir en un duché russe, de sorte que la substitution du suédois par le finnois comme langue de culture et d'"administration se produisit sans conflit politique, et tout en respectant les droits de la population. Celle-ci continuait à parler le suédois dans certaines zones du Sud et de l'Est du pays. Au moment de l'indépendance par rapport à la Russie, la Constitution finlandaise (1919) établissait :

« Le finnois et le suédois sont les langues nationales de la République. La loi garantit le droit à tous les citoyens finlandais d'utiliser sa langue maternelle, qu'il s'agisse du finnois ou du suédois, dans ses relations avec l'administration. »

Outre le droit d'utiliser la langue finnoise dans les relations administratives dans les zones de dominance de la langue suédoise, l'État offre des services dans cette langue, en premier lieu, dans les écoles, et il rend possible le fonctionnement administratif dans les deux langues. En fait, la population de langue suédoise ne représente que 10 à 15 % de la population globale de la Finlande, qui est d'environ quatre millions d'habitants, et elle tend à décroître.

Le cas de l'Irlande a été également évoqué lorsque j'ai traité des problèmes de libération nationale et j'ai rappelé que, lors de la proclamation de l'indépendance, la langue irlandaise était déjà minoritaire. Actuellement, selon le recensement de 1991, 32 % de la population se considèrent capables de parler en irlandais. Selon d'autres enquêtes plus fiables, seuls 5 % de la population ont l'irlandais comme langue principale, 10 %

l'utilisent occasionnellement sans difficulté et 10 % le comprennent même s'ils ne le parlent pas ou ne le parlent qu'avec une certaine difficulté.

La Constitution attribue à l'irlandais le statut de langue officielle aux côtés de l'anglais et lui confère même un certain privilège, étant donné le lien qui l'unit à l'histoire du peuple irlandais, ce qui se traduit d'ailleurs par un usage formel et cérémoniel. Mais, dans la pratique de l'administration et de la plupart des activités publiques, c'est l'anglais qui est utilisé. La compétence en irlandais n'est exigée que dans certains domaines, en particulier dans ceux qui sont rattachés à l'enseignement. C'est uniquement dans les municipalités où la majorité des citoyens sont de langue irlandaise que celle-ci sera utilisée dans l'administration et comme langue d'enseignement. Cependant, dans l'ensemble du pays, son apprentissage n'est pas obligatoire. En fait, l'Irlande a renoncé à ce que l'irlandais soit une langue de travail de la Communauté Européenne, comme le sont les langues officielles des autres pays de la CEE, et il n'est utilisé que dans des circonstances très formelles.

Ainsi donc, si, du point de vue constitutionnel, la Finlande et l'Irlande sont des pays bilingues, dans la pratique de leur politique linguistique ils peuvent être qualifiés, au mieux, comme pays protecteurs de leur propre minorité. Par contre, le Luxembourg se présente comme un véritable État bilingue ou, mieux encore, trilingue.

Le grand duché du Luxembourg, qui, à une certaine époque, appartenait au territoire de Bourgogne, et qui aurait donc pu être intégré à l'un des États voisins, a pu, grâce à un ensemble de circonstances heureuses, maintenir son indépendance jusqu'aujourd'hui, en dépit de ses dimensions très réduites. Avec son économie basée sur la métallurgie, le Luxembourg traversa des temps très difficiles, mais la situation se rétablit avec son intégration à la « Communauté du Charbon et de l'Acier », premier organisme de l'actuelle Communauté Européenne. Ainsi, malgré sa taille, il est devenu l'un des premiers État de plein droit de la CEE, position qui a permis sa reconversion en un centre financier de tout premier ordre en même temps qu'un développement économique considérable.

Le Luxembourg, qui compte aujourd'hui 400 000 habitants, est situé à la ligne de contact entre les langues germaniques et néolatines, à laquelle j'ai fait référence maintes fois. Sa population a toujours parlé un dialecte allemand et a toujours utilisé l'allemand et le français, les langues de ses voisins les plus puissants, comme langues de culture. Aujourd'hui encore, le luxembourgeois est utilisé comme la langue de communication orale, aussi bien dans la famille que dans la vie sociale. L'allemand est utilisé principalement dans l'administration et dans les affaires alors que le français est réservé aux activités culturelles et aux relations extérieures. Le français et l'allemand ont longtemps été considérés comme des langues officielles, mais à partir de 1984, le luxembourgeois a été proclamé langue nationale sous la pression d'un courant qui prétendait renforcer la conscience luxembourgeoise. Dès lors, il a été introduit dans le système éducatif qui en a propagé l'usage écrit bien que limité en raison du nombre peu élevé de lecteurs potentiels. Lorsque le Luxembourg signa le Traité de Rome, cette déclaration d'officialité ne s'était pas encore produite et, par conséquent, le luxembourgeois ne figurait pas parmi les langues officielles de la Communauté; on peut à ce propos le comparer à la situation de l'irlandais.

La réalité du caractère multilingue de l'État luxembourgeois est manifeste dans son système éducatif. Le luxembourgeois est utilisé à l'école maternelle, et il restera la langue de la relation orale tout au long du primaire. Cependant, au début de l'école primaire, à six ans, commence l'enseignement de la lecture et de l'écriture en allemand, puis un an après, le français est introduit, de sorte que les deux langues qui s'utilisent comme langues d'enseignement se trouvent très tôt dans une situation d'équilibre. Quant au luxembourgeois, il est maintenu à raison d'une demi-heure hebdomadaire. La compétence dans les deux langues est d'autant plus importante à la fin de la scolarité qu'il n'existe pas d'universités ni d'écoles supérieures au Luxembourg, et que les élèves qui désirent poursuivre leurs études doivent s'inscrire dans un centre universitaire d'un des pays voisins, ce qui signifie aller dans une université de langue française ou de langue allemande où ils devront démontrer une compétence linguistique égale à celle de leurs condisciples. La loi linguistique de 1984 stipule que tous les citoyens peuvent s'adresser à l'administration dans une des trois langues. Par ailleurs, sur l'ensemble de la presse éditée au Luxembourg près de 80 % des textes sont écrits en allemand, près de 20 % en français et seulement 2 % en luxembourgeois. Au Luxembourg, sont regardées et écoutées les émissions de télévision dans les langues de tous les pays proches : le français, l'allemand, mais aussi le néerlandais et l'anglais. Une chaîne locale offre également deux heures par jour en langue luxembourgeoise.

En outre, le développement économique a attiré au Luxembourg une quantité de migrants qui représentent près du tiers de la population, dont une majorité de Portugais. Cette situation provoque un problème assez grave pour le système éducatif. Dans une autre perspective, le fait d'être actuellement un centre financier important et le siège de certaines institutions européennes, a renforcé l'usage d'autres langues et, en premier lieu, de l'anglais. Il n'est pas étonnant, dans ces circonstances, que lorsqu'on réalise des enquêtes pour connaître le niveau de connaissances des langues étrangères dans les différents pays de la communauté, le Luxembourg occupe toujours la première place. Par ailleurs, l'exiguïté de ses dimensions empêche de le proposer comme modèle généralisable.

Ce n'est pas sans quelque ironie que l'on rappellera ici que se tint à Luxembourg, en 1928, la première conférence internationale consacrée aux problèmes de bilinguisme dans l'enseignement, dont les participants se montrèrent très réticents quant à l'introduction précoce de langues secondes. Un ministre luxembourgeois, lors de la séance d'ouverture, se plaignait de ce que les Luxembourgeois eussent, dans leur éducation, à s'appuyer sur des langues étrangères, source de l'ambiguïté et de l'insécurité de leur personnalité. Soixante-dix ans plus tard, aucun Luxembourgeois ne s'exprimerait de la sorte. Habitants d'un petit pays, occupant une situation économiquement favorable et influent sur la scène politique, les Luxembourgeois d'aujourd'hui tirent au contraire orgueil de leur identité collective au point de donner à leur langue le statut de langue nationale sans pour autant renoncer à leur plurilinguisme.

3.7. PROMOTION ET DÉFENSE DES LANGUES D'ÉTATS

Dans les pages précédentes, nous avons envisagé la politique linguistique des États sous l'angle de leur attitude face à la diversité des langues sur leurs territoires. Ceci sous-entend que chaque État, à l'exception des États fédéraux, possède une langue principale identifiée comme langue nationale de l'État, normalement utilisée dans le fonctionnement de l'administration publique et comme langue véhiculaire de l'enseignement. Dans ce sens, on peut considérer que tous les États possèdent une politique linguistique de base, visant la promotion et la défense de leur langue principale, ou, comme c'est le cas de certains États fédéraux, leurs langues principales.

Mais, outre cette implication entre langue principale et fonctionnement des institutions, il existe des États qui prennent des initiatives particulières, spécifiquement destinées à la promotion et la défense de leur langue, que ce soit sous la forme d'organismes, ou bien sous la forme de dispositions légales, tantôt orientée vers l'intérieur, tantôt vers l'extérieur du pays. A cet égard aussi, les politiques linguistiques adoptées par les pays européens présentent des différences significatives.

C'est la France qui, la première, a senti la nécessité de développer l'enseignement de sa langue à l'étranger. Tout au long du XIXe siècle, la France, comme d'autres pays européens, construisait un empire colonial et, dans toutes ses colonies, elle s'efforçait de promouvoir la connaissance de la langue française, mais négligeait, soit dit en passant, les langues indigènes. Les autres puissances coloniales en faisaient tout autant. Mais, la France se préoccupait aussi de la diffusion et de l'apprentissage de la langue française dans des pays étrangers sur lesquels elle n'avait aucune autorité et avec lesquels elle entretenait uniquement des rapports d'amitié. C'est en 1883 qu'est créée l'«Alliance Française», une institution en principe privée mais qui bénéficiait d'un appui gouvernemental lui permettant de créer des centres d'enseignement de la langue française dans les pays étrangers et d'aider les centres et les institutions qui s'y consacraient déjà à la promotion du français. Très tôt l'«Alliance Française» étendit son réseau dans la plupart des pays. Notons aussi, dans cette perspective, que le gouvernement français, qui, au nom de la laïcité, réduisait, voire interdisait dans la métropole l'enseignement dispensé par les ordres religieux, encourageait ces derniers, au contraire, lorsqu'ils contribuaient à l'enseignement du français en dehors de ses frontières. Dès le début du XXe siècle, l'État français établit à l'étranger, dans les principales grandes villes du monde, un réseau d'Instituts Français, foyers de diffusion de la langue et de la culture françaises. Depuis la Seconde Guerre Mondiale, cette présence extérieure française s'est maintenue et s'est même accentuée dans la mesure où s'est généralisé le sentiment que la langue française perdait ses positions à l'échelle internationale, au bénéfice de l'anglais.

La conscience du recul du français comme langue de communication internationale, et le sentiment que la langue française elle-même commençait à être contaminée par l'influence de l'anglais ont conduit le gouvernement français à adopter une politique explicite de promotion et de défense de la langue. Pour coordonner cette politique dans les différents domaines de l'action gouvernementale, s'est créé en 1966 le Haut Comité de Défense et d'Expansion de la Langue Française, récemment rebaptisé Conseil Supérieur de la Langue Française. En 1986, le Haut Conseil de la Francophonie a été créé avec mission de coordonner à l'échelle internationale tous les pays de langue française. En 1994, le Parlement français a approuvé la loi Toubon de défense de la langue française. Et plus près de nous encore, à l'occasion de la révision de la Constitution qu'imposait l'approbation du Traité de Maastricht, le Parlement français décidait d'ajouter au texte de la Constitution un article qui stipule que : «la langue de la République Française est le français», affirmation qu'il n'avait jamais auparavant paru nécessaire d'inscrire dans le texte des Constitutions de la République, tant elle était évidente.

Cette politique s'articule dans différentes perspectives. La plus ancienne concerne la promotion de l'enseignement du français à l'étranger. Il est significatif, à cet égard, que dans les représentations diplomatiques de la France à l'étranger, à côté de l'attaché culturel, apparaissent maintenant des conseillers pédagogiques. Dans une seconde perspective, elle veille à ce que dans les réunions internationales, et dans les publications de portée internationale, la présence du français soit maintenue face à la tendance à user de l'anglais, devenue langue de communication commune. Dans une troisième perspective, et qui donne lieu à plus de polémique, cette politique propose des mesures visant à assurer que les produits en provenance de l'étranger distribués en France présentent une information en français (étiquetage, garantie, mode d'emploi). Il en va de même pour les produits audiovisuels captés ou distribués sur le territoire français, et dans lesquels la langue française doit occuper une part importante, qui ne pourrait réellement être garantie qu'en imposant des quotas linguistiques. C'est cette prétention que les discussions avec les États-Unis sur la libéralisation du commerce à l'échelle internationale — dans la fameuse conférence du GATT —, ont mise au premier plan de l'actualité. Finalement, et dans une perspective complémentaire, la loi Toubon propose des mesures visant à maintenir la pureté de la langue française en limitant l'usage ou l'abus des anglicismes.

Sans entrer dans le détail de ces mesures, il convient au moins de souligner un fait. Si l'actuelle expansion de l'anglais produit une méfiance dans de nombreux pays, on peut dire également, et sans trop exagérer, que la France est sûrement le pays où l'effort est le plus vigoureux et le plus systématique pour combattre cette influence et en limiter les effets.

Quant à l'Allemagne, il y a encore cinquante ans, c'étaient les résidents à l'étranger eux-mêmes qui se chargeaient de la diffusion de la culture allemande et il était fréquent de les voir créer des écoles allemandes pour l'éducation de leurs enfants. Ces écoles servaient également de foyers de diffusion de la langue et de la culture allemandes. Mais l'intervention gouvernementale était faible ou nulle. C'est le régime de Hitler qui entreprit une promotion systématique de l'allemand à l'étranger en créant un réseau d'instituts allemands et en essayant d'établir un contrôle pédagogique, mais surtout idéologique sur ces centres d'enseignement. Après la Seconde Guerre Mondiale, le gouvernement allemand, préoccupé par la récupération du prestige extérieur qui avait été détérioré par la guerre, comprit la nécessité d'une action énergique de promotion culturelle et créa les Instituts Goethe. Actuellement, un réseau d'instituts de langue allemande s'étend dans le monde entier, instituts qui se chargent aussi bien de l'enseignement que de la diffusion de la culture allemande.

L'Italie également imita le modèle allemand à l'époque du fascisme, et développa un petit réseau d'écoles et d'instituts italiens à l'étranger, réseau qui s'est converti après la Seconde Guerre Mondiale, pour constituer les Instituts Dante, et qui s'est singulièrement modernisé.

Plus modeste et plus récente encore a été la tâche de promotion extérieure de l'État espagnol. Malgré la quantité d'hispanophones, le nombre d'écoles et d'instituts espagnols à l'étranger a toujours été très réduit et avec une activité relativement faible. Depuis quelques années, le gouvernement espagnol essaie de changer cette situation à partir de la création de l'Institut Cervantes. Le Portugal a suivi le même chemin en fondant l'Institut Camoens.

J'ai sciemment laissé le cas de la Grande Bretagne pour la fin de ce chapitre, tant il est vrai que, pendant des années, le gouvernement britannique s'est désintéressé de cet aspect. Au XIXe siècle, à l'intérieur du vaste Empire Britannique, l'administration faisait de nombreux efforts pour la diffusion et la connaissance de l'anglais, efforts qui, dans une certaine mesure, étaient menés depuis Londres. Toutefois, aucun effort parallèle n'était fait dans les autres pays. C'est un groupe d'hommes d'affaires qui, en 1935, tenta de convaincre le gouvernement anglais de la nécessité de fonder le «British Council», afin de faire connaître la culture et la langue anglaises aux étrangers, ainsi que les opinions des Anglais et de leur gouvernement. Ces hommes d'affaires pensaient que cette action pourrait améliorer leurs contacts commerciaux, mais ils étaient également impressionnés par la propagande extérieure des pays de l'Axe et ils désiraient s'y opposer. La guerre commença alors que le «British Council» faisait ses premiers pas; à la fin du conflit, quand la Grande Bretagne dut s'adapter à la nouvelle situation, qui signifiait pour elle céder le pas devant les États-Unis, le «British Council» traversa une crise et le gouvernement douta de son utilité. Une commission constituée pour étudier cette question dans l'espoir que l'on recommanderait sa dissolution produisit le résultat contraire, c'est-à-dire, la conviction générale que la disparition de l'Empire et du Commonwealth exigeait un renforcement des liens culturels et de la connaissance de l'anglais pour maintenir le rôle de la Grande Bretagne dans le monde. A partir de cette réflexion, se produisit une relance du « British Council » avec un nouvel élan et des moyens accrus.

En fait, l'anglais est autant la langue de la Grande Bretagne que celle des États-Unis, et l'on peut même penser avec raison que la grande diffusion de la langue anglaise dépend actuellement davantage de la puissance des États-Unis que du souvenir de la puissance anglaise. Cependant, les États-Unis ont beaucoup tardé à comprendre la nécessité de la diffusion de leur culture et de leur politique à l'étranger. C'est seulement pendant la guerre froide qu'ils ont senti la nécessité de faire connaître leur point de vue à l'étranger et qu'ils constituèrent l'Agence d'Information qui installa des centres d'information et de documentation dans de nombreux pays. Mais la diffusion de la langue a été davantage l'œuvre de fondations privées que du gouvernement américain. Ce sont également des fondations privées, cette fois-ci avec l'appui gouvernemental, qui ont rendu possible, dans de nombreux cas, la présence de professeurs américains à l'étranger, et surtout la présence massive d'étudiants du monde entier aux États-Unis, grâce aux bourses Fullbright.

Dans le cas de la France, les mécanismes institutionnels pour la promotion du français visent clairement en un premier temps l'augmentation de la demande pour l'enseignement prodigué, puis, une fois cette demande affirmée, l'accent est mis sur l'amélioration de la qualité. Il en va de même pour les autres pays et pour les autres langues. Mais les mécanismes institutionnels de promotion de l'anglais présentent un caractère tout à fait différent, comme l'attestent les rapports annuels du « British Council » : beaucoup plus que de faciliter l'augmentation du nombre d'étudiants d'anglais, ce dont cet organisme se préoccupe c'est essayer de répondre à la demande, sans toutefois y parvenir : *« On nous demande dix professeurs et nous ne pouvons en offrir que deux »*; tel est le ton général de ces rapports.

On peut également souligner le contraste à partir d'une autre perspective. La France dépense un budget considérable pour la promotion de la langue française à l'extérieur de ses frontières, et elle considère que c'est pour elle un devoir patriotique. D'autres gouvernements ont une opinion semblable et aident l'apprentissage de leur langue nationale. C'est ainsi que le « British Council » représente un certain poids pour le contribuable britannique. Mais, dans l'ensemble, l'expansion de l'enseignement de la langue anglaise constitue une affaire très rentable pour les Anglais. Les « industries de la langue » se sont converties, dans nos sociétés contemporaines, en une entreprise qui brasse des sommes d'argent considérables. Plus de la moitié, peut-être les trois quarts de ces sommes sont consacrées à l'apprentissage de la langue anglaise. Comme le disait, d'une façon métaphorique, un directeur du British Council : « *L'or noir véritable de l'Angleterre, ce n'est pas le pétrole de la mer du Nord mais bien la langue anglaise. Pendant longtemps ce fait était implicite dans les racines de notre culture et maintenant notre langue est en train de se convertir en un langage universel de l'économie et de l'information. Le défi auquel nous nous affrontons est de savoir en profiter.* » (British Council. Annual Report 1987-88)

Ce développement généralisé de l'anglais dans le panorama mondial, est un des phénomènes les plus significatifs de notre temps ; il influencera de manière décisive la question linguistique européenne et ses perspectives face au futur. Je reviendrai sur cet aspect un peu plus loin. Pour l'heure, il nous faut considérer certains problèmes plus généraux et qui touchent toutes les langues d'Europe.

Chapitre 4
Langues et société en Europe

4.1. LA COEXISTENCE DES LANGUES LANGUES MAJORITAIRES ET LANGUES MINORITAIRES

Dans le chapitre antérieur, on a pu observer la grande variété linguistique qui existe à l'intérieur des États européens et les différents types de solutions que les États ont adoptés pour répondre à cette diversité. Cependant, il convient maintenant de considérer en détail comment se traduit dans la pratique la diversité linguistique et, par conséquent, comment coexistent deux langues sur un même territoire. L'examen sera d'autant plus facile que je me référerai à un exemple concret.

L'Alsace est l'une des nombreuses régions européennes dans laquelle coexistent deux langues : d'une part, un dialecte germanique parlé dans la région depuis le début du Moyen Age et qui se maintient fondamentalement dans les zones rurales, et, d'autre part, le français, langue de l'État français auquel l'Alsace a été incorporée au XVIIe siècle, présent surtout dans les zones urbaines et plus spécialement dans la capitale Strasbourg. Un enfant qui grandit dans une famille où on parle alsacien apprend à parler cette langue qui pourra devenir sa langue principale au long de toute sa vie et qui lui servira à établir des rapports avec sa famille et, s'il habite à la campagne, avec ses voisins et ses amis. Mais, dès lors qu'il entrera à l'école, il commencera à se familiariser avec le français, et ce sera dans cette langue qu'il communiquera avec ses instituteurs et qu'il apprendra à lire et à écrire. A partir de ce moment-là, le français sera pour lui la langue de la culture et la langue de l'information et de la communication écrite. Aussi, l'utilisera-t-il plus tard dans tous ses rapports avec l'administration. Par contre, l'enfant qui grandit dans une famille dont le français est la langue habituelle apprendra à parler dans cette langue, qu'il continuera à utiliser pendant toute sa vie en toutes circonstances, aussi bien publiques que privées et personnelles. Cet enfant entrera en contact avec l'alsacien, mais il est très probable que ce contact ne soit que tangentiel et qu'il n'ait pas réellement l'occasion de l'apprendre.

Dans tous les endroits où coïncident deux langues, le même phénomène peut se répéter. Pour de multiples raisons, une des deux langues occupera une position socialement plus élevée et c'est dans cette langue que les fonctions sociales marquées d'un prestige social se réaliseront. C'est pourquoi nous l'appelons langue *forte* ou langue *majoritaire*, étant donné que c'est souvent celle de la majorité de la population, ou bien encore langue *dominante*, parce qu'elle est aussi la langue du pouvoir politique. Il est donc facile de constater que les locuteurs de la langue faible sont obligés d'acquérir la langue forte beaucoup plus fréquemment que ne le font, en sens inverse, les locuteurs de la langue forte. Le meilleur moyen d'apprécier la dominance d'une langue sur l'autre, c'est précisément de connaître la proportion de locuteurs de l'une et de l'autre langue, qui se voient motivés ou obligés d'acquérir l'autre langue et de se convertir ainsi en locuteurs bilingues.

L'enfant alsacien n'est pas seulement obligé d'apprendre très vite le français et de se convertir ainsi en bilingue, à l'école on lui apprendra aussi à respecter la pureté de la langue française et à ne pas la «mélanger» avec des éléments lexicaux alsaciens, et, toute sa vie durant, il subira une pression sociale qui ira dans le même sens. En revanche, personne ne l'obligera à respecter la pureté de l'alsacien qui empruntera des éléments lexicaux français. Cette dissymétrie est habituelle et caractéristique dans les situations diglossiques de langues en contact.

La pression qu'exerce une langue forte sur une autre langue, socialement plus faible, est tellement intense, qu'à la longue, elle peut provoquer la disparition de la plus faible. Le processus de substitution est, cependant, plus long et plus complexe que l'on pourrait croire à première vue. La langue parlée dans la petite enfance et à l'intérieur du foyer familial sera habituellement maintenue comme langue propre, et personnelle, tout au long de la vie, même si l'on apprend d'autres langues ayant plus de prestige social. Seul l'individu bien décidé à réussir dans la société de la langue majoritaire se sentira tenté de faire un effort délibéré pour changer de langue principale. Encore que dans les sociétés de langues en contact, ce changement se produise très souvent d'une manière beaucoup plus simple. Si un locuteur de la langue faible se marie avec un locuteur de la langue forte, et même si les deux conjoints connaissent les deux langues, il est fort probable qu'ils adopteront comme langue commune celle qui aura le plus de prestige social. Ce sera également cette langue-là qui sera transmise en premier lieu aux enfants, ce qui signifie que le locuteur de la langue faible devra changer de langue progressivement. Ainsi donc, d'une manière ou d'une autre, la pression de la langue forte finira par s'imposer, même si c'est à long terme. Bien souvent d'ailleurs, certains spécialistes ont pronostiqué la disparition de la majorité des langues minoritaires d'Europe.

Dans le cas où la langue minoritaire n'a pas d'autre raison de survie que le conservatisme linguistique de ses locuteurs, il est vrai que ce pronostic pessimiste est très certainement justifié. Cependant, il n'en est pas toujours ainsi. En effet, dans le cas de l'alsacien, il n'est pas certain que ce soit uniquement dans les zones rurales que se maintient la langue. Dans les villes de la région, il existe des familles de classe moyenne et des personnes ayant une bonne formation culturelle qui, non seulement sont restées fidèles à la langue de leurs prédécesseurs, mais qui en outre font des efforts pour la moderniser et en diffuser l'usage : en animant des associations, en éditant des publications. Dans la mesure où ces attitudes existent, la langue alsacienne, comme toute autre langue minoritaire, n'est plus seulement le témoignage du passé, parlée par les anciens et les ruraux, elle acquiert aussi un droit de regard sur le futur, et sa survie n'est plus une question de pure inertie, mais le fruit d'un effort collectif.

Pour que cet effort soit réellement possible, les défenseurs de la langue doivent éveiller la conscience des locuteurs à l'idée que parler une même langue consolide un lien de solidarité et, qu'en tant que groupe, ils ont certains droits et aussi certains devoirs envers la langue.

Certes, cette conscience collective ne parvient pas toujours à se manifester. Mais, si elle se produit, elle posera des problèmes de plusieurs types, les uns en rapport avec la langue, les autres en rapport avec l'identité nationale. Dans le cas de l'alsacien, la première question à poser est la suivante : convient-il de considérer l'alsacien comme un dialecte de l'allemand, dont la forme cultivée serait dès lors l'allemand académique, ou bien, au contraire, quelques siècles d'existence indépendante autorisent-ils à le considérer comme une langue distincte, et à lui conférer sa norme linguistique propre ? En principe, les deux réponses sont possibles.

Les Suisses de langue allemande ont opté pour la première solution en indiquant que le fait de partager la même langue de culture ne signifie pas partager une même nationalité. Les Luxembourgeois qui, eux aussi, parlent un dialecte germanique ont préféré le convertir en langue nationale. Dans cette solution, il importe évidemment que le dialecte accédant au statut de langue indépendante se voit doté de sa propre norme linguistique qui lui confère son identité et maintienne son unité. Pour ce qui concerne le rapport entre langue et nationalité, dans le cas de l'alsacien, tant la similitude de langue que la proximité géographique d'une part, qu'un long passé de guerres et d'occupations, d'autre part, obligent à dissocier fidélité linguistique et fidélité nationale, car il serait difficile d'envisager une proposition qui mettrait en doute l'identité française du territoire. Mais plutôt que d'approfondir la situation alsacienne, que l'on a prise uniquement comme exemple, on déterminera si, d'une part, les situations socio-linguistiques de coexistence entre les langues ont toutes des caractéristiques communes, ou si, au contraire, les implications entre langue et nationalité sont chaque fois différentes et doivent dès lors être examinées dans le contexte propre à chaque cas.

Cependant, si dans chaque cas les implications politiques sont différentes, par contre, le progrès dans la conscience collective du groupe linguistique et ses revendications sont toujours semblables. En simplifiant le processus, on distingue les niveaux suivants :

1. On peut considérer que les locuteurs d'une même langue minoritaire commencent à avoir une certaine conscience linguistique lorsqu'ils constituent des associations ayant pour objectif la défense et la promotion de la langue, et qu'ils font des publications dans leur langue, tel qu'on a pu le constater pour l'Alsace.

2. La réclamation et l'obtention d'une certaine présence de la langue dans l'enseignement est assurément la preuve d'un niveau plus élevé de conscience collective et d'affirmation des droits. En effet, l'introduction de la langue dans l'enseignement joue un rôle central dans la transmission et le maintien de la langue, rôle très significatif puisqu'il constitue une reconnaissance publique dotée d'une valeur symbolique considérable. Il est évident aussi que pour pouvoir enseigner une langue celle-ci doit être au préalable normalisée.

En Alsace, à partir de la loi Dixonne (1951) l'enseignement de la langue locale est possible, mais il n'existe pas d'initiative, comme en Bretagne ou au Pays basque français, pour utiliser la langue comme moyen d'enseignement. En revanche, ce qui augmente en Alsace c'est l'enseignement de l'allemand, et surtout les classes bilingues en français et en allemand.

3. Si l'enseignement a été, tout au long du siècle dernier, l'instrument fondamental de l'expansion des langues officielles des États, actuellement ce rôle est dévolu tout d'abord aux moyens audiovisuels : radio et télévision. L'on comprend ainsi pourquoi ceux qui défendent les langues minoritaires ont comme objectif principal d'obtenir une certaine présence dans les moyens d'information. Réussir à obtenir une présence à la radio, et plus encore à la télévision, marque certainement un objectif significatif dans l'effort de promotion d'une langue. Il faut reconnaître que si, en Europe, de nombreuses langues «minoritaires» sont présentes dans les émissions de radio, bien peu en revanche accèdent aux chaînes de télévision.

4. Il existe encore un niveau supérieur de conscience linguistique : c'est la possibilité d'utiliser la langue dans l'administration publique et dans les organismes de gouvernement. Si les niveaux antérieurs pouvaient être proposés et obtenus sans revendication politique précise, cette nouvelle aspiration, en revanche, ne pourra être satisfaite que s'il elle s'accompagne d'une revendication visant un certain degré d'autonomie politique. C'est le cas de la Catalogne et du Pays Basque, en Espagne.

A partir de là, il ne serait pas trop difficile d'établir une typologie des différentes langues minoritaires parlées en Europe, suivant le niveau de conscience de leurs locuteurs, et de les regrouper par niveau de reconnaissance publique atteint. Mais la coexistence de plusieurs langues sur un même territoire peut également être examinée du point de vue de sa répercussion sur les comportements et les attitudes linguistiques dans la vie quotidienne des locuteurs.

Lorsque la langue est confinée au milieu rural et qu'elle ne reçoit aucun type de reconnaissance, ces comportements sont faciles à imaginer : l'usage de la langue est réduit au foyer familial, au cercle des amis et aux discussions informelles, tandis que dans les conversations sérieuses ou en relation avec les autorités et l'administration on utilisera la langue de prestige. Mais, lorsque la langue possède déjà un certain degré de reconnaissance et de coexistence dans le milieu urbain, les relations s'avèrent plus complexes. Bien que les études de socio-linguistique urbaine soient encore relativement peu développées, on peut, malgré tout, commenter quelques situations de ce type.

Strasbourg nous servira de premier exemple. A Strasbourg, la majorité des habitants possèdent le français comme première langue; de plus, le français est la langue officielle de la ville comme de tout l'État français, c'est la langue de l'administration et de l'enseignement à tous les niveaux et celle de la majorité des moyens de communication et d'information. Il existe, cependant, une partie de la population, dont le pourcentage est d'ailleurs difficile à préciser étant donné qu'il n'existe pas de recensement linguistique, qui a l'alsacien pour première langue et qui le défend avec ferveur. Parallèlement, et puisque Strasbourg est quasiment située à la frontière avec l'Allemagne, la présence de visiteurs allemands dans la ville est constante ; de même, les Strasbourgeois se déplacent fréquemment de l'autre côté du Rhin, ce qui entraîne une certaine familiarité avec la langue allemande et un bilinguisme de proximité.

Comme il est habituel dans toute situation diglossique, et celle-ci l'est clairement, tous les locuteurs alsaciens parlent également le français, tandis que de nombreux locuteurs français ne parlent pas et ne comprennent pas l'alsacien. Les locuteurs de l'alsacien utilisent cette langue entre eux, avec la famille et les amis et, parfois même, dans certaine activités sociales. Cependant, on ne commence un dialogue en alsacien que si l'on est assuré que l'interlocuteur connaît la langue ; dans le doute, on commence toujours en français. Il suffit également que, dans le groupe, une personne présente ne connaisse pas l'alsacien pour que tous les échanges se réalisent automatiquement en français. Le français est donc clairement la langue dominante dans toutes les circonstances. En revanche, les attitudes de dédain ou péjoratives qui se produisaient lorsqu'on entendait parler l'alsacien ont disparu.

Bruxelles est aussi une capitale européenne où sont parlées deux langues, mais qui présente des caractéristiques tout à fait différentes. Comme je l'ai rappelé lorsque j'ai évoqué le cas de la Belgique, le flamand a été pendant longtemps la langue faible face au français, mais la loi lui a accordé l'égalité et aujourd'hui Bruxelles est officiellement une ville bilingue. Une bonne partie de l'information — les noms de rues, les bureaux publics et l'information écrite ou orale concernant la majorité des activités municipales — est transmise dans les deux langues. Pourtant, la population n'est pas majoritairement bilingue. A l'opposé de Strasbourg, où tous les habitants sont capables d'utiliser le français sans difficulté, à Bruxelles, un pourcentage relativement significatif des habitants de langue française ne comprend pas le flamand, et un certain nombre de locuteurs en langue flamande ne comprennent pas ou ne désirent pas utiliser le français. Aussi, la valeur symbolique que les uns et les autres attribuent à leur identité linguistique conduit les locuteurs de langue française comme ceux de langue flamande à utiliser leur propre langue tout au long de la journée dans toutes sortes d'activités. La vie sociale fonctionne en grande partie avec deux systèmes linguistiques séparés. Il existe des salles de réunion où se rencontrent principalement ou exclusivement des locuteurs de l'une ou de l'autre langue, des associations parallèles pour les locuteurs de l'un et de l'autre groupe linguistique, des services publics séparés pour chaque groupe ou, s'il s'agit d'un service unique, ayant des portes ou des guichets différents selon la langue. Mais, le plus significatif, c'est l'existence de deux systèmes scolaires : des écoles en néerlandais où les élèves, issus de familles flamandes, reçoivent également un enseignement en français mais sans viser le bilinguisme, et des écoles en français, pour les enfants des familles francophones, dans lesquelles on enseigne aussi le néerlandais, sans un intérêt excessif. Les universités situées à Bruxelles sont d'une langue ou de l'autre, aussi bien la célèbre Université Libre de Bruxelles que celle de Louvain — dont certaines facultés sont situées à Bruxelles — qui chacune se scindèrent, il y a environ un quart de siècle, en deux institutions distinctes, l'une francophone, l'autre néerlandopohone.

Malgré ces séparations, il est évident que les habitants de Bruxelles de langue différente doivent malgré tout se rencontrer et entrer en contact en de multiples occasions. Une quantité d'indices permet d'identifier très vite la langue de l'interlocuteur et certaines règles de stratégie et de courtoisie permettent de maintenir le contact sans renoncer à sa propre langue, tandis qu'il est possible de s'adapter à celle de l'interlocuteur si c'est nécessaire. Mais les relations les plus suivies sont limitées au propre groupe linguistique, et par conséquent, les mariages mixtes sont l'exception beaucoup plus que la règle.

Étant donné que la population flamande a cessé d'être une minorité socialement défavorisée et linguistiquement réprimée, étant donné aussi qu'elle est démographiquement et économiquement prédominante, son insistance à maintenir son isolement linguistique peut paraître surprenante. Il faut tenir compte, cependant, du fait que malgré l'identification avec le néerlandais le flamand, continue d'être une langue minoritaire, tandis que le français est l'une des grandes langues internationales, et qu'à Bruxelles il existe une concentration d'organismes internationaux tels que la CEE et l'OTAN, qui entraîne la présence de milliers de fonctionnaires étrangers qui préfèrent utiliser le français plutôt que d'apprendre le flamand. Une conséquence secondaire de cette méfiance est une plus large utilisation de l'anglais, parfois même dans les relations entre belges eux-mêmes.

A Barcelone également se parlent deux langues. Dans le chapitre consacré aux politiques linguistiques des États européens, j'ai déjà montré comment, dans la Catalogne actuelle, il existe un régime d'autonomie qui lui permet, entre autre, d'établir sa propre politique linguistique, une politique de défense du catalan qui assure à cette langue une position préférentielle aussi bien dans l'administration publique que dans le système éducatif. J'ai également rappelé que, pour différentes raisons, et surtout suite à une intense immigration, presque la moitié de la population de Catalogne y compris de Barcelone possède l'espagnol (ou castillan) comme première langue.

Il se produit ainsi une situation qui échappe aux modalités habituelles des situations de langues en contact. L'espagnol demeure dans une certaine mesure la langue principale, sinon dominante. Ceci parce que c'est la langue de l'État espagnol, mais aussi et surtout parce que c'est une langue internationale ayant un poids politique et économique beaucoup plus grand que le catalan. Voilà pourquoi, bien qu'il existe des moyens d'information en catalan (journaux, radio et télévision), l'offre en castillan est beaucoup plus abondante. Il se produit également ce qu'il est habituel de considérer comme le signe le plus clair de dominance d'une langue sur l'autre : tous ceux qui possèdent le catalan comme première langue comprennent et parlent le castillan, tandis que le contraire n'est pas toujours vrai.

Par contre, dans d'autres perspectives, la langue catalane peut être considérée comme langue principale. J'ai déjà précisé qu'étant considérée comme la langue propre de Catalogne, la législation catalane lui confère la préférence dans l'administration et dans l'enseignement. Dans bien d'autres institutions et dans de nombreux centres de pouvoir et de prestige, la présence du catalan est également prédominante. Mais, d'un point de vue sociologique, le fait décisif, c'est que la population immigrée de langue castillane (qui appartient en grande partie à la classe ouvrière) considère dans sa majorité que l'acquisition du catalan est une façon de s'intégrer à la société dans laquelle elle s'est installée et que le catalan est donc pour elle un instrument de promotion sociale.

Il se produit ainsi ce que l'on pourrait appeler une diglossie croisée : dans certaines circonstances et dans des perspectives précises, la langue principale continue d'être le castillan, tandis que dans d'autres circonstances et dans d'autres perspectives, c'est le catalan qui occupe cette place.

Cette reconnaissance publique progressive de la langue catalane qui s'est produite ces dernières années a entraîné des changements appréciables dans les comportements linguistiques de la population. Auparavant, les échanges linguistiques entre deux interlocuteurs de langue principale différente se faisaient toujours en castillan, et dans une conversation comportant différents interlocuteurs ou dans une réunion quelconque, il suffisait de la présence d'un participant de langue castillane pour que les interventions se fassent dans cette langue. Aujourd'hui, il est entendu que tous les interlocuteurs comprennent les deux langues et que chacun peut donc intervenir dans la langue de son choix.

Il y a quelques années, pour entrer en contact avec un inconnu dans un lieu public — chez un commerçant, dans un bureau, au téléphone — le contact commençait toujours en castillan et on passait au catalan si l'interlocuteur semblait le souhaiter. Par contre aujourd'hui, les contacts peuvent commencer d'emblée en castillan ou en catalan.

Il serait cependant exagéré de croire que ces progrès du catalan impliquent un quelconque conflit linguistique. Il est vrai que la défense de la langue catalane a des implications politiques et que les partis nationalistes font de cette défense un des objectif principaux de leurs programmes. Cependant, il n'existe pas un mouvement parallèle de sens contraire, mais plutôt un ample consensus qui explique que la Loi de Normalisation Linguistique du catalan ait pu être votée à l'unanimité par tous les partis politiques du Parlement catalan, un consensus qui se reflète clairement au niveau institutionnel. L'existence, comme à Bruxelles, de deux systèmes scolaires, de l'école maternelle jusqu'à l'université, serait réellement impensable en Catalogne. Les quatre universités de Barcelone déclarent que leur langue principale est le catalan, mais dans toutes les quatre une partie considérable de l'enseignement se fait aussi en castillan.

Il ne s'agit donc pas de deux populations différenciées et opposées par la langue. Les enquêtes d'opinion mettent en relief un échelonnement des opinions sur les questions ayant des implications linguistiques, mais il n'existe pas une polarisation ni un affrontement linguistiques. Le processus d'acquisition de la langue catalane de la part des immigrants se développe très souvent à travers des mariages mixtes, dans lesquels les enfants sont rapidement familiarisés avec le catalan à partir de l'école maternelle.

Ces différents exemples — Strasbourg, Bruxelles, Barcelone — montrent à quel point les situations de langues en contact et les comportements qui rendent possible la coexistence sont variés. Notons cependant une donnée curieuse : alors que, dans chacun de ces cas, nous rencontrons des justifications idéologiques en faveur de l'une ou de l'autre des langues en présence, justifications souvent opposées, il est, par contre, beaucoup plus rare que l'on justifie idéologiquement le bilinguisme, même dans des pays officiellement bilingues.

Il est une exception, mais elle ne concerne pas les États de l'Union Européenne. Dans les pays de l'est qui appartenaient jusqu'à une date récente au bloc socialiste, il existait — et il existe toujours — des minorités parlant une langue étrangère, généralement d'un pays voisin. Tous les régimes socialistes reconnaissaient certains droits à ces minorités mais, en outre, la propagande officielle exaltait souvent le bilinguisme. En voici pour preuve ce fragment du « Décalogue du bilinguisme » publié dans une revue de la minorité germanophone de Hongrie :

« Le destin t'a offert deux langues. Conserve ce trésor. Quelqu'un te dira peut être : «Tu n'es pas un vrai A», ou peut être également : «Tu n'es pas un vrai B». Moques-t-en et réponds : «Je suis un AB». Tu possèdes deux organes pour mieux comprendre le monde, le présent, le passé et le futur, les désirs, les projets, les souvenirs...

Développe ta langue et l'autre langue qui t'appartient aussi. Apprends à comprendre, à parler, à lire dans les deux. La vie a enrichi ta capacité à communiquer. Sois créatif dans les deux langues, toutes deux s'enrichiront mutuellement.

Ne permets pas que les deux langues soient ennemies. Aucune n'est plus belle que l'autre, aucune n'est plus noble.

Si l'une des deux langues est plus près de ton cœur, et généralement il en est ainsi, essaie également d'aimer l'autre, père et mère, champs et cité, mer et terre se complètent.

Enrichis tes enfants, tes successeurs, sois un bon père, une bonne mère, transmets-leur les deux langues. Qui sait s'ils seront plus pauvres ou plus riches que leurs parents, mais dans la capacité de communication ils doivent être aussi riches que leurs parents, ou davantage. »

Il serait possible, mais à vrai dire peu probable, qu'un tel texte fût publié aujourd'hui dans une revue de la minorité allemande de Hongrie. L'explication semble facile. Ce décalogue a été proposé à l'époque où, en Hongrie, en Allemagne orientale et dans d'autres pays de l'est européen, régnait le principe de la solidarité socialiste, et c'est au nom de cette solidarité que s'imposait le respect de toutes les langues. Un respect parfois purement verbal mais qui, dans tous les cas, démontrait que l'existence d'une structure supranationale peut obliger à réprimer ou à dépasser les nationalismes linguistiques. Un objectif que l'Union Européenne est encore très loin de proposer.

4.2. AUTOCHTONES ET ÉTRANGERS

Si les problèmes posés par l'existence des minorités linguistiques nationales sont déjà complexes, que dire de ceux qu'entraîne la présence d'étrangers parlant d'autres langues : ils sont plus graves encore. D'abord parce qu'ils touchent souvent un plus grand nombre de personnes et de langues, et ensuite, en raison de la distance culturelle qui sépare autochtones et étrangers. Le fait que les étrangers n'aient généralement pas les mêmes droits politiques que les autochtones permet de dissimuler la gravité de ces problèmes, qui tend actuellement à s'accentuer.

Il est impossible de savoir, ne serait-ce qu'approximativement, combien d'étrangers résident aujourd'hui dans les pays européens. Dans les pays de la Communauté Européenne, leur nombre est estimé à quinze millions, dont cinq millions proviennent des autres pays de la Communauté, et près de dix millions sont des immigrés extracommunautaires. Pour l'ensemble de la Communauté, les étrangers représentent donc 4,5 % de l'ensemble de la population, pourcentage qui varie fortement d'un pays à l'autre. Exception faite du Luxembourg qui compte environ 30 % d'étrangers et qui, là encore, constitue un cas atypique au sein de l'Union, les pourcentages les plus élevés varient de 8 % à 10 % en Belgique, en France et en Allemagne; les taux les plus faibles se situent dans les pays du sud, en Espagne par exemple, où la population étrangère n'atteint pas 1,5 % de la population globale, même si ce pourcentage a tendance à augmenter.

Dans les grandes villes européennes, les concentrations d'immigrants extracommunautaires sont beaucoup plus fortes : à Paris, à Amsterdam, à Berlin ou à Londres, le pourcentage peut dépasser 25 % de la population. Les données et les statistiques officielles sont habituellement inférieures à la réalité.

S'il est important de connaître le volume total des immigrés résidant dans un pays ou dans une ville, il est tout aussi essentiel de distinguer la diversité de situations dans lesquelles ils vivent. Ainsi, il y a une première différence entre ceux qui arrivent avec un travail stable ou avec des possibilités de travail bien rémunéré, et ceux qui arrivent fuyant la misère et cherchant une occupation précaire qui leur permettra de subsister. Certes, l'écart entre ces deux catégories extrêmes laisse place à une multitude de situations intermédiaires.

La grande majorité des Maghrébins actuellement en France ou des Turcs installés en Allemagne correspond davantage au deuxième cas. Les

Espagnols ou les Portugais émigrés en France ou en Allemagne dans les années 70 et restés dans ces pays, correspondent davantage à une situation moyenne. Tandis que les Nord-américains et les Japonais installés à Paris ou à Francfort sont à inclure, sans aucun doute, dans le premier groupe dont le niveau de vie peut être supérieur à la moyenne des citoyens allemands ou français. Les problèmes linguistiques et sociaux des uns et des autres seront donc très différents.

L'émigrant qui s'installe dans une société différente de celle où il est né se trouve soumis à une double pression. D'un côté, il prétend s'intégrer à la société dans laquelle il s'est installé, et met tout en œuvre pour s'en sortir au mieux. En même temps, et parce qu'il se sent différent, il tend à rechercher la compagnie et la solidarité de ses compatriotes exilés. Aussi, plus fortes seront ses difficultés d'intégration, plus forte sera sa tendance à se rapprocher de ceux qui partagent sa situation et ses habitudes culturelles.

Tout migrant et tout groupe migrant finit par trouver un certain équilibre entre ces deux tendances, étant donné que, s'il ne le trouve pas, il finira par disparaître. Mais cet équilibre dépend du migrant lui-même, ainsi que des caractéristiques et des attitudes de la population du pays d'accueil. En général, les étrangers de haut niveau économique trouvent cet équilibre avec beaucoup plus de facilité que les migrants qui fuient la misère.

Un Japonais ou un Nord-américain qui s'installent à Paris ou à Francfort au service d'une entreprise nippone ou américaine, peuvent entretenir des rapports de travail ou des rapports sociaux surtout avec leurs compatriotes. Ils peuvent choisir une résidence dans un quartier où logent également des compatriotes, inscrire leurs enfants dans une école japonaise ou américaine. Mais, s'ils le souhaitent, ils établiront aussi bien des relations avec les Allemands ou avec les Français de même niveau social, fréquenteront les mêmes spectacles et les mêmes restaurants. S'ils veulent apprendre le français ou l'allemand, ils pourront le faire sans problème; de même, ils pourront, s'ils le veulent, envoyer leurs enfants dans une école locale, où ceux-ci se feront des amis du pays, et personne ne s'étonnera si un jour ils finissent par épouser des autochtones.

La situation des Maghrébins qui arrivent en France ou des Turcs qui s'installent en Allemagne est bien différente. Même si leur situation est parfaitement légale, le travail qu'ils trouveront, s'ils le trouvent, sera un travail socialement peu considéré et peu rétribué et ils devront s'installer dans un quartier marginal où il n'y aura que des immigrés comme eux. Les possibilités d'établir des relations avec des Allemands ou des Français autochtones seront très réduites, pour ne pas dire inexistantes. Par conséquent, leurs possibilités d'apprendre spontanément, dans les contacts sociaux, la nouvelle langue seront également réduites.

Le cercle vicieux qui s'établit ainsi — la méconnaissance de la langue limitant les contacts et le manque de contacts empêchant l'acquisition de la langue — peut être compensé dans la mesure où les enfants sont scolarisés. Si tous les pays d'Europe sont souvent réfractaires à concéder des droits civiques et des bénéfices sociaux aux immigrants, il est, par contre, un droit qui ne leur est jamais refusé : c'est la possibilité d'envoyer leurs enfants à l'école publique.

Étant donné que l'enseignement se fait dans la langue du pays, un enfant migrant se trouve d'emblée face à une barrière linguistique. Actuellement, plus personne ne doute que l'enfant étranger qui arrive à l'école a besoin d'une pédagogie appropriée, et les méthodes d'immersion ont beaucoup aidé à formuler et à appliquer cette pédagogie, ainsi que les activités d'encadrement et d'aide individualisée à l'écolier. De même, on reconnaît unanimement qu'il est nécessaire que l'enfant migrant, tout en acquérant la nouvelle langue, conserve et étudie sa langue d'origine et, pour ce faire, qu'il bénéficie d'une attention supplémentaire. Un ensemble de mesures qui semblent faciles à proposer mais, qui dans la pratique, rencontrent de sérieux obstacles.

Il existe, par ailleurs, des problèmes d'un autre ordre. Si un enfant migrant est, à l'école, entouré d'enfants qui parlent la langue de son pays d'origine, ces derniers seront ses premières aides, mais lorsque les migrants deviennent une majorité dans une classe, alors cet avantage disparaît. Jusqu'ici, il a été question des immigrés linguistiquement homogènes : Turcs en Allemagne ou Maghrébins en France ; or, très souvent, sont regroupés dans un même quartier ou dans une même école, des migrants d'origines très variées. Ce problème est particulièrement sensible en Angleterre, où les migrants sont, en grande partie, originaires de pays qui pendant longtemps formèrent l'Empire Britannique. Leurs langues et leurs cultures sont extrêmement variées. Ainsi, a-t-on rencontré dans la banlieue de Londres des écoles où, sur un total de cinq cents élèves, étaient parlées jusqu'à vingt langues familières différentes. Projeter et réaliser, dans ce cas concret, une pédagogie des langues qui tienne compte de cette variété est pratiquement impossible.

Les graves problèmes d'acquisition de la langue, y compris pour les secondes générations d'immigrés, ne sont pas sans conséquences sociales : en effet, dans de nombreuses régions d'Europe, en particulier dans les grandes agglomérations urbaines, on voit se consolider des groupes ethniques qui, parce qu'ils ont une connaissance insuffisante de la langue du pays d'accueil, sont obligés de se réunir entre eux et en marge de la société autochtone.

Mais la complexité du problème linguistique ne saurait nous faire oublier que, dans le fond, il existe un autre problème très grave, de nature culturelle, politique, et idéologique. Si, dans le cas des minorités linguistiques intérieures à un État, les différences culturelles sont relativement réduites en ce que toutes ces minorités participent — tous nous participons — d'un héritage culturel européen commun, dans le cas des migrants, les différences physiques et culturelles peuvent être beaucoup plus grandes : l'aspect physique, la couleur de la peau, les habitudes alimentaires et d'hygiène, la manière de s'intégrer et de comprendre les rapports sociaux, à commencer par la structure de la famille ou le rôle de la femme, les systèmes de valeurs et les croyances religieuses. Une fois ces différences constatées, il s'agit de décider quelle politique d'intégration chaque État européen adopte et, plus spécialement, quelle politique d'éducation réellement cohérente avec la politique globale d'intégration sera proposée. Les réponses possibles sont très variées.

On peut penser que l'intégration est un phénomène qui pousse le migrant à accepter progressivement la culture et le système de valeurs du pays dans lequel il s'intègre, au point de perdre les liens avec sa culture d'origine. Dans cette perspective, l'école devra l'accueillir comme tout élève autochtone, sans autre différence que de lui offrir une aide supplémentaire afin qu'il puisse dépasser au plus vite la barrière linguistique. On peut penser, au contraire, que la société du futur sera nécessairement une société multiculturelle dans laquelle toutes les cultures et toutes les formes d'expression ainsi que les systèmes de valeurs auront une même considération et bénéficieront d'une même égalité. L'école devrait être à l'avant-garde de cette société qui s'oriente vers un multiculturalisme, et non seulement pour les élèves migrants, mais aussi et surtout pour les élèves autochtones. Il existe, bien évidemment, beaucoup d'autres positions intermédiaires qui considèrent que l'Europe et les pays qui la constituent possèdent des systèmes de valeurs et des traditions culturelles qui demeureront les axes de la vie collective et que les migrants devront découvrir et adopter. Mais, parmi les valeurs de notre propre culture, il y a, précisément, le respect et la tolérance envers les différences, au nom du respect des droits de l'Homme. En ce sens, l'école devrait être un lieu de tolérance qui permette à l'enfant migrant de conserver son identité différenciée tout en découvrant, en même temps, la valeur de la coexistence, du respect et de la tolérance, découverte partagée avec les élèves autochtones.

Naturellement, l'école ne peut proposer cet objectif de tolérance et de respect que si la société civile adopte elle aussi cet objectif, et que si le gouvernement le concrétise en mesures et en une pratique sociale cohérente. Malheureusement, au moment où ces pages sont écrites, la tendance générale dans de nombreux pays d'Europe ne s'oriente pas précisément dans cette voie. Conjointement aux difficultés économiques, et peut-être encore davantage à la crise idéologique, les attitudes face à l'étranger, et surtout face au migrant pauvre, tendent à se durcir. Très souvent, ces attitudes entrent en contradiction avec le fondement idéologique même de l'Europe et sont, de ce fait, incompatibles avec sa construction.

4.3. UNE SOCIÉTÉ COSMOPOLITE

Au nom du nationalisme linguistique, la majorité des États européens ont pratiqué des politiques d'unification linguistique et de promotion de la langue d'État convertie en langue nationale, et ils ont réussi à obtenir des résultats notables. Cependant, comme on vient de le voir, les pays d'Europe présentent une variété linguistique considérable en raison de l'existence de minorités linguistiques plus ou moins reconnues et protégées et de la présence de populations immigrées qui parlent d'autres langues et posent de nouveaux problèmes d'intégration. Mais la variété linguistique découle aussi de nombreux autres facteurs.

Les grandes facilités de transport qu'offre la société contemporaine, du moins dans les pays développés, produit des déplacements massifs de personnes qui sont appréciables dans les grands centres urbains surtout. Dans la plupart des capitales européennes, se succèdent congrès, expositions, manifestations artistiques et sportives, qui attirent des milliers d'étrangers. Selon les statistiques des aéroports, les capitales européennes voient des millions de passagers arriver et repartir annuellement par voie aérienne. Le tourisme et les affaires sont le grand moteur de ce mouvement continu, mais ce ne sont pas les seuls.

La première conséquence de ces mouvements est l'existence dans toutes les grandes villes d'une population flottante importante, constituée en partie par des étrangers qui parlent des langues différentes de celles des pays qu'ils visitent ; cette présence étrangère influence les comportements linguistiques en maints endroits : dans les hôtels, les restaurants, les boutiques, les centres commerciaux, les banques, les agences de tourisme... Ajoutons que dans les grandes villes sont implantées des grandes entreprises et des institutions où collaborent et se côtoient en permanence des personnes parlant des langues différentes : organismes internationaux, sièges d'entreprises multinationales, laboratoires de recherche, et parfois même certains départements universitaires.

Comme je l'ai signalé pour les migrants, ces populations doivent répondre à deux tendances opposées : d'un côté, le désir ou la nécessité d'entrer en contact avec les autochtones et, d'un autre côté, une plus grande facilité qu'offrent les rapports avec les compatriotes, et tout comme les migrants finissent par trouver un certain équilibre, les étrangers aussi finissent par le trouver. L'ensemble de tous ces équilibres constituera le paysage linguistique du pays.

La Hollande, pour donner un exemple, possède une langue propre qui s'est consolidée comme telle il y a très longtemps et qui, aujourd'hui, est la langue connue par l'ensemble de la population hollandaise. Avec cependant une seule exception : la minorité linguistique de Frise, une minorité linguistique reconnue et protégée, et qui ne semble poser aucun problème politique. Cependant, à l'échelle internationale, le poids de la langue hollandaise est relativement restreint, et les Hollandais sont assez insensibles à l'idée d'augmenter cette présence internationale. Étant un pays relativement restreint et ayant une langue peu répandue, ils sont toujours disposés à apprendre d'autres langues. Pendant un certain temps, la première langue qu'apprenaient les Hollandais était l'allemand, la langue du plus puissant de leurs voisins, mais l'occupation allemande pendant la dernière guerre a laissé un mauvais souvenir qui s'est traduit par le refus de la langue allemande. Certes, ce souvenir commence à s'estomper, mais entre-temps, l'anglais a gagné des positions dans ce pays qui vit, en grande partie, du commerce international. Mais la Hollande est aussi le siège d'entreprises multinationales qui sont pratiquement bilingues, et il en est de même pour certains laboratoires de recherche où travaille un nombreux personnel étranger. Certaines maisons d'édition scientifiques hollandaises publient surtout en anglais.

Parallèlement, il existe en Hollande une nombreuse population immigrée : une immigration relativement ancienne venue de l'Europe du sud, une immigration plus récente qui provient du Maghreb et du Proche Orient, et enfin et surtout, une immigration qui provient des anciennes colonies hollandaises d'Asie à laquelle la population hollandaise se sent rattachée par des liens spéciaux. Ajoutons à cela que la Hollande est un centre d'affaires de tout premier ordre, ce qui signifie qu'elle attire des voyageurs du monde entier, et elle est en même temps, une destination touristique très populaire. Certaines villes comme Amsterdam exercent une grande attraction sur la jeunesse aussi bien universitaire que non universitaire. Le résultat de tous ces facteurs est que, si la Hollande peut être définie par l'usage généralisé du néerlandais, il existe des lieux et des situations précises linguistiquement mélangés, et que l'on pourrait qualifier de cosmopolites. Ce que je viens de dire pour la Hollande est tout aussi valable pour d'autres pays.

La présence dans un même espace de personnes qui parlent des langues différentes, quelle que soit la raison de cette coïncidence — et dans les pages antérieures j'en ai évoqué plusieurs — entraîne nécessairement des contacts et des rapports tantôt brefs et superficiels, tel un dialogue dans un magasin entre vendeur et acheteur étranger, tantôt plus suivis dans le temps au point de se convertir, malgré la différence de langue, en relation personnelle, telle l'amitié, qui peut apparaître entre deux personnes travaillant dans un même département, relation qui peut aboutir à un mariage.

Parmi les nombreux types de comportements linguistiques possibles dans une société ayant une variété de langues, deux retiendront ici notre attention, et nous les commenterons à titre d'exemple. Il s'agit du bilinguisme familial, qui représente le niveau le plus haut, et, à l'opposé, toutes les formes de communication verbale entre deux personnes qui ne connaissent que très peu la langue de l'interlocuteur.

On peut devenir bilingue de bien de façons, mais le bilinguisme le plus parfait est celui qui est acquis dans la petite enfance au sein de la famille où sont parlées les deux langues. Or, les familles possédant deux langues sont — pour toutes les raisons que je viens d'évoquer — nombreuses dans notre société contemporaine, et tout spécialement en Europe.

En principe, si deux personnes qui parlent des langues différentes constituent un couple et décident de se marier, avant d'arriver à cette décision ils ont déjà certainement adopté une langue commune pour établir leurs rapports verbaux, soit l'une des deux langues, soit dans certains cas, une troisième langue. Par ailleurs, il arrive fréquemment que le conjoint qui a renoncé à voir sa langue promue langue du couple, ne renonce pas pour autant à ce qu'elle devienne la langue de ses enfants, et donc à ce qu'ils puissent la connaître. Pour ce faire, plusieurs méthodes sont possibles, la plus radicale étant que le père et la mère parlent aux enfants, chacun dans sa propre langue.

En 1916, le professeur Ronjat, un linguiste français résidant à Paris et dont l'épouse était allemande, publia un livre dans lequel il décrivait comment son fils avait appris à parler simultanément en français et en allemand, étant donné que sa mère lui parlait toujours en allemand et que son père lui parlait toujours en français. Le professeur Ronjat a été le premier à avoir analysé cette question; voilà pourquoi il est célèbre aujourd'hui encore, et si souvent cité par les spécialistes. En fait, des études ultérieures comme celle qui a été publiée il y a quelques années par la professeur Taechner sur l'acquisition de l'allemand et de l'italien par ses filles, ont pleinement confirmé les observations de Ronjat. Un enfant qui grandit dans ces conditions apprend à parler les deux langues avec lesquelles il est en contact sans aucune difficulté apparente, et à cinq ans approximativement on peut considérer que c'est un «parfait» bilingue en ce sens qu'il possède les deux systèmes linguistiques, et qu'il les maintient séparés, sans trop les mélanger, si ce n'est accidentellement. Et il est capable de passer de l'une à l'autre rapidement et sans effort, par exemple, au moment où il change d'interlocuteur. Plus encore, il est capable de traduire et d'agir comme un traducteur devant un interlocuteur qui ne connaît pas l'une des deux langues.

Les cas comme ceux de la famille Ronjat sont évidemment des cas limites. Un enfant peut grandir dans une famille où, en plus de la langue principale de la famille, il ait l'occasion de se familiariser avec une autre langue. Il peut aussi grandir dans une famille monolingue et avoir très tôt des rapports avec des enfants ou avec des adultes qui parlent une autre langue. Il peut encore recevoir un enseignement systématique précoce dans une autre langue. Les voies du bilinguisme sont multiples et variées, mais elles ne sont pas toutes aussi intensives et spontanées. Par exemple, à partir d'un certain âge, l'acquisition de la phonétique d'une langue étrangère sera de plus en plus difficile. Mais ce n'est pas là la leçon la plus significative que l'on peut tirer du cas de l'enfant du professeur Ronjat.

J'ai précisé que le fils de Ronjat, tout comme les filles de T. Taechner, ne mélangeaient pas les deux langues. Ils ne le faisaient pas parce que leurs parents étaient linguistes ou simplement des personnes cultivées pour lesquelles la pureté de chaque langue est une valeur à respecter. En revanche, multiples sont les situations où le langage n'a qu'une valeur strictement pragmatique et où le mélange indiscriminé des deux langues n'empêche pas les interlocuteurs de se comprendre. J'ai déjà cité, auparavant, le cas de l'enfant qui commençait à parler en alsacien dans un milieu rural en faisant remarquer que l'enfant, tout comme ses parents, mélange le dialecte et le français sans que personne ne le censure. Par contre, lorsqu'il arrive à l'école son instituteur et probablement ses camarades le censureront si, alors qu'il parle français, il introduit des expressions dialectales. Le migrant qui n'a la possibilité d'apprendre la langue du pays d'accueil que par le contact avec des personnes qui n'ont aucune prétention de correction linguistique, mélangera les deux langues, dans les deux sens. Cette observation est capitale pour comprendre les différentes implications sociales et les comportements d'un individu bilingue. En effet, dans un cas, la personne bilingue connaît assez bien les deux langues qu'elle parle et elle les maintient strictement séparées, et dans l'autre cas, elle les mélange sans aucune conscience linguistique ni aucune gêne.

Il reste à éclaircir une dernière question, décisive. Pour la famille Ronjat, le fait que leur enfant apprenne l'allemand en même temps que le français représentait un enrichissement personnel et en aucun cas un problème, parce qu'ils pensaient que ce que leur enfant recevait des deux langues était complémentaire dans le cadre d'une même culture européenne ou plus simplement d'une culture humaniste. Mais, pour de nombreux autres bilingues, il n'en est pas toujours ainsi.

Une langue n'est pas seulement un système de signes servant à exprimer et à communiquer la pensée, il en serait ainsi si l'humanité parlait une seule langue, mais les hommes parlent un nombre infini de langues différentes. Chaque langue est, en quelque sorte, l'expression de la culture d'un groupe humain et l'instrument qu'utilisent les membres de ce groupe pour communiquer entre eux. La langue unit les locuteurs et les sépare de ceux qui parlent d'autres langues. La langue est ainsi convertie en symbole de l'identité collective et chargée de valeurs affectives. Les chapitres consacrés au nationalisme linguistique l'ont démontré.

Voilà pourquoi le migrant qui s'efforce d'apprendre et de parler la langue du pays où il s'installe, n'augmente pas seulement ses possibilités de communication et de travail, mais il commence aussi à s'identifier avec le nouveau pays. Et, plus il utilisera la nouvelle langue, moins il emploiera sa langue d'origine. La voie ainsi empruntée pourra lui sembler une option hasardeuse, voire douloureuse. La consolidation de la nouvelle langue peut représenter une garantie de promotion sociale, mais également une trahison envers ses origines et son propre groupe. A l'inverse, le renoncement à la nouvelle langue peut être ressenti comme une affirmation de sa propre identité, mais également comme une résignation à sa marginalité et à son échec. Il n'est pas nécessaire de multiplier les exemples pour admettre que les langues ont des implications sociales et culturelles, parfois même politiques, et que si le fait d'être bilingue, d'être capable d'utiliser deux langues, ne pose pas de problème pour soi-même, les implications sociales et politiques des langues que parle l'individu bilingue peuvent, par contre, poser un problème au moment où l'on exige de lui qu'il définisse clairement son identité. L'exemple limite peut être représenté par l'enfant qui grandit dans la ville de Jérusalem, dans une famille mixte où l'on parle l'hébreu et l'arabe, tandis que dans le contexte extérieur, Juifs et Arabes s'affrontent directement. Ainsi, lorsqu'il sort dans la rue, cet enfant respire cet affrontement et on lui demande de quel côté il se range. C'est la situation exactement contraire de celle de l'enfant de Ronjat qui grandit dans la croyance en la complémentarité des langues qu'il parle. Du moins, pendant un certain temps, parce que le livre de Ronjat, publié en 1916, avait été écrit avant cette date, et l'on ne sait dans quelle mesure la Première Guerre Mondiale a touché la famille Ronjat. On ne sait pas, non plus, comment leur fils recevait les critiques de ses camarades de lycée qui attribuaient, sans doute, sa connaissance de l'allemand à sa germanophilie.

La conclusion de tout cela est relativement simple : une société plurilingue — tout comme une personne bilingue — peut se développer, sans problèmes, si ses membres admettent que faire partie de cette société est plus gratifiant que les obstacles engendrés par les langues. Et il ne semble pas difficile d'appliquer ce principe au multilinguisme européen.

La présence de diverses langues dans un même espace social a beau favoriser l'apparition de personnes bilingues, dans l'ensemble de la société leur nombre est relativement restreint, et il est appelé à le demeurer malgré la diffusion de l'enseignement des langues étrangères. Surtout, parce que, bien souvent, les personnes de langues différentes qui engagent une conversation, connaissent imparfaitement la langue de l'interlocuteur. Dans ce sens, il est curieux et significatif de constater que, lorsqu'il y a désir ou nécessité de communiquer, des notions même tout à fait rudimentaires de la langue de l'autre suffisent à une communication effective. Le touriste français ou allemand qui entre dans une boutique aux Baléares ou sur la côte Tyrrhénienne, et s'adresse au vendeur avec une phrase en allemand ou en français, en y intercalant peut-être quelques mots de castillan ou d'italien, s'entendra répondre avec quelques mots d'allemand ou de français. Ainsi, avec des rudiments, si simples soient-ils, la conversation pourra se poursuivre, la communication s'établir et l'achat s'effectuer.

L.J. Calvet, dans un livre sur les langues d'Europe, transcrit quelques conversations de ce type et en examine les stratégies : une syntaxe très simple, un vocabulaire réduit, une morphologie unique, des références gestuelles et contextuelles, le mélange de langues, et également les raisons qui dans chaque situation donnent la préférence à l'une ou l'autre langue. Mais la conclusion générale que j'ai déjà énoncée, est la suivante : s'il y a désir ou besoin de communiquer, la langue n'est pas un obstacle majeur et quelques rares notions suffisent à réussir une communication plus riche que ce que, en théorie, ces notions ne permettraient. Naturellement, il s'agit de communications très réduites, mais à un niveau plus élevé de maîtrise des langues, ce phénomène peut se reproduire. Ainsi, on aura beau augmenter l'étude des langues, à mesure qu'augmentent les contacts internationaux, la plupart de ces contacts s'établiront entre personnes qui ne sont pas pleinement bilingues mais qui s'efforceront, souvent avec enthousiasme, de dépasser les limites de leurs moyens d'expression linguistique. Voilà qui fournit des arguments à ceux qui pensent que, plutôt que de gaspiller ses efforts à atteindre une compétence active élevée dans une langue étrangère, il serait plus rentable, pour ce qui est de la capacité à communiquer, d'accéder à une connaissance simplement passive dans plusieurs langues.

Les dialogues rapportés par L.J. Calvet nous conduisent à une autre réflexion : les efforts réalisés pour utiliser les éléments d'une langue inconnue sont liés à la fréquence d'apparition de cette langue dans l'entourage de l'interlocuteur. Le commerçant des Baléares ou de la côte tyrrhénienne fait un effort pour communiquer en allemand, en français ou en anglais, parce que ce sont les langues de ses clients habituels, et s'il ne fait aucun effort pour comprendre le grec ou l'arabe, c'est parce qu'il en a rarement besoin.

On pourrait également imaginer que la sélection de quelques langues peut aboutir à produire une espèce de *lingua franca*. En effet, dès la préhistoire, la Méditerranée a été traversée par des vaisseaux qui visitaient les ports où des langues différentes étaient parlées, et dont les équipages étaient bien souvent multilingues.

Ainsi s'établissait une langue franche connue de tous et qui, à l'époque, possédait un vocabulaire issu, d'une part, des langues latines et, d'autre part, de l'arabe. Il n'est donc pas difficile d'imaginer qu'actuellement, une *lingua franca* issue des contacts entre les langues serait une sorte d'anglais simplifié et émaillé de mots et d'expressions locales. Mais avant de nous demander comment l'anglais est arrivé à occuper cette position privilégiée dans les contacts entre les langues, nous devrons examiner une autre question.

Chapitre 5
Défense de la correction et tendance à la convergence

5.1. LA DÉFENSE DE LA CORRECTION LINGUISTIQUE

Tous les pays d'Europe voient s'intensifier et se multiplier les plaintes relatives à la détérioration du langage de leurs citoyens. Pauvreté du vocabulaire, présence de plus en plus marquée de vulgarismes et d'anglicismes, syntaxe appauvrie, dialogues réduits à des phrases courtes et stéréotypées. Quant au langage écrit, les plaintes sont encore plus fortes : indifférence pour l'orthographe qui était il n'y a pas si longtemps encore le signe distinctif de la personne cultivée, et incapacité à ordonner les idées dans un texte cohérent.

La première accusation est portée contre l'école qui a renoncé à baser son enseignement de la langue sur la grammaire normative et sur la présentation de modèles de textes exemplaires. Le style non directif qui préside à la pédagogie actuelle des langues a certainement du mal à s'accorder avec le caractère normatif et prescriptif des normes grammaticales traditionnelles.

Les critiques sont ensuite adressées aux moyens d'information : à la presse écrite tout d'abord, mais aussi à la radio et à la télévision. Il semble indiscutable que certaines publications périodiques ont, ces dernières années, réduit leur vocabulaire et simplifié leur syntaxe afin de s'adapter aux capacités d'un public de plus en plus large. Quant à la radio et à la télévision, et parce qu'il s'agit de moyens utilisant la langue orale, le langage y est moins normalisé que celui de la langue écrite. Mais en outre, les animateurs sont de plus en plus enclins à la spontanéité dans leurs émissions, et donnent la préférence au langage familier, laissant de côté les préoccupations pour la correction.

En bref, toutes ces critiques vont dans le même sens : du point de vue linguistique, les moyens d'information n'ont plus le rôle de modèle qui a été le leur par le passé. Actuellement, ils se limitent à refléter le langage des citoyens, contribuant ainsi à son appauvrissement.

En France, où l'on a toujours accordé une grande importance à la correction linguistique — pensons, par exemple, à l'attention portée à la préparation des épreuves de langue du baccalauréat — les critiques sont particulièrement fortes, mais elles ciblent davantage l'interférence de l'anglais sur la langue française. Le fait que la langue française perde du terrain dans le domaine international au bénéfice de l'anglais n'explique que partiellement cette susceptibilité et cette attitude défensive. Dans un autre contexte, on peut observer des réactions semblables. En Catalogne, par exemple, où une langue relativement restreinte coexiste avec la langue beaucoup plus forte qu'est le castillan, des discussions très fréquentes sur le modèle de langue qui devrait être adopté par les moyens de communication, font état d'un catalan «pur», correct selon la norme linguistique, ou d'un catalan plus «familier», plus proche de la langue ordinaire. Cette langue ordinaire ou quotidienne est mise directement en rapport avec la langue de la rue, empreinte de castillanismes, et, très souvent, c'est l'élimination de ces interférences qui apparaît comme le premier objectif dans cette recherche d'un catalan correct.

Les exemples que je viens de citer, mais il en est bien d'autres, donnent l'impression que, dans certains endroits où la langue se sent menacée par une influence extérieure, les réactions de défense de la pureté de la langue sont plus fortes. Mais ce n'est pas la seule explication à ces réactions, car en Angleterre où la langue n'est certainement pas menacée par d'autres langues, les plaintes motivées par la dégradation linguistique, dans tous les domaines, sont également aussi fortes ou parfois même davantage.

Que faut-il donc penser de ces plaintes ?

Commençons par rappeler qu'elles ne sont pas nouvelles. Dès le XVIIe siècle, dans de nombreux pays d'Europe, se produisent des disputes en matière linguistique entre conservateurs et novateurs, les premiers dénonçant la décadence des usages linguistiques et l'invasion de barbarismes et de mots étrangers. Ces disputes mettent en relief la nature profonde du langage qui, comme toute autre réalité sociale, est soumis aux tensions internes, les unes conservatrices, visant à maintenir l'unité et la continuité, les autres, rénovatrices mais qui peuvent, parfois, conduire à une certaine désagrégation de la langue dans plusieurs directions. C'est de ce jeu complexe de tensions et d'oppositions, que résultent la vie et l'évolution d'une langue. L'anglais parlé aujourd'hui — et il en est ainsi de toute autre langue européenne — descend tout droit de l'anglais qui avait cours au XVIIe siècle; cependant, si un contemporain de Milton écoutait une conversation actuelle dans les rues de Londres, il ne comprendrait pratiquement rien, parce que la plupart des mots actuels n'existaient pas au XVIIe siècle et, parfois même, certaines associations de mots qui aujourd'hui sont courantes, ne l'étaient pas à cette époque là. Mais, si les mots n'existaient pas, c'est parce que la réalité à laquelle ils se réfèrent n'existait pas non plus. De sorte que l'évolution du langage est aussi naturelle que l'évolution de la société et de la culture, ellesmêmes. C'est une évolution qui est en grande partie spontanée, produite par les interactions entre locuteurs, et difficilement contrôlable par une autorité quelconque.

Cependant, il est certain que les facteurs qui aujourd'hui conditionnent les changements linguistiques sont différents de ceux qui ont agi sur la langue pendant les siècles antérieurs. Lorsque nos langues sont devenues des langues écrites, elles ont évolué différemment de celles qui n'avaient qu'un usage exclusivement oral. La grande nouveauté contemporaine, ce sont les moyens d'information qui permettent la transmission de la voix à distance. Le premier effet est de fortifier l'unité de la langue qui est ainsi diffusée : si l'écriture a contribué à l'unification des langues en obligeant à respecter des règles communes, un même vocabulaire et une même grammaire, des mêmes règles d'orthographe, en revanche, elle n'a eu aucune influence sur la prosodie et sur la prononciation de la langue, qui admettait ainsi des variantes dialectales considérables. Cependant, la radio et la télévision diffusent un modèle de prononciation et d'intonation relativement uniforme dans un espace parfois extrêmement étendu.

Ce n'est pas tout. Comme la radio et la télévision utilisent le langage uniquement dans sa forme orale et, qui plus est, essaient de se rapprocher de la langue orale de l'auditeur, en lui cédant parfois la parole, ces moyens ont cessé d'exercer une fonction pédagogique et ils se limitent à refléter la langue populaire, favorisant ainsi toutes les déviations par rapport au langage cultivé ou normé.

Il n'est pas facile de proposer des mesures pour modifier cette tendance. Les mesures législatives, telles les interdictions et les sanctions, ne semblent pas très efficaces. Par contre, beaucoup plus pertinentes semblent les recommandations incluses dans les «manuels de style» qu'adoptent certains moyens d'information et qui prétendent ainsi orienter leurs propres spécialistes sur la manière d'utiliser «la langue correcte» dans leurs media. Mais ce sont là des recommandations destinées aux journalistes; or, comme je l'ai signalé, la radio et surtout la télévision tendent à donner davantage de place au public lui-même. Une tendance qui n'est pas fortuite, mais qui répond à certaines des caractéristiques les plus significatives de notre époque.

Tout laisse donc supposer que malgré les accusations dont elles font l'objet, les langues européennes continueront d'évoluer dans la même direction qu'elles le font actuellement : une forte présence de néologismes à partir de l'anglais, surtout dans le domaine technique, et une forte pression de la langue orale sur la langue écrite et de l'usage populaire sur l'usage cultivé. Nul n'est encore en mesure de prédire si cette évolution mettra en péril l'existence des langues ou leurs caractéristiques essentielles.

En revanche, on peut se demander si cette évolution ira dans le sens d'une plus grande convergence entre les langues d'Europe.

5.2. LA TENDANCE A LA CONVERGENCE

Dans les années 1930, les linguistes de l'URSS s'étaient lancés dans une discussion sur les conséquences de la révolution sur l'évolution de la langue russe. L'un d'eux, Marr, se basant sur les principes du marxisme, soutenait qu'à chaque époque, la langue doit refléter les structures sociales du peuple qui la parle, et qu'ainsi, elle servirait de relais pour le futur. Marr pensait que la révolution et le progrès vers une société sans classes sociales auraient des répercussions sur la langue russe et que si la révolution arrivait à se convertir en une réalité mondiale, non seulement chaque langue du monde subirait une évolution semblable, mais le parallélisme des évolutions les conduirait vers une convergence progressive.

Mais en 1950, Staline, «le plus savant des linguistes», publia un article dans lequel il décidait, contre l'opinion de Marr, que la langue était une superstructure, partie intégrante de la culture et que, si l'on peut parler de culture capitaliste et de culture ouvrière, la culture nationale n'en reste pas moins au-delà des différences de classes. C'est-à-dire que la révolution avait peut-être apporté des progrès à la langue russe mais que, pour l'essentiel, la langue dans laquelle avaient écrit les grands écrivains classiques, et la langue dans laquelle il écrivait lui-même, étaient la même langue. D'un point de vue strictement marxiste, la position de Staline était discutable, mais son autorité qui était, par contre, indiscutée, mit un terme à la polémique. Toutefois, le doute subsista. Certains continuent de croire que dans un monde de plus en plus uniforme, les différentes langues seront de plus en plus semblables.

Un premier symptôme, que j'ai déjà signalé, est l'introduction croissante dans toutes les langues, surtout dans le monde de la technique, d'un vocabulaire issu directement de l'anglais : *bit, chip, software*... la liste serait sans doute interminable. Que l'interaction se fasse à partir de l'anglais peut être attribué au prestige de cette langue, et au fait que de nombreuses innovations sont apparues dans des milieux anglo-saxons. Mais la donnée fondamentale est qu'effectivement ces réalités techniques sont présentes dans tout le monde, de la même manière, et doivent être désignées dans toutes les langues ; il semble donc naturel d'utiliser des dénominations également communes. En fait, le domaine technique n'est pas le seul à utiliser des emprunts de l'anglais : celui de l'alimentation, des loisirs et spectacles, des sports et de l'information ; tous les domaines liés aux modes de la vie contemporains reçoivent une nette influence anglo-saxonne.

Il n'est pas inutile de rappeler que des phénomènes semblables se sont produits dans le passé. Le vocabulaire cultivé de toutes les langues européennes, autant celles qui sont d'origine latine que celles qui ne le sont pas, est émaillé de mots ayant des racines grécolatines. Dans toute l'Europe, et pratiquement également dans le monde entier, on use des termes *physique*, *géologie* ou *grammaire* pour désigner des disciplines qui s'appelaient ainsi depuis les temps de la Grèce antique, il y a près de vingt-cinq siècles, et le prestige du latin et du grec servant de base au langage scientifique a été si grand que des mots créés récemment, comme *topologie*, *cybernétique* ou *écologie* ont été construits à partir de ses radicaux. Ceci ne se limite pas au langage scientifique. Dans beaucoup de langues, le vocabulaire du droit et de l'administration possède une origine latine, parce qu'il se réfère à des réalités nées de la culture qui s'exprimait en latin.

Le caractère universel de la technique et la diffusion de certains modes de vie conjointement au prestige de l'anglais, expliqueraient ainsi une certaine convergence du vocabulaire utilisé par toutes ces langues. Cependant, même si nous excluons le poids de la langue anglaise, on peut penser que le seul fait de vivre dans un monde aussi interdépendant et, parfois même, uniforme, doit avoir influencé l'évolution de toutes les langues dans la même direction. Pour le démontrer par un exemple, disons que chaque pays de la Communauté Européenne possède des traditions administratives qui ont conduit, dans chaque cas, à un langage administratif singulier et parfois même pittoresque. L'appartenance à la Communauté oblige les administrations de tous les États membres à des actions communes entre l'administration de la Communauté et les administrations des États membres. Ces actions obligent à tenir compte du fonctionnement des autres administrations et, en premier lieu, de leur langage, et elles produisent également un flux constant de traductions dans toutes les langues. On peut imaginer que cette interaction continue finira par influencer le vocabulaire et la syntaxe des langues, dans le sens d'une tendance à la convergence. On peut ajouter que le recours constant à la traduction, dans le domaine de l'administration, mais également dans de nombreux autres domaines, est un facteur de convergence, puisque la traduction, qui part de la diversité de chaque langue et s'efforce de la conserver, met en relief, en fait, des signifiés communs.

Jusqu'ici j'ai souligné le rôle du vocabulaire. Mais il existe des raisons qui visent une convergence beaucoup plus profonde que le simple vocabulaire.

Les griefs concernant la dégradation du langage, que nous rappelions plus haut, s'accordent partout pour dénoncer l'appauvrissement du vocabulaire et la simplification de la syntaxe qui conduisent à des constructions simples et à des expressions stéréotypées. Comme ces tendances se produisent dans toutes les langues, on est tenté de croire qu'elles évoluent toutes dans la même direction, et comme les moyens audiovisuels tiennent lieu de modèles, toutes les chaînes de télévision du monde, et plus spécialement les chaînes de télévision occidentales, tendent à adopter les mêmes «styles communicatifs», et un «langage unique», quelle que soit la langue utilisée.

Il existe donc de sérieuses raisons pour évoquer un processus de convergence entre les langues, du moins entre les langues d'Europe. Un processus qui avait commencé lorsque, au Moyen Age, ces États étaient entrés en contact et avaient commencé à participer à une histoire commune. Mais, c'est également un processus qui est loin de modifier la structure profonde de chaque langue et qui de plus provoque, comme je l'ai montré, des réactions de défense de l'identité linguistique propre. De sorte que, si le processus de convergence est réel, il se développera lentement, et dans un futur prévisible il ne touchera pas la communication entre les locuteurs de langues différentes. Par conséquent, le pluralisme linguistique continuera de rendre nécessaire la traduction ainsi que la connaissance d'autres langues.

5.3. LES SYSTÈMES D'ÉCRITURE

Quoi qu'il en soit de ce processus de convergence entre les langues — qui, s'il existait, serait donc le résultat de facteurs spontanés —, quand on se réfère à l'écriture il faut raisonner d'une autre manière. La pénétration croissante de la technique dans la production et la reproduction de la langue écrite semble justifier davantage une réforme et une simplification des systèmes d'écriture. Cette réforme ne peut pas se produire spontanément, mais doit être, au contraire, le résultat de décisions délibérées.

Comme on le sait, les premiers systèmes d'écriture étaient souvent idéographiques : ils représentaient sous forme graphique ce qui s'exprimait verbalement, puis, il s'est produit une évolution qui, dans certains endroits, a conduit vers une écriture alphabétique basée sur un nombre réduit de signes, tandis que d'autres systèmes, beaucoup plus complexes, se sont maintenus avec des milliers de signes idéographiques différents. La simplicité du système alphabétique permet son apprentissage par un grand nombre de personnes. Ce n'est pas un hasard si le premier système alphabétique que nous connaissions a été propagé par un peuple de commerçants, les Phéniciens. Et c'est des Phéniciens que les Grecs et les Romains ont hérité d'un des premiers systèmes d'écriture. Par contre, les systèmes plus complexes d'écriture se sont maintenus dans des sociétés fortement hiérarchisées et conservatrices et dans lesquelles l'écriture était le patrimoine d'une minorité étroitement liée au pouvoir. C'est le cas de la société chinoise et japonaise.

L'universalisation de la civilisation technique, qui exige de tous ceux qui y participent un degré élevé d'information, rend nécessaire l'adoption de systèmes simples d'écriture. Ce phénomène est encore plus évident si on pense que les machines servant à produire ou à reproduire les textes écrits, pour les manier et les emmagasiner — de l'imprimerie à l'ordinateur — fonctionnent avec plus de facilité à mesure que les codes d'écriture deviennent plus simples et plus univoques. Il semblerait donc logique que des pays comme le Japon et la Chine qui s'incorporent à la civilisation technologique, modifient leur système d'écriture afin de s'adapter aux nouvelles circonstances. Un changement de cette envergure ne peut pas s'improviser et certaines raisons locales peuvent encore le compliquer. Ainsi, dans l'immense territoire qu'occupe la Chine, on compte de nombreux dialectes qui ont évolué dans un sens où la communication orale est devenue pratiquement impossible, tandis que l'écriture commune, qui ne dépend pas de la phonétique, maintient quant à elle, une unité de signifiés et facilite donc la communication. Il semble toutefois que la Chine soit en train de réaliser des essais de simplification de l'écriture, des essais parallèles à ceux de la diffusion de l'usage des dialectes les plus parlés, un objectif pour lequel la télévision est une grande alliée. Au Japon, cette difficulté n'existe pas et le nombre de signes est également réduit, de sorte qu'une simplification du système serait plus facile, étant entendu que ce pays est l'un des plus puissants parmi ceux qui travaillent dans les nouvelles technologies. Cependant, les essais qui ont été réalisés dans ce sens ont fini par provoquer une réaction conservatrice afin de maintenir le système traditionnel des « *kan-ji* » dans toute leur pureté.

L'écriture arabe, quant à elle, possède un alphabet plus équivoque que l'alphabet latin, en raison du tracé compliqué de ses signes, et parce que les voyelles ne sont pas représentées, mais il ne semble pas qu'il existe des essais de modification. Bien sûr, il y eut un précédent, lorsque Kemal Atatürk, qui modernisa la Turquie à partir de 1923, substitua l'écriture latine à l'écriture arabe. Cependant, la modernisation a signifié également la disparition de l'État théocratique, précisément le contraire de ce que proposent actuellement les intégristes.

Les commentaires qui précèdent ne s'appliquent pas à l'Europe, où tous les systèmes d'écriture utilisés sont rigoureusement alphabétiques, bien qu'il existe des différences considérables qui compliquent la communication entre les Européens, et à propos desquelles un rapprochement serait souhaitable. Ces différences sont de deux types : d'un côté, on utilise des alphabets différents et, de l'autre, alors même que l'alphabet est le même, les règles de transcription phonétique, de transcription des sons par des lettres, sont également différents.

Les langues d'Europe utilisent trois alphabets : l'alphabet grec, l'alphabet latin et l'alphabet cyrillique. Le grec est le plus ancien et, bien qu'avec le temps il ait souffert de modifications relativement significatives, il se maintient en Grèce où il sert à transcrire la langue grecque actuelle. C'est à partir de l'alphabet grec que les Romains firent dériver l'alphabet latin, qui fut recueilli ensuite par l'Église à travers tout le Moyen Age, puis généralisé dans tout l'Occident européen pour transcrire toutes les langues. Dans l'usage des manuscrits, au Moyen Age, les signes graphiques admettaient une grande marge de variation que l'apparition de l'imprimerie stabilisa. Dans les pays germaniques, la tradition manuscrite cristallisa l'alphabet gothique, qui cependant fut abandonné au cours du XIXe siècle en faveur des caractères latins, dont la lisibilité était plus facile. La réaction nationaliste de l'époque hitlérienne réintroduisit l'usage de l'alphabet gothique et le rendit obligatoire, mais c'est précisément cette imposition et ses connotations politiques qui, une fois la guerre terminée, conduisit à son abandon.

L'alphabet grec eut une autre dérivation lorsque, au IXe siècle, Saint Cyrille et Saint Méthode, évangélisateurs des pays slaves, s'inspirèrent des caractères grecs, et proposèrent un nouvel alphabet qu'ils croyaient plus approprié à la transcription des langues slaves. Dès cette époque, son usage s'est généralisé, grâce à la religion orthodoxe et à l'empire des tsars. Avant la révolution russe et la constitution de l'Union soviétique, il perdit ces connotations, mais demeura très lié à la conception de la langue russe et de son expansion, de sorte que, lorsque les communistes en URSS décidèrent de revitaliser les langues minoritaires, y compris celles qui n'avaient jamais connu d'usage écrit, ils imposèrent l'alphabet cyrillique. Dans certains cas — du moins dans celui de l'azerbaïdjanais — on remplaça l'alphabet latin, qui avait été utilisé avant la révolution, par l'alphabet cyrillique.

Étant donné que le système d'écriture est tout à fait indépendant de la langue et que les deux alphabets sont parallèles et relativement semblables, l'on pourrait imaginer que la convergence en un système unique serait relativement facile. Mais il n'en est pas toujours ainsi. En effet, le serbocroate parlé par les Serbes et les Croates, est considéré comme une langue unique, malgré les différences qui existent d'un côté et de l'autre : les Serbes utilisent l'alphabet cyrillique, et les Croates l'alphabet latin. Cette situation a même existé sous le régime de Tito, alors que l'unité de la langue était officiellement proclamée, mais les textes étaient imprimés dans l'un ou l'autre alphabet, selon la population à laquelle ils étaient destinés. De même, dans les écoles, les enfants apprenaient à lire et à écrire dans l'un ou l'autre alphabet selon leur appartenance ethnique. Ce double usage démontre assez clairement que le système d'écriture est indépendant de la langue, et qu'il a des implications culturelles provoquant des sentiments d'identification aussi forts que celles de la langue elle-même. L'usage de l'alphabet latin de la part des Croates est motivé par leur tradition catholique, leur ancienne appartenance à l'Empire Austrohongrois et, plus récemment, par les liens qui les ont unis à l'Allemagne, tandis que les Serbes ont été christianisés par l'Église orthodoxe, ils ont été assujettis aux Turcs pendant des siècles et ne s'en sont libérés qu'avec l'aide de la Russie. Ils ont toujours compté sur la solidarité de la Bulgarie et des pays qui étaient, comme eux, de religion orthodoxe et d'écriture cyrillique. D'une manière générale, les Slaves catholiques ou protestants (Polonais, Tchèques, Slovaques, Slovènes.) utilisent l'écriture latine, tandis que les Slaves orthodoxes (Russes, Biélorusses, Ukrainiens, Bulgares et Serbes) utilisent l'alphabet cyrillique. Si l'on considère la force des implications culturelles, il est peu probable qu'aucune raison pragmatique suffise pour abandonner ou modifier chacun de ces alphabets.

Pour le fonctionnement des organismes européens, l'existence d'alphabets différents est évidemment une complication. Étant donné la composition actuelle de la Communauté Européenne, elle n'a pas à tenir compte de l'alphabet cyrillique, mais en revanche, elle doit prendre en charge l'existence de l'alphabet grec, ce qui signifie, du moins en théorie, que tous les services de la Communauté devraient disposer de machines à écrire et d'ordinateurs adaptés à cette langue. Le problème se complique encore davantage quand on sait qu'une liste de noms propres ou d'entreprises écrite en caractères grecs n'est pas automatiquement incorporable à partir des disquettes aux listes écrites en caractères latins.

A cette exception près, tous les autres pays de la Communauté utilisent l'alphabet latin, mais ce n'est pas tout à fait le même alphabet, étant donné que de nombreuses langues possèdent des variantes en apparence insignifiantes, mais qui, dans la pratique, n'en produisent pas moins certains problèmes graves. Voici quelques exemples de ces variantes :

Le castillan utilise la graphie «ñ», le danois la graphie «ø», et le français et le catalan la graphie «ç». Le castillan utilise un accent, l'italien et le catalan en utilisent deux et le français trois (grave, aigu et circonflexe). Le français, le catalan et bien d'autres langues utilisent également le tréma. Le castillan, en plus du signe d'interrogation final de la phrase, en utilise un autre au début de la phrase («¿»).

Ces divergences graphiques signifient, dans la pratique, qu'un texte écrit dans une langue déterminée ne peut être transcrit qu'à la machine à écrire ou à l'ordinateur qui possède ou qui admet tous ces signes. Si la transcription est faite automatiquement — à partir d'une disquette — l'appareil récepteur ou le «scanner» ne dispose pas du signe spécifique, il peut alors arriver que ce signe soit perdu et que la compréhension en soit perturbée. Prenons l'exemple d'une liste de noms — une liste de personnes recevant une subvention de la Commission européenne — : certains de ces noms peuvent disparaître de cette liste par le seul fait que les signes servant à les écrire ne sont pas disponibles.

Ainsi, sous la pression de l'informatique, on devrait pouvoir arriver à un certain accord afin de réduire ou d'éliminer ces différences, mais, hormis quelques exceptions, on voit que c'est précisément le contraire qui se produit. La pression des clients oblige les constructeurs d'ordinateurs à préparer des appareils plus souples qui admettent les signes de toutes les langues européennes en rendant visible sur le clavier l'alphabet le plus utilisé, mais qui permet également d'activer avec très peu de manipulations les signes spécifiques de toute autre langue.

Mise à part la forme des signes ou leur ordre, le second type de différences que l'on observe à propos des langues européennes est la diversité de leurs règles de transcription phonétique, que l'on appelle plus simplement règles d'orthographe. Étant donné qu'il existe un répertoire de sons différents qui caractérise chaque langue, on comprend bien que ces règles ne peuvent pas être identiques pour toutes les langues d'Europe. Mais on a l'impression que les différences entre les règles d'orthographe des différentes langues vont beaucoup plus loin que ce qu'il faudrait pour matérialiser la différence entre les sons. Et l'on comprend encore moins que pour une même langue les règles d'orthographe ne soient ni très cohérentes, ni toujours très systématiques.

Un premier type d'incohérence est qu'un même son appartenant à une langue précise soit représenté par des graphies différentes selon les cas. Ainsi en allemand, le phonème [f] peut s'écrire avec la graphie «f» (*form*), avec la graphie «v» (*vorn*) ou encore avec la graphie «ph» (*phosfor*) sans qu'une règle puisse régir ces différences d'usage. En français, le phonème [e], également connu comme è ouvert, peut être représenté graphiquement de quatorze manières différentes sans qu'il y ait, non plus, une règle qui explique pourquoi dans certains cas on utilise une forme et dans certains cas une autre forme. En voici quelques exemples : «è» (mère), «ê» (fête), «ë» (Noël), «ai» (mais), «ei» (peine), «ep» (sept), «er» (fer), etc. En français également, le phonème [k] peut être écrit de neuf manières différentes : «k» (klaxon), «c» (corps), «q» (coq), «qu» (quand), «cc» (accord), etc.

Les exemples en anglais sont tout aussi abondants. Ainsi le phonème [i] peut être représenté de dix manières différentes : «ea» (sea), «ee» (bee), «ie» (field), «ei» (ceiling), «eo» (people), etc.

Plus grande encore est l'incongruence lorsque, avec une même lettre ou combinaison de lettres, sont représentés des sons différents. Ainsi en espagnol la graphie «c» lorsqu'elle est devant le «a», le «o» ou le «u» correspond au son [k]; tandis que devant la voyelle «e» ou «i» elle représente le son interdental [θ]. Une règle semblable peut être constatée dans l'usage de la graphie «g». Des faits analogues peuvent être observés dans toutes les langues européennes, mais ils sont particulièrement abondants en anglais, sans que l'on puisse se référer à aucun système de règles précises, comme on vient de le voir dans les exemples pris en espagnol. Ainsi en anglais la graphie «a» peut représenter, selon les cas, six phonèmes différents : le phonème [ə] central («*account*»), le phonème [ä] («*arm*»), le phonème [ei] («*lake*»), le [a] («*ask*»), le [o] («*fall*»), le [e] («*many*»), le [i] («*language*») et elle peut également être muette, comme le deuxième «a» de «*arrival*». Le graphème ou la combinaison de lettres «ai» peut représenter quatre phonèmes différents comme on peut le voir dans les exemples suivants : «*wait*», «*aisle*», «*said*» et «*plaid*». Et le graphème «au» avec quatre autres formes : «*claw*», «*laugh*», «*gauge*» et «*mauve*».

La première conséquence de ces incohérences est que, lorsque nous entendons un mot, nous ne sommes pas sûrs de la façon dont il s'écrit, et inversément, devant un mot écrit nous ne sommes pas sûrs, non plus, de sa prononciation. Cette ambivalence peut même conduire à ce que deux mots qui s'écrivent exactement de la même manière soient prononcés de deux manières différentes et, à l'opposé, à ce que deux mots qui se prononcent de la même manière puissent s'écrire de deux façons différentes. En anglais, l'on a, comme exemple du premier cas, les mots : «*read*», qui peut être prononcé [rid] ou [red], et «*bow*» qui peut être prononcé [bou] ou [bau]. Et en français, les mots : «portions» dans lequel «t», peut être prononcé comme [t], ou comme [s], selon le signifié du mot. Quant au second cas, celui de la polygraphie qui comporte une homophonie, je ne donnerai qu'un seul exemple très simple : l'orthographe française distingue avec précision, dans certains adjectifs, le masculin du féminin à l'écrit : *vrai-vraie, égal-égale, aigu-aiguë, cher-chère*, mais, par contre, dans la langue orale il n'y a aucune différence phonétique.

Les incohérences des systèmes orthographiques rendent, il est vrai, plus difficile l'acquisition de la langue écrite. Combien de temps et quelle somme d'énergie faut-il dédier à cette tâche si difficile? Par ailleurs, la différence sociale établie entre ceux qui sont capables d'écrire sans fautes d'orthographe et ceux qui en sont incapables, est bien souvent gratuite. Cette situation est, de plus, très difficile à justifier, à une époque qui prétend donner à chacun les mêmes chances éducatives. Ajoutons encore que les difficultés d'une orthographe irrationnelle viennent aggraver les difficultés de l'apprentissage des langues étrangères. Ces réflexions sont si évidentes qu'il est naturel que, dans toutes les langues, l'on fasse des propositions pour rationaliser l'orthographe. Quels résultats peut-on espérer de ces réformes?

L'orthographe française a été fixée au XVIIe siècle par l'Académie Française sur des critères archéologiques et archaïques, proches de la pédanterie : *« Cette compagnie déclare que l'on désire suivre une orthographe ancienne qui distingue les « hommes de lettres » des ignorants et des femmes simples... »* Depuis lors (1634), l'orthographe demeure inaltérée malgré les nombreuses critiques. *« Cette orthographe criminelle (...) une des fabrications les plus grotesques du monde »* (Paul Valery, *Variété*, III, 1936). Les propositions de réforme ont été aussi nombreuses que fréquentes. Mais à la différence de l'Académie espagnole qui, par deux fois tout au long de son histoire, a modifié l'orthographe dans le sens d'une plus grande rationalité, l'Académie française n'a accepté aucune réforme. Ces dernières années, des voix en faveur d'une réforme se sont fait entendre. En 1977, le célèbre linguiste André Martinet, conscient des difficultés que l'orthographe pose à l'acquisition de la langue écrite, a proposé un système strictement phonématique, l'« Alfonic », que les écoliers utiliseraient pour apprendre à lire et à écrire et pouvoir ainsi faire le passage un peu plus tard à l'orthographe « officielle ». Mais, de cette manière, on ne fait que remettre à plus tard le problème de l'orthographe. A partir d'une position plus radicale, Chervel et Blanche Benveniste (1978) ont proposé de substituer à l'orthographe française un système de transcription strictement phonétique. Plus récemment encore, l'Académie Française, en réponse aux fortes pressions qu'elle a subies, a refusé de prendre en considération une quelconque réforme, y compris celles qui semblent les plus légères.

A côté du français, l'anglais possède l'un des systèmes orthographiques probablement les plus incohérents de toutes les langues qui utilisent notre alphabet commun. La cause en est certainement la conservation des graphies qui correspondent à l'anglais du XVIe siècle voire, pour certains auteurs, à l'anglais médiéval, et cela malgré les grands changements phonétiques qui ont pu se produire depuis cette époque. Dans le cas de l'anglais, le conservatisme de l'orthographe contraste avec la souplesse remarquable de la langue anglaise, dans tous ses aspects, que ce soit celui du vocabulaire ou celui de la syntaxe. Comme en France, il faut attribuer ce phénomène à l'attitude de respect que la langue écrite a toujours inspiré, surtout parce qu'elle est transmise d'une manière académique et qu'elle représentait le privilège d'une minorité. C'est cette même motivation de fond qui a maintenu l'écriture traditionnelle dans la société chinoise.

Pourtant, les critiques ou les propositions visant à modifier l'orthographe n'ont pas manqué. Au siècle dernier, Pitman, l'inventeur de la sténographie, a dépensé des sommes d'argent considérables, qu'il avait d'ailleurs gagnées grâce à son invention, à la promotion d'une orthographe simplifiée de l'anglais. Au XXe siècle, on connaît la célèbre croisade que Bernard Shaw mena en 1965, dans la même direction et, dans son testament, il laissa une grande part de sa fortune à cet effet. La *« Simplified Spelling Society »*, vouée au même objectif, a compté en son sein d'éminents linguistes. Un neveu de Pitman a divulgué un alphabet phonétique pour les écoles, parallèle à celui qu'a proposé Martinet. Cependant, tous ces efforts ont été vains. Paradoxalement, le fait que l'orthographe anglaise ne dépende pas d'une autorité ayant les mêmes prérogatives que celles de l'Académie Française, mais qui soit liée au prestige et à la tradition, rend sa réforme encore plus difficile.

Je me suis référé au français et à l'anglais, parce que ce sont deux exemples, les plus connus, d'incohérence orthographique. Vendreys (1923), un célèbre linguiste, disait : *« l'orthographe de l'allemand est régulière, celle de l'espagnol est assez bonne, tandis que celles du français et de l'anglais sont abominables. »* En réalité, l'orthographe de l'allemand et celle de l'espagnol possèdent, elles aussi, des incohérences. Peu ou prou, toutes les langues écrites en présentent. Pour trouver des exemples d'orthographes pleinement rationnelles, il faudrait se référer à quelques langues sibériennes qui n'avaient jamais été écrites et que les linguistes soviétiques ont codifiées pendant les années trente. En effet, au XIXe et au début du XXe siècle, des langues minoritaires ayant une faible tradition de langue écrite et d'usage officiel se sont donné une norme écrite qui ne s'est pas basée strictement sur des critères de rationalité. Parfois, la présence dans l'entourage d'une langue plus forte a conduit à suivre ses solutions de transcription phonétique. Aujourd'hui encore, ce phénomène se reproduit lorsque l'on propose des règles pour l'écriture des langues indigènes en contact avec l'espagnol en Amérique Latine. Dans d'autres circonstances, au contraire, le désir d'affirmer la singularité de la langue spécifique conduit à augmenter les contrastes, même orthographiques, par rapport à la langue dominante.

Le seul fait qu'une langue, qui n'aurait été que peu utilisée sous une forme écrite et qui n'aurait pas eu d'usage officiel, puisse prétendre codifier son usage écrit, porte les polémiques sur l'orthographe a des implications encore plus générales. Qu'une variété de langue prétende à des normes orthographiques propres signifie qu'elle se considère comme une langue différente et peut, éventuellement, revendiquer une nationalité différente.

Ainsi, la codification de la langue norvégienne traduisit une nette volonté de se distinguer du danois, de même que la codification du catalan impliquait l'affirmation de sa différence par rapport au castillan. Actuellement, la langue de la Galice, dans l'État espagnol, possède une autonomie qui lui permet de fixer sa propre politique linguistique : le gouvernement de Galice, en accord avec l'Académie de la Langue Galicienne, a adopté des règles orthographiques traditionnelles qui, pour la transcription phonétique, suivent en général les règles de l'espagnol. Il existe cependant des groupes, surtout parmi les milieux nationalistes radicaux, qui proposent des normes différentes, beaucoup plus proches des normes portugaises. Sous les polémiques linguistiques se dessinent parfois des intentions culturelles et politiques.

Cette observation n'est pas seulement valable pour les « petites langues » à la recherche de leur identité; elle l'est également pour les langues plus fortes, dans la mesure où elles tendent à convertir leurs caractéristiques en signe de l'identité nationale. La réponse passionnelle de l'Académie Française, et d'une bonne partie de la société française, aux dernières propositions de réforme de l'orthographe identifiait pratiquement la défense de l'orthographe traditionnelle à la défense de la tradition culturelle française. De même, en Espagne, les suggestions sur la possibilité de substituer la graphie « ñ » par d'autres signes de l'alphabet commun à d'autres langues, ont provoqué des réactions qui convertissent cette graphie en symbole de l'identité nationale.

L'on déduit de tout cela que, si les réformes de l'orthographe des langues européennes sont nécessaires et urgentes, les possibilités de les voir introduites, à court terme, semblent réellement incertaines. Mais je dois faire encore une observation significative qui s'inscrit dans la perspective du présent ouvrage.

Jusqu'à la moitié du XXe siècle, toutes les propositions de réformes de l'orthographe ont visé une langue précise et seulement cette langue. Actuellement, et étant donné l'intérêt accru pour l'apprentissage des langues étrangères, nous sommes intéressés non seulement par un système d'orthographe plus simple et plus rationnel dans telle ou telle langue, mais aussi à ce que les différents systèmes orthographiques des diverses langues soient aussi cohérents les uns par rapport aux autres, et non pas contradictoires entre eux comme c'est actuellement le cas. De telle sorte qu'une même graphie ne représente pas des sons différents selon la langue considérée, et que, inversement, un son semblable ne soit pas représenté par des graphies dissemblables dans les différentes langues.

Étant donné que les diverses langues ont recours à des systèmes de sons divergents, un système d'orthographe univoque, valable pour toutes les langues, devrait posséder beaucoup plus de signes que ceux de l'alphabet traditionnel limité à vingt-quatre. Voilà pourquoi les linguistes spécialisés en phonologie ont créé l'API (Alphabet Phonétique International) qui permet de reproduire sans équivoque ou presque, les sons d'une langue quelconque.

Il serait bien sûr utopique de prétendre convertir l'API en un système d'orthographe européen, et de nombreuses raisons obligent à maintenir la simplicité d'un alphabet de vingt-quatre lettres. Mais en revanche, les réformes proposées à l'intérieur de chaque langue, pourraient tenir compte du cadre commun de l'API, de telle sorte que chaque lettre de l'alphabet puisse désigner dans chaque langue des sons différents mais qui auraient un rapport entre eux. Ainsi leur représentation écrite n'aurait pas exactement la même valeur dans chaque langue, et lorsque l'on apprendrait une nouvelle langue, il faudrait apprendre sa prononciation spécifique et ses règles d'écriture; mais, ce faisant, on éviterait les incohérences et les contradictions orthographiques d'une langue à l'autre qui font souvent le désespoir des étudiants de langues étrangères.

Un exemple de ces illogismes, qui sont particulièrement nombreux, est constitué par le son [n] palatal qui existe dans toutes les langues néo-latines et que les scribes du Moyen Age représentaient en superposant un «n» à un autre «n». Il se représente actuellement par «gn» en français et en italien, par «nh» en portugais et en occitan, par «ny» en catalan, et en castillan par une graphie singulière, exclusive à cette langue, le «ñ».

Les propositions les plus modernes de réforme de l'orthographe vont toutes dans cette direction. C'est le cas du système déjà mentionné de Chervel et de Blanche Benveniste. C'est également le cas d'une proposition pour la réforme de l'espagnol du professeur de logique J. Mosterin (1981), qui a cité la plupart des exemples repris ci-dessus.

Étant donné que dans ces commentaires j'ai surtout insisté sur les résistances que ces réformes ont rencontrées jusqu'à présent, je terminerai avec un exemple de sens contraire : une réforme orthographique réalisée au nom du sens commun et appuyée par le progrès de la technique et la nécessité d'accommoder les usages de chaque pays aux pratiques communautaires. Il s'agit d'un exemple qui montre, en même temps, les obstacles qu'il faut vaincre pour mener à terme une réforme minimum.

Dès sa création, l'Académie de la Langue espagnole a estimé que le graphème «ll», parce qu'il représente un son particulier, doit être considéré comme une «lettre» singulière, distincte du «l» simple. Elle a adopté la même logique pour le graphème «ch», qu'elle a distingué du «c». En accord avec ce principe, dans les dictionnaires de l'Académie, tous les mots qui commencent par un double «ll» viennent après le dernier des mots qui commencent «lu», et tous les mots qui commencent «ch» viennent à la suite des derniers mots commençant par «cu». La diffusion de l'informatique a entraîné que les listes alphabétiques espagnoles ne soient pas directement intégrables dans les listes alphabétiques établies dans les autres pays, difficulté que l'incorporation de l'Espagne à la Communauté a rendue par trop évidente. Il y a eu des demandes précises pour que l'Espagne adopte en la matière les usages des autres pays, ce que faisaient déjà quelques éditeurs de dictionnaires pour leur propre compte; l'Académie de la Langue, elle-même, se montra sensible à leurs arguments. Mais c'est précisément à ce moment-là que surgit une difficulté. En effet, l'Académie Espagnole de la Langue est unie par un pacte de solidarité aux académies de la langue des pays hispanophones d'Amérique latine; ce pacte prévoit, entre autres, qu'une réforme quelconque de la norme orthographique de la langue doit être approuvée à l'unanimité par toutes les académies. Or, dans ce cas concret, une académie s'opposa énergiquement. On opta alors pour la modification des statuts de l'Académie espagnole, et le terme d'unanimité fut remplacé par celui de majorité afin de pouvoir approuver la réforme.

Les considérations qui précèdent peuvent se résumer comme suit : malgré les progrès techniques réalisés dans le domaine des communications, progrès qui recommandent une simplification et une harmonisation des alphabets et des conventions orthographiques, il ne s'est produit, jusqu'à présent, aucun progrès notable dans cette direction. Mais, cette résistance au changement ne se maintiendra pas indéfiniment. Le développement vertigineux du réseau télématique «Internet» exacerbe les difficultés qui résultent de l'usage de graphies et de signes différents dans l'écriture. Comme je l'ai rappelé, la technique permet de tenir compte de toutes sortes de variantes et, par conséquent, un sous-réseau spécifique peut bénéficier de la possibilité d'utilisation de ses propres signes; néanmoins, les signes qui n'appartiennent pas au code standard, lequel correspond à l'alphabet anglais, finissent par se perdre dans la navigation entre les nombreux réseaux.

Mais, les problèmes les plus graves se posent lorsque l'on veut passer directement de la voix humaine à l'écriture, objectif qui est poursuivi avec insistance mais qui, évidemment, demeurera inaccessible tant que ne seront pas rationalisées les normes du langage écrit. Ainsi, le problème est posé pour toutes les langues et, en tout premier lieu, pour l'anglais.

Chapitre 6
Les langues
de la communication internationale

6.1. REMPLACEMENT DU LATIN ET ASCENSION DE L'ANGLAIS

Du point de vue historique, l'Europe s'est constituée comme un ensemble de nations indépendantes, chacune d'entre elles ayant sa propre langue. Cependant, les rapports entre ces nations ont toujours été très étroits, ce qui a conféré à certaines langues le rôle de langue de communication internationale. Au chapitre consacré à l'histoire linguistique de l'Europe, on a vu que pendant des siècles le latin a rempli cette fonction, mais à mesure que les nouvelles langues nationales se consolidaient, leur connaissance devenait utile et prestigieuse hors de leurs frontières, soit pour connaître des œuvres littéraires dans la langue originale, soit pour établir des relations diplomatiques ou commerciales. L'intérêt pour les langues étrangères ne touchait certes que quelques minorités de la population, mais non des moindres. Dans l'Europe occidentale du XVIe et du XVIIe siècle, selon les pays et les circonstances, les langues les plus prestigieuses et les plus utilisées furent d'abord l'italien, puis l'espagnol et le français, tandis qu'en Europe centrale, la langue prédominante était l'allemand. Au XVIIIe siècle, le français devint la langue internationale des gens cultivés et servit de support à la diffusion, dans toute l'Europe, des idées des philosophes des Lumières. Catherine de Russie et Frédéric de Prusse étaient fiers de pouvoir communiquer en français avec les esprits distingués de leur temps. C'est à cette même époque que le français se convertit en langue privilégiée de la diplomatie et des relations internationales.

Au XIXe siècle, le prestige international du français comme langue de culture et de la diplomatie persistait encore, mais on assista en même temps à une montée de l'allemand dans différents domaines du savoir et des sciences. Le prestige des philosophes allemands, Kant, Hegel, Marx et tant d'autres noms éminents, n'y fut pas étranger. Mais plus significatif encore est le développement scientifique qui se produisit dans les universités allemandes, en particulier, dans le domaine des sciences fondamentales et appliquées : physique, chimie, médecine, mécanique, métallurgie, etc. Étudier en Allemagne devint alors l'objectif de bien des étudiants d'Europe centrale et orientale, mais l'influence de l'allemand s'étendit également dans les pays latins. De sorte que l'on peut affirmer qu'au XIXe siècle, les élites intellectuelles européennes sentaient la nécessité de connaître le français ou l'allemand ou, mieux encore, les deux langues.

La motivation intellectuelle a donc renforcé cet engouement des Européens pour l'étude des langues, c'est indéniable. Mais il était aussi une toute autre réalité que l'on oublie souvent. En France, en Espagne ou en Angleterre, la configuration d'un état national avait confiné la noblesse locale dans les limites de l'État, la convertissant ainsi en noblesse de cour. Mais en Europe centrale et orientale, la situation était tout à fait différente. Tout comme en Europe occidentale, la noblesse reçut sa légitimité d'une monarchie, et fondamentalement du Saint Empire Germanique. L'Empire Austro-hongrois ne se proposait pas une unité politique et linguistique à l'image de la monarchie française; dans les différentes régions du Saint Empire, subsistait une noblesse terrienne attachée à son identité locale, à ses traditions, à ses langues : en Autriche, en Bavière, en Prusse, en Bohème, en Moldavie, en Galicie, en Pologne, en Slovénie, à Trieste, à Trente. Cette aristocratie fortement enracinée dans ses territoires était en même temps très cosmopolite : tous ses membres entretenaient des rapports étroits, ainsi d'ailleurs qu'avec l'aristocratie russe qu'ils considéraient comme formant une même communauté; ils se mariaient entre eux et tous étaient plurilingues. Tous, en effet, apprenaient le français dès la petite enfance et ceux qui n'avaient pas l'allemand comme langue maternelle, l'apprenaient également très tôt.

Lorsque, au XIXe siècle, les études secondaires menant à l'université commencèrent à se développer, les programmes d'études portaient non plus seulement sur les langues classiques, mais également sur l'initiation d'une ou deux langues modernes. On peut donc imaginer que l'intérêt de la bourgeoisie européenne de voir ses enfants apprendre les langues étrangères se justifiait par les possibilités qui s'ouvraient ainsi à eux pour faciliter leurs études à l'étranger, ou simplement, pour augmenter leur capacité d'information par la lecture d'œuvres étrangères. Et l'on peut penser, du moins pour ce qui est de l'Europe centrale, que grâce à ces connaissances, la bourgeoisie cherchait à imiter le modèle culturel établi par l'aristocratie.

Mais, au XIXe siècle, l'enseignement des langues étrangères ne se limite pas au domaine scolaire, il commence à attirer de nombreux autres secteurs de la population. Les professeurs et les centres qui offrent cet enseignement aux adultes se multiplient, et la connaissance de certaines langues plutôt que d'autres revêt une utilité pratique de plus en plus appréciée. Au XXe siècle, la nécessité d'acquérir de nouvelles langues s'accroît progressivement, puis se généralise à partir de la Deuxième Guerre Mondiale. Mais alors, la langue bénéficiaire sera l'anglais qui jusqu'alors n'avait eu, en Europe, qu'un rôle relativement secondaire. Pour bien comprendre cette progression inattendue de l'anglais, il convient d'élargir notre cadre de référence et ne plus penser à l'Europe mais au nouveau contexte mondial.

C'est à partir de la découverte de l'Amérique, à la fin du XVe siècle, que les langues européennes s'étendirent sur le nouveau continent. Ce sera, tout d'abord, l'espagnol et le portugais en Amérique du Sud et Centrale, puis l'anglais et le français en Amérique du Nord. En même temps, les Européens commencent à s'implanter dans les autres continents, mais ce n'est qu'au XIXe siècle que se consolideront les grands empires coloniaux modernes. Parmi eux, en tout premier lieu, l'Empire Britannique qui s'est tissé un réseau de pays et de possessions dans le monde entier, réseau qui comprend des pays à la fois très étendus et débordant de possibilités économiques, comme le Canada, l'Inde, l'Australie ou l'Afrique du Sud. Cette richesse dispersée sur les cinq continents confère à la flotte militaire et commerciale de la Couronne d'Angleterre une puissance de tout premier ordre. Le trafic maritime mondial utilise l'anglais, qui devient vite la langue commune de la plupart des échanges commerciaux. Le rapide développement économique des États-Unis, tout au long du XIXe siècle, renforce décisivement la suprématie de l'anglais dans le commerce mondial. La puissance économique des États-Unis permet de financer le développement technique et d'assurer une place de tout premier ordre dans la diffusion de systèmes de communication : télégraphie, téléphonie, reproduction du son et de l'image. Ainsi, la langue anglaise prédominante sur les mers commence à l'être également sur les ondes.

On peut donc dire que, dans la première moitié du XXe siècle, le poids économique des pays de langue anglaise assure à cette langue une toute première place comme langue de communication internationale. En revanche, en Europe, règne encore un certain équilibre entre les trois langues qui servent d'instruments de communication en dehors de leurs frontières, avec une prédominance de l'une ou de l'autre selon les aires géographiques et les situations. Ce n'est qu'après la Seconde Guerre Mondiale que l'anglais parvient à occuper la première place en Europe aussi.

Une explication fréquente attribue cette prééminence de l'anglais au poids des pays de langue anglaise dans les rangs des alliés victorieux de la Seconde Guerre Mondiale. Certes, le rôle de l'Angleterre et des États-Unis a été déterminant dans la victoire alliée qui a installé l'anglais dans une position prédominante, rôle que n'a pas joué le français étant donné son action beaucoup plus modeste dans le conflit. Quant à l'allemand, il a subi pendant de nombreuses années les connotations négatives de la défaite nazie. Mais on peut croire que le rôle décisif des pays de langue anglaise dans l'issue du conflit est le résultat direct de leur puissance économique.

6.2. L'ANGLAIS DANS LA SOCIÉTÉ CONTEMPORAINE

Quelques données nous aideront à comprendre le rôle majeur de l'anglais dans le monde contemporain. Avant de les exposer, une observation préalable s'impose. Si on se limite au territoire de la Communauté Européenne, rien ne justifie cette prédominance, car la place qui correspond à l'anglais est plutôt modeste.

Disons pour simplifier que si l'on considère comme locuteurs natifs les habitants du pays où la langue est officielle, l'Angleterre n'est pas le pays le plus peuplé de la Communauté. La France a approximativement le même nombre d'habitants et l'Allemagne beaucoup plus. Même si on ajoute aux habitants de l'Angleterre ceux d'Irlande, où l'anglais est également langue cofficielle, le nombre d'anglophones s'ajuste à celui des francophones de France et de Belgique où le français est également langue officielle, mais il reste encore inférieur au nombre de germanophones en Allemagne. En fait, la population des pays où l'anglais est langue officielle, à l'intérieur de la Communauté européenne, ne représente que 16 % de la population globale.

Par conséquent, si on se limite au domaine de la Communauté rien ne justifie l'attribution de ce rôle exceptionnel à l'anglais. Néanmoins, si on tient compte des communications internationales et communautaires, on reconnaîtra qu'il est conditionné d'une façon décisive par le contexte mondial. C'est précisément dans ce contexte que l'anglais occupe une position privilégiée.

NOMBRE DE LOCUTEURS ET POIDS ECONOMIQUE

Il est très difficile d'établir avec précision le nombre de locuteurs d'une langue, même en nous limitant à ceux qui l'ont comme première langue. Mais si l'on se contente de chiffres approximatifs qui ne donnent qu'un ordre de grandeur, on peut rappeler ceux qui figurent dans les répertoires statistiques les plus connus et qui se limitent aux langues les plus parlées. Ils donnent les chiffres suivants : chinois un milliard, anglais 350 à 500 millions, espagnol 300 à 350 millions, et sept autres langues, qui ont plus de 100 millions de locuteurs natifs : l'indi, l'arabe, le bengali, le russe, le portugais, le japonais et l'allemand. *(Crystal, The Cambridge Encyclopedia of Language, 1987.)*

Ces chiffres augmentent si on inclut les locuteurs qui l'ont comme seconde langue, calcul difficile à réaliser mais pour lequel existe l'indicateur du nombre d'étudiants de chaque langue hors de ses frontières. Bien que sur ce point non plus les chiffres ne coïncident pas, on s'accorde à considérer que, à l'échelle mondiale, la langue la plus étudiée est l'anglais, suivi de loin par l'espagnol et par d'autres langues européennes, le français et l'allemand principalement.

Certaines des langues classées parmi les plus parlées sont des langues parlées dans un seul pays comme c'est le cas de l'indi, du japonais, du russe ou du bengali. Le chinois est également la langue d'un seul pays, ou de deux pays si on inclut Taiwan, bien que ce soit aussi le lien avec les nombreuses colonies chinoises dispersées à travers le monde. Par contre, d'autres langues sont parlées dans différents pays, ce qui augmente considérablement leur poids international. L'anglais est langue officielle ou coofficielle de 45 pays souverains, le français de 30 pays et l'espagnol de 25 pays.

On doit aussi tenir compte, et c'est probablement la donnée la plus significative, du poids économique des pays qui parlent les différentes langues, en prenant comme indice le PNB (Produit National Brut) qui prétend mesurer la richesse produite par un pays. Bien que pour certains pays cette donnée ne soit pas disponible ou qu'elle soit peu fiable, l'on considère que le PNB de l'ensemble des pays de langue anglaise peut représenter la moitié du PNB mondial.

INFORMATION ET COMMUNICATION

Le phénomène le plus évident de l'influence de la technique, dans le contexte de la société contemporaine, c'est probablement l'ensemble des systèmes de transmission de l'information : téléphone, radio, télévision, réseaux informatique. Le pays qui parvient à contrôler les moyens de communication et d'information à l'échelle mondiale peut exercer une influence et un pouvoir considérables. Et la langue qui sert à transmettre l'information, surtout si elle est verbale, acquiert ainsi une grande influence et un prestige évidents. Au début du XXe siècle, un certain équilibre régnait dans la présence des principales langues dans les moyens d'information. Les pays européens les plus puissants, ceux qui avaient des empires coloniaux, disposaient également d'agences d'information et de réseaux de diffusion des nouvelles qui alimentaient les journaux du monde entier. Actuellement, des agences d'information nationales existent encore, mais l'aire qu'elles couvrent n'est en rien comparable à celle des grandes agences anglo-saxonnes.

Parallèlement, il y a longtemps que, pour le grand public, la presse écrite ne représente plus la seule source de diffusion des nouvelles. L'extraordinaire développement de la radio et surtout de la télévision qui parvient aux coins les plus reculés de la planète, et maintenant des réseaux informatiques, de transmission et de stockage d'information, ont multiplié les capacités d'accès à l'information. En même temps, le contrôle de ces moyens s'est concentré dans les mains d'un nombre réduit de personnes, grâce à des ensembles financiers. Bien que, d'une certaine manière, les États s'efforcent de contrôler la diffusion de l'information à l'intérieur de leurs frontières, la première façon d'y parvenir étant d'établir une télévision nationale, on peut difficilement empêcher l'arrivée de l'information qui circule par les ondes et qui est retransmise par satellite. La concentration des moyens de transmission de l'information s'est traduite par une augmentation du rôle de l'anglais comme instrument de toutes sortes d'informations. Sur l'ensemble de l'information qui circule dans tous les canaux, près de la moitié utilise l'anglais. Dans l'ensemble des pays communautaires cette proportion est bien inférieure, certes, mais proportionnellement elle bien supérieure au poids de la population de langue anglaise dans l'Union Européenne.

L'informatique, qui permet le traitement et le stockage de toutes sortes de données, est étroitement liée au monde de l'information dans lequel la présence de l'anglais est également prédominante et d'une manière encore plus significative que dans les moyens de transmission de l'information. On prétend parfois, pour synthétiser cette présence, que l'anglais est la langue du *hardware*, tandis que le *software* pourrait être produit par toute autre langue. Dans un sens littéral cette affirmation est fausse, la langue du *hardware* est un «langage machine», c'est-à-dire strictement logique ou mathématique si l'on préfère, qui ne dépend pas d'une langue concrète. Ce qui est certain, en revanche, c'est que la littérature scientifique sur le *hardware* et, en général, sur l'informatique utilise principalement l'anglais.

On distingue trois catégories de personnes en contact avec l'informatique : 1) les usagers individuels, par exemple la personne qui possède un ordinateur à la maison, 2) les entreprises et les institutions qui disposent de réseaux et de systèmes d'ordinateurs, et 3) les professionnels de la recherche et de l'application. L'usager individuel n'a pas besoin de connaître d'autres langues que la sienne car le fabricant et les distributeurs s'occupent de satisfaire à ses besoins; de la même manière, ils font en sorte que le clavier contienne tous les signes nécessaires pour la langue du pays de vente de l'ordinateur, et que toute l'information nécessaire, y compris les programmes, soit disponible dans cette langue. Dans le cas d'un système composé par différentes machines et présentant donc un certain degré de complexité, cette adaptation à chaque langue concrète est moins assurée et, en tout cas, l'opérateur devra recourir assez souvent à la notice technique en anglais. Quant aux professionnels (c'est-à-dire de la personne qui travaille dans un laboratoire de recherche fondamentale, sur les semiconducteurs par exemple, jusqu'à celle qui prépare des programmes à la demande des usagers concrets) l'utilisation de l'anglais est pour eux inévitable, car la recherche et la diffusion des résultats de la recherche, et en général tous les textes techniques concernant l'informatique, utilisent presque exclusivement l'anglais.

ÉCONOMIE ET FINANCES

Comme je l'ai déjà dit, le seul fait que presque la moitié du PNB soit produite dans des pays de langue anglaise suffit à expliquer le rôle prédominant qu'occupe l'anglais dans le monde de l'économie et du commerce international. Mais il faut aussi tenir compte, dans ce domaine, de la concentration des moyens de communication dans le fonctionnement des marchés mondiaux, et en particulier dans le monde des finances. Grâce aux réseaux d'ordinateurs, actuellement les principales Bourses du monde (New York, Londres, Francfort, Tokyo) constituent un marché unique qui fonctionne 24 heures sur 24 et qui utilise fondamentalement la langue anglaise. L'anglais est en train de devenir la langue commune de l'activité financière internationale.

Dans le monde de l'économie, les entreprises multinationales constituent un cas intéressant du point de vue de l'usage des langues. Ainsi, alors que dans les organismes internationaux, la politique linguistique adoptée est fonction de raisons et d'accords politiques, les pratiques linguistiques des entreprises répondent uniquement — c'est du moins ce que croient leurs dirigeants — à des raisons pragmatiques.

Une entreprise qui installe une délégation ou une filiale dans un autre pays est souvent obligée, dans une certaine mesure, de tenir compte de la langue de ce second pays et, par conséquent, elle devra établir certains règlements internes stipulant les cas dans lesquels il faudra utiliser la langue du pays récepteur et ceux dans lesquels on utilisera la langue du pays du siège central de l'entreprise. La situation se complique lorsque cette entreprise établit des filiales dans des pays où sont parlées des langues différentes. Lorsque ce cas se présente, la tendance est d'établir une «langue de l'entreprise», qui sera utilisée de façon préférentielle dans le fonctionnement interne et dans les relations des filiales entre elles, et avec le siège central. Si le siège central de l'entreprise est situé dans un pays anglo-saxon, cette langue sera l'anglais. Mais dans le cas d'une entreprise centrée dans un pays de langue forte, français ou allemand, par exemple, celle-ci sera la langue principale de l'entreprise, mais les rapports avec les filiales des pays de langue anglaise s'établiront facilement en anglais; de même, dans les pays où est parlée une troisième langue, ils s'établiront également en anglais. En principe, plus vaste est le caractère multinational de l'entreprise, plus grande est la présence de l'anglais. Notons que dans les pays scandinaves, les grandes entreprises ont adopté l'anglais comme «langue de l'entreprise». Dans le cas de la compagnie «SAS», dirigée conjointement par les trois pays scandinaves, ce choix de l'anglais évite ainsi de devoir choisir une des trois langues de la région. Mais il existe des entreprises suédoises multinationales qui sont exclusivement suédoises et dont le siège central a opté également pour l'anglais. Dans la compagnie Philips, qui a son siège central en Hollande, la présence de l'anglais est également prédominante. Par contre, dans les entreprises multinationales ayant leur siège central en France ou en Allemagne, cette présence de l'anglais est moindre. Il en est de même pour les entreprises situées dans les pays méditerranéens, où d'ailleurs les sièges d'entreprises multinationales n'abondent pas.

TOURISME ET TRANSPORT

Parce que le tourisme est un marché, ce sont les clients eux-mêmes qui en déterminent les conditions, et notamment la langue dans laquelle ils seront servis. Si aux Baléares, sur la côte dalmate, ou à Chypre, prédominent les touristes allemands, aussitôt, les responsables hôteliers, le personnel de service ou les chauffeurs de taxi de ces zones touristiques seront capables de se faire comprendre en allemand. Mais ces régions sont visitées par d'autres touristes qui ne sont pas forcément germanophones; d'ailleurs, dans chaque pays la composition linguistique des touristes est différente, de sorte qu'à l'échelle globale, on voit apparaître une langue de réception commune qui est encore l'anglais. Dans tout hôtel d'une certaine catégorie, et dans tout pays du monde, on peut être assuré de trouver au moins une personne à la réception qui comprendra et parlera un peu d'anglais; pour d'autres langues, l'aire d'utilisation est moins étendue.

En général, il en est de même pour les moyens de transport, et non seulement pour les agences de voyages. J'ai déjà indiqué que le transport maritime a utilisé l'anglais surtout à partir du siècle dernier. Mais l'usage de l'anglais est encore plus général dans l'aviation. Un avion peut atterrir dans un aéroport quelconque, mais au préalable le pilote devra communiquer avec les installations de l'aéroport : ce dialogue s'instaurera soit dans la langue du pays où se trouve l'aéroport, soit en anglais.

SPECTACLES ET LOISIRS

La divulgation des moyens d'information s'est répercutée sur la diffusion de certains types de spectacles : cinéma, programmes de télévision et certains genres de musique et de chanson. Tout comme pour les moyens d'information, ce marché a donné lieu à une concentration d'organismes chargés d'élaborer ces produits. Or, là encore, la langue anglaise s'est vite assuré un rôle prééminent. Cependant, de nombreux pays ont réagi contre cette invasion de l'anglais dans les activités de loisirs, car elles sont investies d'une charge culturelle liée à des modes de vie et à des systèmes de valeurs éthiques implicites qui éveillent des réactions en faveur de l'identité culturelle propre. Ainsi, face au cinéma américain, on défend le cinéma européen, face au *fast food* la cuisine typique et locale, et face à la musique américaine, du *jazz* au *pop*, c'est la musique populaire autochtone qui est exaltée.

RECHERCHE ET DOCUMENTATION SCIENTIFIQUE

Le latin a été pendant longtemps la langue de communication entre les Européens, entendons par là de la communication scientifique car, à côté de l'Église, c'étaient surtout les universités qui avaient maintenu son usage. Puis, au XIXe siècle s'est développé l'intérêt pour l'apprentissage des langues étrangères, une des principales raisons étant qu'elles permettaient d'accéder à l'information scientifique et technique alors produite par les pays les plus avancés. A mesure que le progrès scientifique et technique s'accélère et que se généralisent leurs résultats, la nécessité d'être informé des dernières innovations devient plus grande. Les livres ne sont plus suffisants et des revues scientifiques commencent à apparaître et à se multiplier. Un professeur d'université français, allemand ou anglais, peut ne connaître que sa propre langue : jusqu'à la moitié du XXe siècle, dans la majorité des revues scientifiques françaises, allemandes ou anglaises, l'on constate que les références bibliographiques sont majoritairement données dans la langue du chercheur. En revanche, un professeur d'université d'un pays où l'on parle une autre langue ne pouvait pas se permettre d'ignorer l'une des grandes langues du domaine scientifique : le français, l'allemand et l'anglais, et dans ses publications les références étrangères étaient abondantes.

De la fin du XIXe siècle à la moitié du XXe, ces trois langues avaient donc une importance équivalente comme langues d'information scientifique. Les congrès scientifiques, de plus en plus fréquents, en sont le témoignage. En voici un exemple assez significatif. En 1957, la Société Internationale de Psychologie organisa son Congrès à Bruxelles. D'origine européenne, cette Société avait adopté, dès son début, le français et l'allemand comme langues officielles auxquels s'était vite ajouté l'anglais. Dans les programmes du Congrès de Bruxelles, les langues officielles étaient : le français, l'allemand et l'anglais. Ces trois langues avaient non seulement un caractère officiel mais il y avait, en outre, un souci constant de maintenir un certain équilibre entre elles, de telle sorte que parmi les conférences des personnalités illustres de la psychologie, deux étaient prononcées en français, deux en allemand et deux en anglais. Et, comme à cette époque les services de traduction simultanée n'existaient pas encore, la majorité des assistants comprenaient l'une de ces trois langues, même si ce n'était pas leur première langue.

La présence équilibrée des trois langues dans une réunion scientifique qui se voulait mondiale, plutôt qu'internationale, était considérée à l'époque comme naturelle et ne variait qu'avec l'utilisation d'une langue supplémentaire lorsque le congrès se déroulait dans un pays ayant comme langue propre une autre langue que les trois langues officielles.

Trente cinq ans plus tard, en 1992, la Société de Psychologie a tenu de nouveau son Congrès International à Bruxelles. Cette fois, le nombre d'assistants avait considérablement augmenté, passant de 150 en 1957 à 3 000 ; au contraire, le nombre de langues officielles avait diminué. Les circulaires du Congrès spécifiaient que les langues officielles étaient l'anglais et le français, sans que l'on sût très bien si le français était langue officielle parce qu'il dépendait de la Société, ou parce que le pays où avait lieu le Congrès était de langue française, auquel cas, il eût fallu tenir compte du flamand ou néerlandais. Mais en réalité, le Congrès se déroula presque exclusivement en anglais. C'est en anglais que furent prononcées toutes les conférences plénières et en anglais qu'était rédigée la majorité des communications. Quant aux statuts de l'Association organisatrice, ils demeuraient certes en français et en anglais, les deux seules langues officielles. Soulignons aussi que, voilà plusieurs années que les pays sud-américains réclament l'incorporation de l'espagnol comme langue officielle supplémentaire de la Société. Cependant, dans la pratique, l'anglais est utilisé en exclusivité dans les activités administratives et sociales, c'est aussi la langue unique de l'Assemblée des membres de l'Association qui s'est constituée durant le Congrès. Le Congrès de la Société de Psychologie n'est qu'un exemple parmi bien d'autres, car la majorité des congrès des sociétés scientifiques internationales ont aujourd'hui ce même profil linguistique.

Cette prédominance de la langue anglaise dans l'échange de l'information scientifique comprend un aspect quantitatif que l'on peut essayer de chiffrer, bien que de façon approximative. Les spécialistes ont calculé que sur l'ensemble de l'information scientifique produite dans le monde, et plus concrètement sur la totalité des articles publiés dans les revues scientifiques considérées comme sérieuses et répertoriées dans des documents internationaux les plus utilisés, entre 60 et 80 % sont rédigés en anglais, entre 20 et 30 % sont écrits en français, en allemand et en russe, et entre 5 et 10 % dans d'autres langues. Évidemment, le fait que les principales banques de données scientifiques soient basées aux États-Unis contribue à la polarisation des documents écrits vers l'anglais, mais la concentration de la localisation des sources d'information dépend du phénomène que l'on considère ici. Le cas le plus symptomatique est constitué par l'«ICI», un institut d'information scientifique privé des États-Unis qui analyse, d'un point de vue statistique, les articles publiés dans 7000 revues scientifiques du monde entier. Les pourcentages calculés par l'«ICI» ont une grande diffusion et sont utilisés pour mesurer aussi bien la «productivité» des chercheurs individuels que celle des institutions ou des pays. Et l'«ICI» analyse uniquement les revues publiées en anglais.

Cette généralisation de l'usage de l'anglais dans l'information scientifique conduit la majorité des chercheurs, quelle que soit leur spécialité, à penser qu'une compétence minimum en langue anglaise — être capable de lire en anglais — est absolument nécessaire pour qu'ils puissent se tenir au courant des progrès obtenus dans leurs propres spécialités. De plus, ils considèrent qu'il vaut mieux écrire en anglais pour pouvoir faire connaître plus facilement les résultats de leurs propres travaux. Cette attitude conduit à renforcer l'affirmation selon laquelle tout qui ne publie pas en anglais ne peut pas être connu en dehors de son pays. Ce souci de publier en anglais conduit certains pays de langue non anglaise à éditer des revues scientifiques et des livres spécialisés en anglais.

Les premières manifestations de cette tendance se sont produites peu après la Seconde Guerre Mondiale, dans des zones comme les pays scandinaves, dotés d'un haut niveau culturel mais de langues d'une diffusion restreinte qui, ne pouvant pas absorber une production d'édition spécialisée, ont fini par adopter l'anglais pour leurs publications scientifiques. A la même époque, dans certains pays d'Orient et, plus précisément au Japon, une politique semblable était adoptée afin d'accélérer l'incorporation à la communauté scientifique internationale. Par la suite, ce courant s'est accentué en Europe, et aujourd'hui il concerne non seulement des pays ayant des langues peu étendues, comme la Hollande ou le Danemark, mais aussi l'Allemagne où des revues spécialisées et des maisons d'édition spécialisées dans les ouvrages scientifiques publient en anglais.

Cette tendance se renforce dans certains départements et centres de recherche universitaires où la référence continuelle à l'anglais, ajoutée à la présence de professeurs invités et d'étudiants étrangers, conduit à faire de cette langue une deuxième langue : la langue d'une partie de l'activité scientifique.

Il est vrai que la propagation de l'anglais dans l'activité scientifique est différente selon les domaines et les spécialités du savoir. Elle a débuté, et elle est prédominante dans les disciplines qui exigent de grands moyens matériels et logistiques comme les secteurs de pointe de la recherche en biochimie, mais également, dans certaines spécialités étudiées par une minorité de spécialistes, comme la logique mathématique, et en général, elle est plus grande dans les sciences expérimentales et dans les sciences de la nature que dans les sciences humaines.

Cette présence est également différente selon les pays. En France, pour donner un exemple représentatif, qui possède une solide tradition de recherche scientifique, les publications en français avaient un marché international très large, mais après la dernière guerre, leur diffusion commença à diminuer. Pendant les années soixante, cette diminution devint évidente, les chercheurs français prenaient conscience que leurs travaux avaient de moins en moins d'influence à l'extérieur, et certains d'entre eux se mirent à publier dans des revues de langue anglaise. Parallèlement, dans les congrès internationaux qui se tenaient en France, l'anglais occupait une place progressivement plus importante. Dans de nombreux milieux en France, cette évolution provoqua une grande préoccupation et des débats publics. Pour y mettre un frein, le ministre Chevènement publia, en Septembre 1981, un arrêté ministériel dans lequel il rappelait aux personnels scientifiques français leur obligation d'écrire en français dans des revues scientifiques publiées en France et d'intervenir en français dans les congrès internationaux dans lesquels le français était reconnu comme langue officielle. De plus, il exigeait que le français figurât parmi les langues officielles du congrès, lorsqu'il s'agissait de congrès organisés en France. Cependant, la tendance amorcée ne s'inversa pas, au point que, huit ans plus tard, en 1989, un fait symbolique se produisit qui souleva une réelle émotion : la revue de l'Institut Pasteur, les «Annales de l'Institut Pasteur», changea de langue et se convertit en *«Research in Microbiology»*. Actuellement, on considère que tous les chercheurs français sont capables de lire en anglais et que bon nombre d'entre eux le comprennent quand on le parle et parfois même ils sont capables d'écrire en anglais une communication sur un thème de leur spécialité. Près d'un tiers de la production française d'articles de haut niveau scientifique est écrit directement en anglais et est publié soit à l'étranger soit en France.

6.3. LES LANGUES ARTIFICIELLES

Avant de préciser ce que signifièrent l'expansion de l'anglais et ses répercussions sur la construction européenne, je voudrais consacrer quelques lignes aux essais de création de langues artificielles qui avaient pour but de servir de langues de communication internationale. Je me limiterai à l'espéranto élaboré par Zamenhof en 1887, et qui n'a été ni le premier ni le dernier de ces essais mais qui a eu la plus grande diffusion.

Zamenhof est né à Bialystok, une ville située au nord-est de Varsovie, dans une région ethniquement très variée et objet de nombreux conflits tout au long des siècles. Ce territoire baltique de la Lituanie peuplé essentiellement de Polonais avait accueilli de nombreux colons allemands après le troisième partage de la Pologne qui avait été incorporée à l'Empire Russe. Mais cette description de la diversité ethnique serait incomplète si l'on n'y ajoutait encore la présence d'une minorité juive, à laquelle appartenait la famille Zamenhof. *«L'endroit de ma naissance et de ma première enfance a déterminé la direction de toutes mes idées futures. A Bialystok, la population était composée de quatre éléments différents : des Russes, des Polonais, des Allemands et des Juifs, chaque groupe parlait sa langue et était hostile aux autres... Dans la rue, dans certaines maisons, à chaque moment j'avais l'impression que l'humanité en tant que telle n'existait pas et qu'il n'existait que des Russes, des Allemands, des Polonais, des Juifs... Personne ne peut ressentir aussi fort la nécessité d'une langue neutre et anationale comme un Juif qui se sent obligé de prier Dieu dans une langue morte ancienne, qui reçoit sa première instruction dans la langue d'un peuple qui le repousse et qui a des compagnons de souffrance dans le monde entier avec lesquels il ne peut pas communiquer puisqu'ils parlent d'autres langues.»* (Janton, *L'Espéranto*)

Zamenhof décida qu'il était temps et qu'il était nécessaire de disposer d'une langue de communication internationale ; or, ce rôle ne pouvait être occupé par aucune des langues déjà existantes parce qu'elles avaient des implications culturelles et nationales si fortes qu'aucune d'entre elles ne pouvait obtenir l'adhésion généralisée. Il fallait donc inventer une nouvelle langue qui, à la différence de celles qui existaient déjà, présentât un maximum de rationalité et de simplicité, pour que son acquisition se fît le plus facilement possible. Zamenhof, qui était un linguiste avisé, ne prétendait en aucun cas inventer une nouvelle langue, aussi prit-il comme modèle la structure de base du latin — et par conséquent de toutes les langues latines —, qu'il combina à des éléments de langues germaniques et slaves et il essaya d'intégrer les différents éléments dans un système cohérent et clair qui répondît aux objectifs qu'il s'était proposés.

La nouvelle langue trouva aussitôt des partisans, et aussi des imitateurs qui cherchèrent à l'améliorer avec de nouvelles propositions de langue auxiliaire artificielle. Quelques-unes de ces propositions furent l'objet d'un certain intérêt, cependant aucune n'atteignit jamais la popularité de l'espéranto, qui fit bientôt des adeptes dans le monde entier.

Les partisans de l'espéranto appartenaient aux milieux les plus divers. Ainsi, pour des personnes isolées la nouvelle langue ouvrait des possibilités d'échange avec des correspondants dans le monde entier; pour des membres de minorités linguistiques, l'espéranto permettait des relations avec des cercles plus étendus sans devoir recourir à la langue dominante. Mais l'espéranto trouva sa plus grande diffusion dans les milieux idéalistes et internationalistes au sein desquels les anarchistes figuraient en bonne place. Grâce à l'enthousiasme de ces partisans, l'espéranto connut un certain usage oral dans les communications privées et aussi un usage écrit dans la transmission des informations et dans la diffusion d'œuvres, de création ou de traductions littéraires. Pratiquement toutes les grandes œuvres de la littérature universelle ont été traduites en espéranto.

Mais les critiques ne furent pas moins fortes que l'enthousiasme. La critique principale consistait à dire que, puisque l'espéranto était une création artificielle, il n'avait pas la richesse et les nuances qu'offrent les langues naturelles avec le temps et grâce à un usage littéraire et culturel prolongé. Ce qui, sans doute, est vrai, mais il est tout aussi vrai que l'espéranto ne prétendait pas se convertir en première langue, ni d'un individu ni d'une collectivité; son unique objectif était de devenir une langue auxiliaire qui facilitât la communication entre les personnes et les collectivités ayant des premières langues différentes.

Un siècle et demi après son introduction, l'espéranto se maintient encore parmi les cercles de partisans fidèles dans tous les pays du monde, mais la vérité force à reconnaître qu'il n'a pas atteint les objectifs qu'il se proposait. Ses utilisateurs n'ont pas réussi à en généraliser l'usage, dans aucun pays, dans aucune organisation politique, syndicale ou académique ayant une diffusion internationale. Il semble peu probable que l'on puisse y parvenir dans le futur. La plupart des fonctions que l'espéranto prétendait remplir sont actuellement occupées par l'anglais. Et l'ironie de l'histoire veut que l'anglais simplifié qui est généralement utilisé dans la communication de base en possède quelques caractéristiques : en effet, la simplicité et l'absence de connotations culturelles correspondent exactement aux traits essentiels de l'espéranto. A la différence que l'anglais est difficile à apprendre et compliqué à écrire.

6.4. LA POLÉMIQUE SUR L'ANGLAIS

La conscience de la prééminence de l'anglais dans divers domaines de l'activité humaine à l'échelle mondiale, ou plus simplement, le fait que dans tous les pays du monde l'anglais soit la langue étrangère la plus étudiée, donne aux locuteurs de cette langue l'impression de jouir d'une position privilégiée ; au contraire, ceux qui ne le parlent pas sont dans une situation d'infériorité qui rend compréhensible les efforts qu'ils consacrent à son apprentissage. Un des directeurs du Dictionnaire de Cambridge indique dans un ouvrage sur la langue anglaise que *«L'anglais s'est converti en une* lingua franca *de notre temps, de sorte qu'une personne qui sait lire et écrire mais qui ne connaît pas l'anglais souffre réellement d'un certain déficit. La pauvreté, la faim, la maladie sont perçues comme des formes de privation; la privation linguistique bien qu'elle ne soit pas aussi évidente, n'en est pas moins réelle.»* (R. Burchfield, 1985)

Comprise dans son sens littéral, cette affirmation signifie que si de multiples raisons président à l'apprentissage des langues étrangères, la seule qu'il soit objectivement nécessaire d'apprendre, parce que sa méconnaissance produit un effet déficitaire comparable au déficit physique ou économique, c'est l'anglais. Par conséquent, si on a le devoir moral d'aider à se dépasser une personne ayant un déficit physique ou économique, de la même façon on doit aider ceux qui ne connaissent pas l'anglais et on doit les aider à combler ce déficit linguistique. L'on comprend que des affirmations comme celles-ci, même si elles sont basées sur des données objectives, provoquent une certaine méfiance de la part de tous ceux dont la première langue n'est pas l'anglais.

En fait, dans de nombreux pays, l'expansion de l'anglais est en train de provoquer de nombreuses attitudes de ressentiment et d'opposition. Deux facteurs soustendent cette méfiance ou cette hostilité envers l'anglais.

En dehors de l'Europe, entendons dans les anciennes colonies et dans les pays sous-développés ou restés très traditionnels, l'introduction de l'anglais est liée à la dépendance plus ou moins coloniale par rapport à l'Occident et à l'introduction de modes de vie propres à la société moderne et technique qui entrent en conflit avec la culture traditionnelle locale. Mais en Europe, et en général dans les pays développés, l'anglais ne semble pas aussi directement lié à la modernité et à la technique — qui s'expriment aussi à travers d'autres langues occidentales — mais il apparaît plutôt comme solidaire d'une société uniformisée par la diffusion des produits culturels et des modes de vie anglo-saxons et, plus concrètement, nord-américains. Cette diffusion implique une dépendance culturelle et économique. On a déjà vu que les centres névralgiques des systèmes internationaux d'information scientifique, technique et économique, sont situés dans les pays de langue anglaise, aux États-Unis principalement. J'ai déjà souligné le rôle du cinéma produit aux États-Unis ou des chaînes mondiales de télévision comme, par exemple, CNN. Ainsi, l'expansion de l'anglais apparaît comme un renforcement de la dépendance et les réactions nationalistes que provoque la tendance à l'uniformisation, si fréquentes aujourd'hui en Europe, s'accompagnent souvent de réactions négatives face à l'anglais. La diffusion progressive de l'anglais ne serait que l'expression de la domination économique qu'un pays — les États-Unis — ou qu'un ensemble de pays — les pays de langue anglaise — exercent sur le monde. Ce serait la démonstration actuelle de la célèbre phrase de Nebrija qui voulait : «que la langue fût toujours la compagne de l'empire». En l'occurrence, l'anglais serait actuellement la langue de l'empire américain.

Les défenseurs de l'anglais, langue de communication internationale, répondent à ces objections en faisant remarquer que l'anglais utilisé à cet effet est soit un anglais très simple, c'est-à-dire un anglais de base adapté aux échanges d'informations élémentaires tel l'anglais que l'on peut utiliser à la réception d'un hôtel, soit un anglais très spécifique, propre aux domaines spécialisés, par exemple, la science biologique ou les finances. Dans l'un et l'autre cas, les implications culturelles et idéologiques sont minimes.

Par ailleurs, l'anglais utilisé comme langue internationale ne l'est bien souvent que par des gens dont ce n'est pas la première langue, mais qui l'ont appris et qui en ont, en général, une compétence réduite; les implications culturelles de l'anglais sont donc faibles.

Pour les défenseurs de cette neutralité de l'anglais langue de communication, il ne s'agit pas de voir l'anglais envahir le domaine d'une autre langue ou même de la remplacer; il s'agit plus simplement que les locuteurs d'une langue quelconque connaissent mieux l'anglais pour pouvoir communiquer par-delà les barrières linguistiques.

Tous ces arguments sont évidents. Pour beaucoup, l'anglais s'est converti en une sorte d'espéranto, en une langue simplifiée utilisée dans des occasions spécifiques et ayant de faibles implications culturelles. Malgré ces arguments, l'anglais de base et l'anglais des anglophones (Nord-américains, Britanniques, Irlandais, ...) sont une même langue. Par conséquent, quelle que soit la situation de communication, les véritables anglophones sont en situation de supériorité face à ceux qui n'utilisent qu'un anglais de «base» et qui sont conscients de leur infériorité. Ceux-ci tenteront alors d'améliorer leur maîtrise de cette langue. Et si dans un pays l'enseignement d'une seconde langue se généralise — c'est le cas avec l'anglais dans les pays scandinaves — celle-ci se convertira en seconde langue du pays et deviendra bien plus qu'un simple instrument linguistique pour les communications internationales. Car une fois convertie en seconde langue, elle finira par faire pression sur la langue autochtone, et non pas le contraire. La méfiance face à l'expansion de l'anglais semble donc parfaitement justifiée.

En Europe occidentale, et plus concrètement dans l'ensemble de pays qui constitue l'Union Européenne, pays qui tous possèdent des langues ancrées dans des traditions nationales et culturelles très marquées, le ressentiment envers l'anglais est incontestablement très fort. Mais il y a plus : au moment où la solidarité européenne cherche à se convertir en une structure politique, cette résistance se traduit sous une forme très concrète. L'anglais est la langue du Royaume Uni, un des pays communautaires ; or, accepter que l'anglais soit la première langue de communication internationale dans l'ensemble des pays de la Communauté, signifierait que l'anglais devient la langue officielle du fonctionnement de la Communauté : c'est là une conclusion politiquement inacceptable pour la majorité des pays membres. La population du Royaume Uni, qui compte 58 millions d'habitants, plus la majorité des Irlandais qui ont l'anglais comme langue coofficielle, ne représentent que 16 % des habitants de la Communauté actuelle, pourcentage équivalent à celui des francophones (France, Belgique, Luxembourg, Suisse), et bien inférieur aux 27 % de germanophones (86,6 millions d'habitants en Allemagne, et 8 millions en Autriche).

De ce débat, qui est d'une grande actualité et qui concerne de nombreux milieux, on retiendra les deux points suivants : le rôle croissant de l'anglais comme langue de communication internationale dans un ensemble de pays du monde contemporain, et l'impossibilité pour l'anglais de se convertir en la langue supranationale d'une Europe unie. Les projets de politique linguistique pour l'Europe devront tenir compte de ces deux faits.

Chapitre 7
Politique linguistique de l'Union Européenne

7.1. LES PRINCIPES

Le Traité de constitution de la Communauté Économique Européenne, aujourd'hui appelée Union Européenne, signé à Rome en Mars 1957, ne se proposait pas d'objectifs culturels et linguistiques. L'on peut penser que ce silence n'était pas un simple oubli et qu'il ne répondait pas au hasard. Le Traité se proposait l'objectif de transformer l'Europe en un espace économique unique. Les « pères fondateurs » pensaient que le jour où les États européens parviendraient à atteindre cet objectif, ils auraient établi entre eux des liens si fermes et si stables que l'on pourrait parler d'une Europe politiquement unie sans qu'il ait été nécessaire de préciser préalablement la forme concrète de cette unité, et que ce serait à cette future Europe unie que reviendrait le devoir de fixer la politique culturelle européenne et donc également sa politique linguistique. Les personnes qui signèrent le Traité savaient déjà probablement que cette Europe du futur se doterait d'une politique culturelle plus souple et plus tolérante que celle que menaient alors les États nationaux.

Du point de vue linguistique, le Traité se limitait à déclarer que le régime linguistique interne des institutions européennes serait fixé au Conseil des Ministres. Et en fait, le premier règlement promulgué par le Conseil des Ministres de la Communauté (Avril 1958) établit que les langues officielles de la Communauté seraient les langues officielles des pays signataires du traité.

Quelles qu'aient été les intentions des rédacteurs et des signataires du Traité, il est clair que tout effort visant à se rapprocher de l'unité économique implique l'utilisation des langues comme moyens de communication internationale, de la même façon que l'implique le fonctionnement de tout organisme. Et il est tout aussi clair que cette utilisation des langues peut blesser des susceptibilités et produire des conflits. De sorte que les institutions européennes qui ne s'étaient pas posé cette question initialement se sont vues dans l'obligation de prendre des initiatives et d'adopter des décisions relatives à une politique linguistique, encore que cette politique n'ait jamais été formulée explicitement et qu'elle reste donc floue, voire même dans certains aspects contradictoire.

Je m'appliquerai, dans les lignes qui suivent, à en décrire les trois points principaux :

1. Les questions linguistiques relatives aux principes généraux sur lesquels repose l'existence de la Communauté.

2. Les règles de fonctionnement linguistique de la Communauté et les problèmes qu'elles posent.

3. Les programmes et les actions concrets qui sont directement ou indirectement liés à la connaissance et à l'utilisation des langues.

Les commentaires qui suivront se réfèrent, en premier lieu, à la Communauté, même si certains points font référence à la politique et aux propositions linguistiques d'autres institutions européennes.

a) Le principe de non discrimination

Le Traité de Rome ne fait pas référence aux langues. En revanche, il renvoie aux grands principes moraux devant présider à la construction d'une Europe unie, dont celui de non-discrimination de façon à garantir l'égalité des chances pour tous. Et parmi les formes de discrimination qui sont condamnées, la discrimination pour motifs linguistiques est explicitement soulignée.

Proclamer la non-discrimination pour motifs linguistiques semble logique dans la perspective des droits de l'homme, et l'on comprend aisément ce que signifie cette condamnation. On ne peut discriminer une personne pour la langue qu'elle parle, de même que l'on ne peut discriminer personne pour la couleur de sa peau ou pour sa religion. Cependant, si la formulation générale de ce principe est facile, il est difficile en revanche de concrétiser sa traduction dans la pratique : en effet, pour qu'une personne parlant une langue donnée ne se sente pas discriminée ou marginalisée, il faut que ses interlocuteurs parlent aussi ou tout du moins comprennent cette langue, condition qui bien souvent n'est pas remplie ou ne peut être appliquée. Dès lors, on peut penser que la non discrimination s'applique aux cas dans lesquels l'infériorité de celui qui parle une autre langue se convertit en une injustice flagrante, et à ceux dans lesquels on peut rendre la société responsable, en vue de sa correction ou de sa compensation. On peut citer parmi les cas de réclamation parvenus aux tribunaux de justice communautaires la reconnaissance du droit du détenu ou de l'accusé à être informé des motifs de sa détention ou de son accusation dans une langue qu'il comprend. Prenons comme autre exemple, plus discutable, la responsabilité des États accueillant des immigrants de leur offrir non seulement l'enseignement de la langue du pays d'adoption mais aussi de leur langue d'origine. Il est vrai que la Communauté n'a jamais essayé de définir quels sont les droits qui dérivent du principe de non-discrimination pour motifs linguistiques.

On peut dire que la seule tentative sérieuse dans ce sens fut celle du Conseil de l'Europe. La Charte européenne des langues régionales et minoritaires, formulée en 1991 et proposée à la signature des États membres, décrit un ensemble d'obligations des États pour sauvegarder les droits des minorités linguistiques et des personnes ne connaissant pas la langue officielle du pays. De toute manière, et pour s'assurer la signature des États, le document énonce seulement les obligations, alors que pour ce qui est du choix des langues auxquelles s'applique ce droit et des situations concrètes dans lesquelles il convient de les garantir, la décision incombe à chaque État. Voilà pourquoi ce document est tout au plus symbolique.

b) La libre circulation des personnes et des marchandises

La conversion de l'Europe en espace économique unique implique, entre autres, la libre circulation en son sein et indépendamment des frontières des États, de toute sorte de marchandises, ainsi que la libre circulation des citoyens des pays de la Communauté, non seulement en ce qui concerne leur liberté de mouvement mais aussi le droit d'exercer une activité professionnelle.

Pour ce qui est de la libre circulation professionnelle des personnes, on comprend qu'un temps d'adaptation ait été nécessaire avant sa mise en vigueur, période préparatoire qui, pensait-on, devait s'achever en 1994 mais qu'il a fallu prolonger pour mettre au point les normes devant réglementer l'installation des professionnels dans un pays différent de celui dont ils sont citoyens. Ces normes en préparation sont élaborées et proposées en partie par les différents gouvernements, en partie par les associations professionnelles respectives. Et, si elles présentent certaines justifications raisonnables, elles n'en répondent pas moins à des critères de défense corporative face à la concurrence que peuvent représenter les professionnels arrivant d'un autre pays. Parmi les restrictions qu'il est possible d'établir, une des plus évidentes concerne la connaissance de la langue du pays.

En principe, la position de la Communauté peut se résumer à l'idée qu'elle s'oppose à faire de la connaissance de la langue du pays une exigence généralisée, même si elle admet, en échange, que pour certains postes de travail, en particulier dans l'Administration publique, cela peut être une exigence incontournable. De toutes les façons, aucune directive vraiment claire n'a été prise sur cette question.

La question est toutefois suffisamment importante pour que l'on mentionne ici une sentence du haut tribunal communautaire, maintes fois citée et commentée. Un professeur de nationalité hollandaise qui enseignait la peinture dans une école d'art publique à Dublin eut la possibilité d'opter, après plusieurs années d'exercice professionnel, pour un poste de travail stable; elle se vit cependant refuser ce poste car elle ne possédait pas le niveau de connaissance de la langue irlandaise exigé par les examinateurs. Ce professeur porta son cas au tribunal communautaire, en faisant remarquer que, pour le poste qu'elle occupait, la connaissance de l'irlandais n'était pas du tout indispensable puisque durant ces années écoulées d'exercice de sa profession, elle n'avait pas eu l'occasion de l'utiliser. Pour sa part, le Gouvernement irlandais argua que la défense et la promotion de la langue irlandaise constituent un élément de la politique nationale et que c'est au nom de cette politique que l'on exige des fonctionnaires publics de l'enseignement un certain niveau de connaissance de cette langue. Selon le membre français du tribunal, cet organe de la Communauté ne pouvait considérer le recours de ce professeur car les exigences linguistiques d'un poste de travail sont une question exclusivement nationale pour laquelle la Commission n'a aucune compétence. Face à cette position française, le tribunal considéra, au contraire, qu'il avait toute compétence pour se prononcer sur des questions linguistiques qui, tout comme dans ce cas, touchaient aux objectifs ultimes de la Communauté. Cela dit, le Tribunal n'en rejeta pas moins le recours du professeur car il se basa sur la recevabilité des arguments présentés par le Gouvernement irlandais.

La libre circulation des marchandises et des services peut également être entravée par des dispositions linguistiques relatives à l'étiquetage des produits ou à l'information qui les accompagne — notices d'utilisation, par exemple — ou même par la publicité qui en est faite. Là encore, les dispositions pouvant êtres prises par les gouvernements nationaux pour exiger l'utilisation de la langue à propos de tout produit venant de l'étranger sont facilement justifiables, et visent notamment la défense des intérêts des consommateurs ; cependant, il ne fait aucun doute que ces exigences prétendent également freiner l'entrée de produits étrangers et favoriser ainsi la production nationale. Sur cette question aussi, la Communauté a recherché une position intermédiaire en refusant aux États la possibilité d'établir une norme générale qui exigerait d'utiliser leur langue dans tous les cas, mais parallèlement en admettant que la défense des droits des consommateurs requiert l'utilisation de la langue du pays pour certains produits et pour certaines informations (contenu d'un produit alimentaire, date limite de consommation, conditions d'un contrat de garantie, ...).

c) Aides aux productions audiovisuelles

La France tout d'abord, mais aussi d'autres pays de la Communauté, accordent des subventions importantes pour aider à promouvoir la production et la diffusion de produits audiovisuels qui utilisent la langue du pays concerné. Il existe même des gouvernements régionaux ou locaux — comme dans le cas de la Catalogne ou du Pays Basque — qui accordent des subventions de ce genre dans le cadre de leur politique linguistique. C'est dans ce même but que la France et certains autres pays de la Communauté exigent que lors de la projection de films dans les salles de cinéma commercial ou au cours des émissions de radio et de télévision, des quotas minimums de projection et d'émission dans la langue du pays soient respectés. La justification explicite de ces mesures est claire : la défense de la langue propre, cependant personne ne cache que ces mesures visent aussi à aider et à stimuler la production nationale.

Ces subventions et ces quotas minimums faussent la liberté du marché et limitent la circulation de certaines marchandises, entrant ainsi en contradiction avec les principes du marché commun. De toutes façons, la Commission de l'UE qui veille si étroitement aux subventions étatiques accordées aux entreprises et aux secteurs en crise (sidérurgie, chantiers navals, ...) et qui est intervenue énergiquement à plusieurs reprises, ne s'est jamais opposée aux aides accordées au marché de l'audiovisuel. La raison en est peut-être très simple : ces mesures sont des mesures de protection face à l'invasion des marchés par les produits audiovisuels anglo-saxons ou émis en anglais, et l'attitude de défense face à ces produits est partagée par la majorité des pays de la Communauté. De sorte que toute proposition visant à éliminer ces subventions serait comprise comme une façon de défendre l'industrie audiovisuelle anglo-saxonne et obtiendrait le vote négatif de la plupart des participants au Conseil des Ministres de la Communauté.

Les problèmes qui en dérivent sont directement liés aux implications économiques des manifestations culturelles et des langues dans lesquelles elles sont exprimées. En termes économiques, il est évident que toute subvention directe ou indirecte accordée aux manifestations se déroulant dans une langue donnée, fausse la liberté de marché. Mais il est également vrai que la construction d'une Europe unie implique certaines références culturelles et une certaine idée de l'identité de l'Europe qui doit s'appuyer sur le respect et la défense de la diversité des langues et des cultures des Européens. Et dans la mesure où les langues et les manifestations culturelles s'exprimant à travers elles coexistent dans un marché économique, leur défense doit supposer l'aide économique aux agents les plus faibles au sein de ce marché. Il n'est pas inutile ici de rappeler que la Communauté qui veille de si près à la défense de la liberté de marché et au principe de la concurrence, se propose d'aplanir les grandes différences existant entre les régions européennes et de maintenir le niveau de vie des agriculteurs menacés par les progrès de la société industrielle, or, dans ces deux cas, la défense des plus faibles signifie souvent l'attribution de compensations économiques. Il ne semble donc pas abusif d'appliquer ce principe aux langues.

7.2. LE FONCTIONNEMENT INTERNE

Comme que je l'ai rappelé auparavant, le Conseil des Ministres de la Communauté établit, à partir du Traité de Rome, que les langues officielles des organismes communautaires seraient les langues des pays signataires du Traité, et par conséquent : le français, l'allemand, l'italien et le néerlandais, le Luxembourg, quant à lui, n'ayant pas encore déclaré le luxembourgeois comme sa langue officielle. En 1973, à l'occasion de l'entrée du Royaume Uni, de l'Irlande et du Danemark dans la Communauté, l'anglais et le danois vinrent s'ajouter à la liste des langues officielles de la Communauté. De plus, on introduisit la dénomination de « langue de travail » pour la différencier de celle de « langue officielle » de façon à pouvoir considérer l'irlandais langue officielle mais non pas langue de travail, entendant par là même, que ne seraient traduits en irlandais que les documents fondamentaux de la Communauté. Le même régime a été appliqué au luxembourgeois dès qu'il fut déclaré langue officielle du Luxembourg. C'est pour cette raison que ces deux langues sont parfois qualifiées de « langues du Traité ». Plus tard, et à l'occasion de nouvelles incorporations à la Communauté, de nouvelles langues officielles sont apparues : le grec, l'espagnol et le portugais. Puis, au début de 1994, le suédois et le finlandais, encore que pour ces deux langues — les dernières incorporées à la Communauté — il faudra attendre un certain temps avant que les services de l'Union Européenne puissent leur assurer une présence équivalente à celle qu'ont actuellement les neuf autres.

Le fait que neuf, et très prochainement onze langues officielles revêtent le statut de langue de travail, signifie que l'Union Européenne a des relations avec chacun des États membres dans sa langue officielle, et également que les particuliers peuvent s'adresser aux organismes de l'Union Européenne dans l'une quelconque de ces langues. Mais cela signifie surtout que dans toutes les réunions formelles des organismes de l'Union Européenne : sessions du Parlement Européen et des différentes Commissions du Parlement, réunion du Conseil des Ministres, réunions d'experts pour préparer des accords, toutes les interventions sont traduites simultanément dans toutes les autres langues pour donner aux personnes réunies la possibilité d'intervenir dans leur propre langue qui est, en principe, la langue du pays qu'elles représentent, et pour que chaque assistant puisse écouter toutes les interventions traduites dans sa propre langue.

Tous les accords qui sont pris au cours de ces réunions ainsi que les décisions des organismes communautaires quels qu'ils soient, sont traduits et diffusés dans toutes les langues. De même que sont traduits dans toutes les langues les rapports et toute la documentation nécessaire permettant de parvenir à ces accords.

Cette tâche énorme suppose un travail considérable et engendre de l'activité pour un personnel fort nombreux, et qui, en outre, augmente à mesure que s'ajoutent des pays nouveaux et des langues nouvelles dans la structure communautaire. Au début de 1995, au moment de l'incorporation de trois nouveaux pays, on a calculé que les services de traduction de l'Union Européenne donnaient du travail à quelque 1 800 traducteurs auxquels il faut ajouter 600 employés d'administration pour ces services, ce qui représente 12 % du personnel de la Commission et 30 % du personnel de niveau universitaire. On reconnaît que le coût annuel de ces services s'élève à 30 % du budget de fonctionnement de l'Union Européenne (le budget de fonctionnement ne comprend pas les subventions et autres dépenses importantes de la Communauté). Il est impossible de prévoir dans quelle proportion l'incorporation de deux langues supplémentaires fera augmenter ce budget, cependant, et contrairement à ce que l'on pourrait calculer naïvement, l'incorporation de deux langues ne signifie pas une augmentation de 20 % dans le travail à réaliser, mais beaucoup plus. Cela représente que l'on passera de 72 traductions différentes à 110.

Pour alléger le travail de traduction, on a eu recours à différentes initiatives, parmi lesquelles il faut souligner les banques terminologiques et les différents projets visant à mettre au point des systèmes de traduction assistée par ordinateur. Je reviendrai sur cet aspect, un peu plus loin, lorsque je parlerai des programmes de l'Union Européenne qui concernent les langues. Cependant, on peut dire d'ores et déjà que, bien que les résultats obtenus soient intéressants, ils ne peuvent qu'alléger le travail, mais en aucun cas ils ne remplaceront les tâches des traducteurs. Les banques terminologiques, qui fournissent des équivalents dans toutes les langues officielles de l'Union Européenne à de nombreux termes techniques concernant différents domaines, accomplissent une tâche considérable et leurs bénéfices s'étendent bien au-delà des services de la Communauté. Néanmoins, ces équivalences ne sont jamais totalement exactes, en particulier dans des domaines comme le droit ou l'administration, car les réalités qu'elles désignent sont différentes dans chaque pays. Quant à la traduction automatique, jusqu'à présent, et probablement pour longtemps encore, elle ne fournit que les premières approximations que le traducteur doit rectifier et compléter.

Il ne semble donc pas, à court terme, que le volume de traduction puisse se réduire. Cependant, lorsque l'on veut en évaluer réellement le rôle, il faut tenir compte aussi de l'impression d'inutilité que produit parfois ce travail, y compris parmi les traducteurs eux-mêmes. Deux situations nous serviront d'exemple : l'une concernant la traduction simultanée, l'autre la traduction écrite.

Dans l'organisation des réunions des Commissions du Parlement, on s'arrange pour assurer la présence de traducteurs dans la langue des orateurs qui doivent intervenir et dans celle de leurs auditeurs. Pourtant, il arrive assez souvent qu'une traduction dans une langue donnée n'ait, en réalité, aucun auditeur parce que soit le parlemantaire parlant cette langue est absent, soit il écoute sur un autre canal à travers une autre langue qui lui est familière.

Quant aux traductions écrites, étant donné l'important volume de travail qui s'accumule sur les bureaux des services de traduction, il est évident que des décalages se produisent dans la distribution des traductions des documents préparatoires ou résolutoires d'une réunion, de sorte qu'il se passe un certain temps entre le moment où sont diffusés les premiers documents et celui où les traductions dans les langues les moins utilisées sont disponibles. Et il est normal que les délégués de la réunion, qui parlent ces langues mais qui en dominent d'autres également, et qui sont intéressés par le thème, se procurent les premiers documents disponibles dans des langues qu'ils sont capables de lire.

L'ensemble de ces faits, c'est-à-dire le coût excessivement élevé et la disproportion entre les efforts déployés et certains de leurs résultats, produit dans les milieux communautaires l'impression que ce principe, qui veut que toutes les langues des pays membres doivent être langues officielles de la Communauté, a atteint les limites de ses possibilités et que l'incorporation de deux langues supplémentaires prouvera qu'il n'est plus possible de maintenir ce principe. Dès lors, la question qui se pose est la suivante : comment changer ce principe ?

Avant de tenter d'apporter une réponse à cette question, il convient de rappeler deux faits.

Le premier est le suivant : malgré l'utilisation par l'Union Européenne de neuf langues — et bientôt onze — à régime de pleine égalité, tout le monde sait que dans l'activité quotidienne de ses différents organismes, la réalité est différente. Quand les députés du Parlement Européen se réunissent de façon informelle pour débattre d'une question, et même, d'ailleurs, quand des députés de différentes nationalités se réunissent par affinités politiques, ils recourent à des langues communes pour communiquer entre eux. De même que, dans tout bureau de la Commission, à Bruxelles, les personnes travaillant dans une même salle ou dans un même service trouveront une langue commune pour communiquer entre elles ou avec leurs supérieurs ou subordonnés. En fait, outre la langue de leur pays d'origine, tous les fonctionnaires de la Communauté maîtrisent une seconde langue et bien souvent une troisième, et l'on sait parfaitement que les langues les plus généralement connues sont l'anglais et le français, le français par le fait que la plupart des organismes communautaires sont situés dans des villes francophones : Bruxelles, Strasbourg, Luxembourg. Il est vrai, par ailleurs, que le nombre de fonctionnaires communautaires capables de parler en allemand est en train d'augmenter et continuera d'augmenter dans un futur proche. De sorte que, lorsque quelqu'un appelle par téléphone dans un bureau de la Commission, il serait fort étonné d'entendre son interlocuteur répondre d'emblée en portugais ou en hollandais : celui-ci le fera en anglais ou en français. Mais ce qu'il entendra de plus en plus, ce sera la voix anonyme d'une bande sonore qui, d'un ton aimable et sur un fond musical, l'invitera en anglais puis en français à attendre un petit moment.

Venons-en au deuxième fait : hormis l'Union Européenne, aucun organisme international n'a adopté la politique qui consiste à utiliser systématiquement toutes les langues de tous les pays membres. Le Conseil de l'Europe et l'OECD (Organisation Européenne de Coopération et de Développement), deux organisations que l'on peut considérer comme typiquement européennes, ont pour langues officielles l'anglais et le français ; l'OECD d'une façon stricte, le Conseil de l'Europe utilisant parfois d'autres langues. L'OTAN, qui a son siège à Bruxelles, utilise également l'anglais et le français alors que l'EFTA n'emploie que l'anglais.

L'ONU a cinq langues officielles ou cinq langues de travail si l'on préfère les nommer ainsi : l'anglais, le français, l'espagnol, le russe et l'arabe. Il en va de même pour les organisations internationales liées à l'ONU, comme l'UNESCO par exemple. Tout comme c'est le cas pour l'Union Européenne, dans l'activité quotidienne de l'Organisation des Nations Unies beaucoup moins de langues interviennent : dans les bureaux de New York on n'utilise pour ainsi dire que l'anglais, à l'UNESCO à Paris, seuls le français et l'anglais sont utilisés. Les langues officielles sont les langues dans lesquelles sont traduites toutes les interventions dans les réunions formelles et toute la documentation relative aux accords et aux décisions de l'organisation. Cependant, l'ONU admet également que les États membres fassent des propositions dans leur langue et qu'elles demandent la traduction dans leur langue de certains documents ; elle admet, en certaines occasions, que leurs représentants puissent intervenir dans leur langue lors des sessions plénières.

On déduira aisément de tout ce qui a été dit auparavant quelle pourrait être la politique future de l'Union Européenne quant à l'usage des langues dans son fonctionnement interne. Si, à l'image de l'OECD et du Conseil de l'Europe, elle avait adopté dès le début l'anglais et le français comme langues officielles, ce serait aujourd'hui une pratique acceptée et difficile à changer ; en revanche, il semble impossible d'imaginer que l'Union Européenne prenne aujourd'hui cette décision en raison du rôle actuel de l'Allemagne et du fait que l'allemand soit la langue la plus parlée à l'intérieur de la Communauté. Il faudra donc accepter un nombre plus élevé de langue officielles, ou de langues de travail si l'on préfère cet euphémisme, trois au minimum : l'anglais, le français, l'allemand et cinq au maximum si on y ajoute l'espagnol et l'italien.

Ainsi, toutes les langues officielles seraient utilisées uniquement dans la rédaction des accords qui lient tous les pays membres, alors que pour la préparation et l'exécution de ces accords, tant au Parlement qu'à la Commission, seules les langues de travail seraient utilisées. Et, en même temps que serait réduit le nombre de langues utilisées pour les activités quotidiennes, les circonstances d'utilisation des autres langues — acceptation de documents envoyés par les Etats membres, et traduction de documents établis par l'Union Européenne — seraient spécifiées.

Évidemment, toutes les langues auraient accès aux programmes de l'Union Européenne ayant les langues pour objectif et dont nous traiterons un peu plus loin. Une mesure de ce type permettrait de réduire les dépenses de traduction en évitant le point mort que je dénonçais auparavant auquel on est train d'arriver et, parallèlement, permettrait d'augmenter l'éventail des langues susceptibles d'acquérir une certaine présence dans le sein de l'organisation communautaire et de bénéficier de ses programmes. Je me réfère ici non seulement à des langues comme le catalan ou le basque qui ont un caractère de coofficialité dans leurs territoires, mais aussi à l'arabe ou au turc, parlés aujourd'hui par un nombre considérable d'habitants en Europe et qui doivent faire l'objet de programmes d'enseignement.

TRADUCTION AUTOMATIQUE ET BANQUES TERMINOLOGIQUES

Avant de me référer aux programmes spécifiques concernant les langues, il est utile de rappeler ce que la Commission a fait dans le domaine de la traduction automatique pour alléger le poids énorme des activités de traduction — comme je l'ai souligné plus haut — en mettant à profit les possibilités offertes par le développement des systèmes informatiques.

Depuis quelques années, le système «Syntran» est, en ce sens, une première réalisation incorporée comme instrument de travail par la Commission. D'un bureau quelconque de la Communauté, on peut saisir un texte dans une des langues officielles de l'Union Européenne, et le système renvoie sa traduction dans toute autre langue officielle. Plus que d'une véritable traduction, il s'agit d'une première approche pouvant donner une idée du contenu du texte et servir de brouillon à la traduction postérieure que pourra faire un traducteur professionnel. Son utilité est donc plutôt réduite.

Pour surmonter les limites de ce système, en 1982 a été lancé le projet «Eurotra» dans le but de parvenir à mettre au point un système de traduction automatique vraiment efficace. Actuellement, le projet compte d'importantes équipes de recherches dans chacun des pays de l'Union, mais l'objectif s'est avéré plus compliqué que prévu, et, étant donné que le moment où il sera opérationnel est sans cesse retardé depuis 1991, on a tenté de rentabiliser la recherche en mettant à la disposition des éventuels usagers les matériaux et les techniques développés, et en premier lieu des listes de vocabulaire et des grammaires informatiques de différentes langues. Ces résultats sont à ajouter aux répertoires et aux banques de données terminologiques «Eurodicautom» qui ont été élaborés par les services de traduction de la Communauté et qui sont aussi à la disposition des usagés intéressés. Cependant, la traduction automatique reste toujours un projet et un espoir.

7.3. LES PROGRAMMES SPÉCIFIQUES

Comme je l'ai déjà rappelé, le Traité de Rome ne se propose pas d'objectifs d'ordre linguistique. Il ne s'en propose pas non plus pour ce qui est de l'éducation; et en fait, les États membres, très jaloux de leurs compétences dans ce domaine, n'ont pas permis à la Commission de promulguer des directives allant dans ce sens. C'est le Traité de Maastricht qui a rompu avec cette tradition en affirmant que les systèmes éducatifs des pays européens doivent contribuer à la formation d'une culture commune. Il reste à savoir dans quelle mesure ces affirmations se traduiront à l'avenir en actes politiques. De toute façon, même dans la situation antérieure et dans le cadre des objectifs explicites de l'Union Européenne, la Commission s'est vue obligée d'entreprendre des actions et à mettre en œuvre des programmes liés, d'une manière ou d'une autre, aux langues, dans certains cas pour faciliter la traduction et les échanges avec les différentes langues, et dans d'autres cas pour stimuler et faciliter l'acquisition des langues étrangères.

Les programmes linguistiques

Profitant des nouvelles formulations du Traité de Maastricht, la Commission a récemment réorganisé et élargi les objectifs des programmes relatifs à l'éducation qui s'intègrent désormais dans deux macroprogrammes : «Socrates» et «Leonardo». Le programme «Socrates» s'articule sur trois niveaux : un premier, consacré à l'enseignement supérieur et dont l'espace principal est occupé par «Erasmus» qui vise à développer la mobilité des universitaires; un deuxième niveau, nommé «Comenius», qui a pour but de renforcer les échanges de personnel et les expériences dans l'enseignement primaire et secondaire, et un troisième niveau d'activités transversales où se détachent plus particulièrement les activités destinées à l'enseignement des langues et qui inclut l'ancien programme «Lingua». Quant au programme «Leonardo», il est consacré à la formation professionnelle et regroupe les anciens programmes «Comett» (échanges entre centres de formation et entreprises), «Petra» (échanges dans l'enseignement professionnel), et «Force» (échanges d'ouvriers et de professionnels dans un but de formation).

Parce qu'ils reposent sur des échanges d'élèves et de professeurs de pays différents, tous ces programmes liés à l'éducation impliquent d'une certaine façon des mesures pour dépasser les barrières linguistiques, et par conséquent, pour faciliter l'acquisition des langues respectives. Cependant, c'est le programme «Lingua» qui a pour finalité directe l'enseignement des langues, et c'est donc celui qui nous intéresse plus spécialement ici.

Le programme «Lingua», mis en œuvre en 1990, au terme d'une longue préparation, a pour but de promouvoir chez les citoyens de l'Union Européenne la connaissance des langues étrangères et plus précisément la connaissance des langues des autres pays de la Communauté pour faciliter les relations entre eux.

Il n'est pas inutile de rappeler que c'est le Conseil de l'Europe qui, le premier, a souligné l'importance de l'enseignement des langues pour la construction d'une Europe unie, et qui, déjà dans les années soixante-dix, avait stimulé la préparation de méthodes d'enseignement des langues étrangères, en premier lieu de l'anglais, méthodes devant se baser sur les nouveaux courants de la pédagogie des langues et pouvant être adoptées par les moyens de communication — radio et télévision — afin d'en faciliter la diffusion massive. Cet intérêt du Conseil de l'Europe eut un premier résultat concret : l'élaboration du «Niveau Seuil» pour l'acquisition de l'anglais qui fut présenté en 1981, et ultérieurement appliqué à la majorité des langues européennes. L'année suivante, en 1982, le Conseil des Ministres du Conseil de l'Europe approuva une recommandation dans laquelle, après avoir une fois encore souligné l'importance de la connaissance des langues pour la communication et l'interaction entre les Européens, les gouvernements de tous les États membres étaient expressément invités à promouvoir et à coordonner les politiques nationales dans le domaine de l'enseignement des langues de façon à donner à toutes les couches de la population la possibilité d'acquérir une connaissance des langues étrangères appropriée à leurs propres besoins. Pour atteindre ce but, la recommandation incitait à définir des objectifs réalistes et précis et à mettre en œuvre des méthodes d'enseignement basées sur les aptitudes et la motivation des élèves.

La Communauté se montra plus prudente et fut plus lente à s'intéresser à un thème qui, en principe, était éloigné de ses objectifs fondamentaux. Mais l'élan fut donné, en l'occurrence, par le Conseil des Ministres de l'Union Européenne et plus concrètement, des ministres de l'Éducation, contraints par une demande sociale qui réclamait une augmentation substantielle de l'enseignement des langues étrangères, demande que les systèmes éducatifs des différents pays ne semblaient pas toujours être en mesure de satisfaire.

Cependant, il ne fut guère facile de faire l'accord des différents pays sur les objectifs et les caractéristiques d'un programme qui pourrait être parrainé par l'Union Européenne. Si l'on se base sur ce que dit le texte de création du programme et sur ce qu'il ne dit pas (mais que l'on peut déduire malgré tout), on peut penser que le programme «Lingua» suppose un accord préalable sur les trois points suivants.

Tout d'abord, et face aux propositions visant à résoudre les problèmes de la communication entre les Européens en faisant de l'anglais leur seconde langue, le programme «Lingua» ne spécifie aucune langue et ne propose pas, non plus, comme objectif l'acquisition d'une seule langue : il se réfère génériquement à l'acquisition des langues étrangères. Nul n'ignore que c'est la France, avec l'appui de l'Allemagne, qui, la première et très fermement, s'opposa à ce que le programme devienne une consécration du rôle prééminent de l'anglais. Proposant comme objectif l'acquisition des langues étrangères, le programme a donné lieu à l'interprétation, maintes fois énoncée, y compris dans les plus hautes sphères de l'Union Européenne, selon laquelle la proposition de la Communauté est qu'à l'avenir tous les citoyens Européens soient capables de communiquer en deux autres langues que la leur, fût-ce à un niveau élémentaire.

En deuxième lieu, si le fait de proposer l'acquisition de plusieurs langues, sans préjuger desquelles, semble suffisant pour éliminer le monopole de l'anglais, il n'élimine pas en revanche la tendance naturelle des étudiants à choisir les langues les plus populaires, ce qui peut signifier en définitive un renforcement de la place de l'anglais d'abord, d'autres langues prestigieuses ensuite. L'objection est difficile à écarter, et il est naturel que les représentants des pays ayant des langues moins utilisées aient manifesté leur inquiétude ; aussi le texte de la déclaration précise-t-il que, dans le cadre du programme, l'apprentissage des langues moins utilisées sera encouragé et aidée, mais il ne définit pas quelles mesures seront prises pour y parvenir.

Finalement, le troisième point ne se réfère pas aux langues enseignées mais aux contenus du programme. Comme je l'ai déjà dit, les autorités des pays européens qui n'ont fait aucune difficulté à céder une partie de leur autorité en matière économique, sont en revanche extrêmement sensibles en ce qui concerne le respect des systèmes éducatifs et, même s'il est évident que dans la plupart des pays les résultats obtenus en matière d'enseignement des langues étrangères sont loin d'être brillants, ces autorités n'étaient pas prêtes d'admettre que le programme Lingua intervienne dans leur programmation de l'enseignement. Ainsi, Lingua se présente comme un ensemble d'actions complémentaires aux systèmes éducatifs des différents pays mais sans y intervenir directement.

Les actions du programme Lingua se réfèrent aussi bien à la recherche de nouvelles formules pédagogiques qu'au perfectionnement dans la pratique, grâce aux contacts plurilatéraux et plurinationaux, des étudiants des langues étrangères et de leurs enseignants dans tous les pays de l'Europe communautaire. On peut ainsi définir ce programme comme un système relativement souple d'aide à la recherche dans le domaine de la pédagogie des langues et de bourses de perfectionnement en vue de stimuler et de faciliter les échanges et la collaboration internationale des étudiants en langues étrangères et de leurs enseignants.

Mis en œuvre, comme je l'ai signalé, en 1990, il est encore trop tôt pour juger de son efficacité et pour en évaluer les résultats. Cependant, si cette évaluation détaillée du programme «Lingua» n'est pas encore possible, on peut, par contre, avancer quelques commentaires sur l'adaptation de son fonctionnement aux objectifs qu'il se propose. En ce qui concerne, d'abord, l'objectif visant à «promouvoir l'acquisition des langues étrangères», le jugement doit être clairement favorable; il semble en effet indiscutable que le programme a déjà bénéficié à une population importante, aussi bien aux élèves qu'aux professeurs qui ont eu l'occasion d'entrer plus directement en contact avec d'autres langues mais aussi avec les personnes qui les parlent et avec les cultures qui s'expriment à travers ces langues.

En ce qui concerne l'objectif de «ne pas se limiter à une seule langue mais de les favoriser toutes, y compris de prêter une attention toute particulière aux langues moins étendues», les résultats sont plus discutables. Les rapports annuels sur le fonctionnement du programme «Lingua» permettent de déduire que les aides parviennent à tous les pays de l'Union Européenne et qu'il y a même une certain rapport entre le volume de la population de chaque pays et l'ensemble des aides demandées et accordées. Cependant, ils permettent également de vérifier que les aides demandées et accordées ont pour finalité principale l'enseignement des langues les plus populaires.

Voici, à ce sujet, les données extraites du dernier rapport publié (année 1993) sur le programme «Lingua» :

**Déplacements de professeurs de langues étrangères
Année 1992-1993**

	Envoyés	*Reçus de l'étranger*
Belgique	286	32
Danemark	112	2
Allemagne	1957	581
Grèce	169	87
Espagne	625	588
France	778	1434
Irlande	101	199
Italie	683	283
Luxembourg	7	20
Hollande	212	62
Portugal	243	49
Royaume Uni	864	2700
Total	**6037**	**6037**

Il ressort de ce tableau que, hormis le cas du Luxembourg dont la petite taille et l'utilisation de trois langues officielles rendent l'interprétation difficile, trois principaux pays ont reçu plus de professeurs intéressés par le perfectionnement des langues qu'ils enseignent qu'ils n'en ont envoyé à l'étranger dans la même intention. Il s'agit du Royaume Uni et de l'Irlande dont la langue prédominante est l'anglais, et de la France. Pour tous les autres pays, le nombre de professeurs de langues se rendant à l'étranger est plus élevé que le nombre de professeurs venant de l'étranger pour se perfectionner dans la langue du pays choisi.

Il ne faut pas interpréter ces données comme un argument défavorable au programme «Lingua», car il est fort probable que sans ce programme le nombre de professeurs de langues ayant séjourné dans les pays où sont parlées les langues moins enseignées serait encore plus faible. Il s'agit simplement de constater qu'à lui seul le programme «Lingua» ne suffit pas à changer une tendance générale.

C'est en conséquence de cela qu'a été incorporée au programme une action spécifique orientée exclusivement sur les langues moins enseignées, dans le but de les promouvoir. Dans le contexte du programme, «Langues moins enseignées» signifie : langues moins enseignées parmi les langues officielles de la Communauté, et donc, parmi les États qui la composent. Plus récemment, la nouvelle définition du rayon d'action du programme « Socrates » a ouvert la porte à l'adjonction de nouvelles langues, en particulier les langues régionales qui ont un caractère de coofficialité, comme c'est le cas du catalan. En tout état de cause, il est évident que l'élargissement de l'éventail des langues enseignées est un thème qui déborde amplement le cadre et les possibilités du programme « Lingua ».

Quant aux autres programmes relatifs à l'éducation et ayant des implications linguistiques, on peut faire des commentaires similaires ; aussi me limiterai-je, comme exemple des plus représentatifs, au programme « Erasmus » pour la promotion de la mobilité des étudiants, et dont la finalité est qu'une proportion de plus en plus importante des universitaires européens fassent une partie de leurs études dans une faculté d'un autre pays de la Communauté.

Déjà en 1989, un rapport d'évaluation des problèmes linguistiques liés au programme « Erasmus » arrivait à la conclusion que le principal obstacle rencontré par ce programme était le niveau limité de compétence en langues étrangères parmi les étudiants de tous les pays européens. Pour surmonter ces limites, le rapport insistait sur la nécessité d'augmenter l'enseignement des langues étrangères, tant dans le primaire que dans le secondaire, et il envisageait la possibilité d'inclure obligatoirement l'apprentissage ou le perfectionnement d'une langue étrangère dans les différents programmes de formation universitaire quelqu'en soit la spécialité. Possibilité que ni les autorités universitaires ni les étudiants ne considèrent d'un bon œil.

A part ces recommandations d'ordre plutôt général, le rapport fait deux propositions concrètes. La première est que les étudiants qui désirent bénéficier du programme « Erasmus » et faire une partie de leurs études dans une université étrangère devraient se décider relativement tôt et essayer d'obtenir un bon niveau dans la langue du pays où ils souhaitent séjourner ; en outre, l'université devrait organiser des stages spécifiques de préparation centrés sur deux aspects qui consistent, d'une part, à familiariser les candidats avec les modalités linguistiques appropriées afin qu'ils puissent suivre un enseignement académique dans la spécialité choisie, et, d'autre part à leur fournir des informations sur les modes de vie, les mentalités, voire sur l'organisation universitaire du pays de destination. La deuxième mesure proposée, complémentaire à la précédente, est que les universités qui reçoivent des étudiants « Erasmus » organisent à leur intention, et dès leur arrivée, quelques cours destinés à familiariser les nouveaux venus tant avec la nouvelle langue qu'avec les comportements sociaux du pays d'accueil.

Dans les années écoulées depuis la publication de ce rapport, toutes les universités ont pris conscience de la grande incidence de la connaissance des langues sur la viabilité du programme «Erasmus» et quelques-unes d'entre elles ont adopté des mesures conformes aux propositions que je viens de résumer. Cependant, dans l'ensemble, la situation est toujours aussi peu satisfaisante et l'accroissement des échanges d'étudiants entre les universités se fait beaucoup plus lentement qu'il n'avait été prévu à l'origine.

Au problème d'une connaissance, en général limitée, des langues étrangères s'ajoute le fait que ces connaissances sont concentrées sur quelques langues seulement. De sorte que, au moment de choisir une université où ils pourront compléter leurs connaissances, les étudiants tiennent en compte non seulement le prestige de l'université ou de l'école qui offre la spécialité les intéressant, mais aussi le prestige de la langue dans laquelle est enseignée cette spécialité. Ainsi, ce sont les universités des pays où sont parlées les langues internationalement les plus diffusées qui se révèlent les plus attirantes.

Voici les données extraites du rapport sur le programme de l'année 1992-1993 :

Programme Erasmus 1992-1993

Mobilité des étudiants	*Nombre d'étudiants par pays d'accueil*
Royaume Uni	21.203
France	18.259
Allemagne	13.018
Espagne	10.141
Italie	7.182
Belgique	5.142
Hollande	4.194
Irlande	2.938
Portugal	2.241
Danemark	2.147
Grèce	2.134
Luxembourg	4

Source : Programme Erasmus, rapport annuel, CEE, 1994.

Il est évident que les pays qui attirent le plus les étudiants étrangers sont les pays où sont parlées les langues les plus connues et les plus étudiées. Ce qui explique que le Royaume Uni occupe la première place dans ce classement. Et bien que le programme «Erasmus» soit un programme d'échanges, il existe en fait des écarts assez nets entre le nombre d'étudiants qu'un pays envoie à l'étranger et celui qu'il accueille. Alors que le Royaume Uni reçoit beaucoup plus d'étudiants qu'il n'en envoie dans les autres pays, la Hollande ou la Grèce envoient davantage d'étudiants qu'elles n'en accueillent.

Il convient d'ajouter aux données de ce tableau — surtout dans certaines universités du nord de l'Europe : au Danemark et plus encore en Hollande — qu'il est de plus en plus fréquent de faire les cours en anglais, et non seulement les cours supérieurs spécialisés, mais aussi ceux de licence, pratique qui se justifie par le fait qu'elle attire des étudiants étrangers et plus concrètement qu'elle facilite l'incorporation des étudiants accueillis dans le cadre du programme «Erasmus».

Il est évident que ces résultats contredisent les objectifs du programme «Erasmus» qui prétend, quant à lui, augmenter la mobilité des universitaires dans toutes les directions. Mais aussi, et comme je l'ai déjà dit à propos du programme «Lingua», il serait injuste d'accuser le programme «Erasmus» pour cette situation; en fait, comme je le soulignais aussi pour «Lingua», il est probable que le nombre d'étudiants déplacés dans des universités aux langues peu enseignées serait encore plus réduit. L'accroissement de la connaissance de toutes les langues européennes et non seulement de quelques-unes est un problème qui déborde largement les bases de ces programmes; j'y reviendrai plus loin.

Mais, si on se limite au domaine universitaire, on peut dire qu'en effet il est contradictoire que, d'une part, on fasse de la propagande pour le programme «Erasmus» dans toutes les universités européennes, et que, d'autre part, on propose aux étudiants d'y participer alors que de nombreuses universités de l'Union européenne n'offrent même pas un enseignement de niveau élémentaire des langues employées dans d'autres universités européennes où, théoriquement, les étudiants pourraient se rendre.

Les langues minoritaires

Dans l'exposé qui suit, j'entends par «langues minoritaires», selon la terminologie usuelle de la Communauté, les langues autochtones parlées à l'intérieur des États membres sans qu'elles soient langues officielles de ces États. Dans le cadre de l'Union Européenne, c'est le Parlement qui, le premier, s'est soucié de défendre les droits des personnes parlant ces langues, et c'est somme toute logique puisque le Parlement est composé de représentants de l'ensemble de la population européenne, donc également des représentants de ces minorités ou de groupes politiques qui s'y intéressent. Toutefois, le Parlement Européen n'a pas de compétences législatives, mais seulement consultatives ; il se limite donc à faire des recommandations au Conseil des Ministres, qui est la véritable autorité de l'Union Européenne, ou à la Commission. Au Conseil des Ministres sont représentés les gouvernements des différents pays, lesquels émanent exclusivement des partis majoritaires, qui bien souvent n'ont qu'une faible sympathie pour les revendications des minorités linguistiques nationales.

Parmi les nombreuses résolutions approuvées par le Parlement Européen, tantôt relatives à des situations concrètes, tantôt à l'ensemble de ces minorités, les principales sont contenues dans le rapport Arfe de 1981, dans lequel était proposée une « Charte des langues et des cultures régionales, et des droits des minorités ethniques », dans le rapport Kuijpers de 1983, où était proposée une série de « Mesures en faveur des langues et des cultures minoritaires », et la dernière en date contenue dans le rapport Killilea, où était proposée une « Résolution sur les minorités linguistiques et culturelles dans l'Union Européenne », résolution approuvée le 9 Octobre 1984, par 318 voix pour, 1 voix contre et 6 abstentions.

La Résolution Killilea comprend des recommandations adressées aux États membres, dans le sens qu'ils doivent accorder à chacune des minorités un statut qui définit leur situation légale et leurs droits, et plus particulièrement, pour ce qui est de la présence de la langue dans le système éducatif, dans les moyens de communication et dans les relations avec l'Administration publique.

Mais la Résolution comprend aussi, et c'est l'aspect qui nous intéresse plus directement ici, des recommandations adressées à la Commission de la Communauté. Il y est dit entre autres :

« Elle invite la Commission à :

« Prendre en compte les langues de moindre diffusion et les cultures qui s'expriment à travers elles, au moment de définir certaines politiques communautaires et d'adopter des dispositions qui répondent aux besoins des usagers des langues majoritaires dans les programmes d'enseignement et dans les programmes culturels parmi lesquels « Jeunesse pour l'Europe », « Erasmus », « Tempus », « Dimension Européenne », « Plateforme Europe », « Media », ainsi que les programmes de traduction des œuvres littéraires contemporaines.

« Encourager l'usage des langues moins répandues dans la politique audiovisuelle de l'Union Européenne, par exemple, dans le contexte de la télévision à haute définition.

« Faire en sorte que la technologie moderne des télécommunications numériques, qui permet de densifier les transmissions par satellite et par câble, serve à aider à diffuser les langues minoritaires.

« Établir au plus vite un programme inspiré du programme « Lingua » au profit des langues minoritaires. »

Il faut aussi ajouter que la Résolution Killilea apporte un soutien explicite à la Charte européenne des langues régionales ou minoritaires du Conseil de l'Europe, à laquelle je me suis référé auparavant.

Il est impossible de savoir jusqu'à quel point ces différentes propositions de la Résolution Killilea retiendront l'intérêt de la Commission. Néanmoins, l'on peut rappeler que les propositions du rapport Arfe (1981) ont induit la Commission à promouvoir deux réalisations concrètes : le Bureau Européen pour les Langues moins Répandues (EBLUL) et les rapports sur les langues minoritaires dans les pays de la Communauté.

Le bureau européen pour les langues moins répandues

Ce Bureau Européen est un organisme indépendant qui a pour objet la défense et la promotion des langues moins répandues — entendons par langues moins répandues celles qui ne sont pas langues officielles de l'État où elles sont parlées — dans tous les États de l'Union Européenne. C'est à partir du rapport Arfe, auquel je viens de me référer, que la Commission subventionne l'existence et les activités du Bureau, ce qui n'implique pas pour autant qu'elle soit toujours solidaire de ses points de vue.

Au terme de dix longues années d'existence, le Bureau a réussi à s'implanter de façon stable, grâce en particulier à un Bureau Central à Dublin, à un Bureau d'Information à Bruxelles ainsi qu'à des délégations dans la majorité des États membres.

Dès sa constitution, le premier souci du Bureau a été de connaître et de faire connaître la situation et le problème de ces langues et des communautés qui les parlent. C'est dans ce but qu'il organise de manière périodique des visites dans les régions concernées par des situations de ce type, et qu'il publie ensuite les résultats des observations recueillies. Dès le début également, le Bureau a agi, en fait, comme un *lobby* dans les différents organismes de la Communauté et plus spécialement au Parlement, veillant aux intérêts de ces langues et encourageant souvent l'adoption de résolutions en leur faveur. Le Bureau publie, en outre, le bulletin d'information «Contact», pour faire connaître aussi bien les résultats de visites et les démarches entreprises auprès des organismes communautaires, que plus généralement toute information concernant la situation des langues moins répandues.

Au cours des dernières années, le Bureau a élargi sa tâche vers la création de banques de données et de centres d'information sur des thèmes touchant ces minorités; il s'agit du projet «Mercator», qui aujourd'hui comprend quatre centres consacrés : l'un à l'éducation (Frise, Hollande), un autre aux media (Pays de Galles), un troisième au domaine juridique (Barcelone) et le dernier aux questions générales (Paris). Il est projeté de coordonner ces quatre centres et de les intégrer aux réseaux internationaux d'information télématique.

Les rapports sur les langues minoritaires

En 1981, pour répondre à l'intérêt envers les langues minoritaires que manifestait alors le Parlement Européen, la Commission chargea l'équipe de l'Encyclopédie Italienne de rédiger un rapport sur la situation de ces langues et des populations qui les parlaient dans les dix pays qui constituaient alors la Communauté Européenne. L'équipe acheva son travail en 1983, après avoir renoncé à s'occuper de la partie correspondant à la Grèce, en raison des difficultés d'obtention de l'information tant de la part du Gouvernement grec que des groupes de personnes concernées.

Le rapport, publié en 1984, a le mérite indéniable de poser le problème des langues minoritaires avec toute la portée attachée au fait même de l'élaboration d'un rapport tout spécialement commandé. Cependant, et sans doute parce qu'il s'agissait d'un premier essai, la complexité du thème, la variété des situations et l'absence d'une méthodologie appropriée donnèrent lieu à de nombreuses critiques, mais l'action du Bureau qui recueille cette information sur les minorités compense néanmoins en partie ces limitations.

En 1987, après l'incorporation de l'Espagne et du Portugal dans la Communauté Européenne, la Commission chargea l'auteur de ces pages d'élaborer un complément du rapport précédent sur les nouveaux membres de la Communauté ainsi que sur la Grèce qui n'avait pas été traitée dans le rapport original. Ce nouveau rapport, publié l'année suivante, offrait de l'information sur le nouveau traitement que le régime démocratique espagnol permettait d'appliquer aux langues différentes de l'espagnol dans les régions ou Communautés Autonomes dans lesquelles elles sont parlées, mais il offrait surtout, et pour la première fois, une information sur les minorités linguistiques en Grèce.

Toutefois, la Commission était consciente qu'une vision approfondie de l'ensemble de ces minorités dans les territoires de la Communauté continuait de faire défaut, aussi chargea-t-elle, en 1993, un *pool* de centres de recherches, spécialisés sur ce thème, de préparer un rapport plus ambitieux et qui remplacerait avantageusement les précédents. L'activité coordonnée des quatre centres l'Institut de Socio-linguistique Catalane (M. Strubell), le Centre de Recherches sur le Multilinguisme de Bruxelles (P.M. Nelde), le «*Research Center of Wales*» (G. Williams) et l'équipe du CNRS du Professeur H. Giordan, à Paris, a permis de mener à bien, et dans un délai relativement court, un travail considérable qui est sur le point d'être publié, et qui constitue, sans doute, l'étude de la question la plus complète réalisée à ce jour.

En promouvant la réalisation de ces rapports et en finançant les activités du Bureau Européen pour les Langues moins Répandues, la Commission a tenté de répondre à l'intérêt du Parlement Européen pour ces langues et pour les populations qui les parlent, contribuant ainsi à une meilleure connaissance de leur situation actuelle. Mais il serait exagéré de dire que de la part de la Commission européenne cela constitue l'expression d'une politique de protection de ces langues et des minorités. Ce n'est que le jour où la Commission tiendra compte des recommandations de la Résolution Killilea, que l'on pourra commencer à croire en l'existence de cette politique.

Chapitre 8
Langues et enseignement en Europe

8.1. ORGANISATION DE L'ENSEIGNEMENT

J'ai déjà rappelé que depuis la réforme dont ils ont fait l'objet au siècle dernier, tous les systèmes de l'enseignement secondaire en Europe ont inclus, en plus du latin et du grec, l'enseignement d'une ou de plusieurs langues étrangères. A mesure que s'est effacée la séparation rigide entre l'enseignement primaire et l'enseignement secondaire et qu'a augmenté la durée de la scolarité obligatoire, l'enseignement des langues étrangères s'est peu à peu étendu à toute la population.

Il n'est pas facile de résumer le panorama de l'enseignement des secondes langues dans les pays de l'Union Européenne. Aux différences déjà existantes dans l'organisation générale du système éducatif viennent s'ajouter des divergences sur des points spécifiques de la planification des enseignements linguistiques : moment d'introduire la langue étrangère, temps imparti, caractère obligatoire ou volontaire de l'enseignement, nombre de langues offertes, etc. A partir des données fournies par «Euridice», l'agence d'information sur l'éducation de la Communauté européenne, on peut dire ce qui suit :

Si l'on nomme enseignement primaire celui qui s'étend de six à douze ans, pratiquement tous les pays européens proposent de commencer la langue étrangère avant que ne se termine cette étape, les uns à onze ans, d'autres à douze ans, pour la plupart de façon obligatoire et, dans quelques autres cas, facultative.

En Belgique, en région bruxelloise où coexistent les deux langues nationales, français et néerlandais, l'introduction de la deuxième langue est plus précoce, dès la troisième année de l'école primaire. Au Luxembourg, l'introduction est encore plus précoce : à six ans l'allemand et à sept ans le français, mais là encore, il s'agit de langues qui partagent avec le luxembourgeois le caractère de langues nationales. Dans l'un et l'autre cas, l'introduction de la première langue étrangère est considérée comme étant très tardive. Au contraire, dans certaines régions espagnoles où la langue propre partage avec l'espagnol le caractère de langue officielle, toutes deux sont enseignées dès le début de la scolarité, et l'introduction de la première langue étrangère se fait à partir de douze ans.

Il est plus intéressant encore d'observer que dans de nombreux pays d'Europe, ou bien il existe des projets visant à avancer l'âge d'introduction de la langue étrangère, ou bien des essais expérimentaux d'introduction précoce sont menés, y compris au jardin d'enfants.

Dans la première partie de l'enseignement secondaire, c'est-à-dire de douze à quatorze ans, l'enseignement de la langue étrangère est obligatoire pour tous les élèves dans pratiquement tous les pays communautaires. Dans la majorité de ces pays, les élèves de l'enseignement secondaire ont la possibilité d'étudier une seconde langue étrangère, soit de façon obligatoire pour tous (au Danemark), soit volontairement pour tous, ou seulement pour ceux qui suivent des enseignements spécifiques. Dans certains pays, il existe même la possibilité de s'initier à une troisième langue.

Le temps imparti à cet enseignement est également très variable selon les pays, cependant la norme la plus fréquente est de trois heures hebdomadaires.

Quant aux enseignants de langue étrangère, ceux du secteur primaire reçoivent une préparation similaire à celle des instituteurs dans des centres de formation propres, et dans la plupart des pays, ils acquièrent une compétence spécifique qui les habilite non seulement à l'enseignement de la langue étrangère, mais à un domaine plus large. En revanche, ceux qui se consacrent à l'enseignement secondaire reçoivent une préparation plus spécifique, encore que dans les pays de tradition universitaire germanique on considère normal que le professeur du secondaire soit formé initialement pour l'enseignement de deux matières qui, en l'occurrence, peuvent être deux langues ou bien une langue et une autre matière quelconque du programme.

Dans tous les pays, les enseignants de langues, tout comme ceux des autres matières, doivent effectuer une période de stages et bénéficient tout au long de leur exercice professionnel d'occasions leur permettant d'assister à des cours et à des activités de perfectionnement. Mais seule une petite minorité d'entre eux a l'occasion de faire des séjours à finalité pédagogique dans les pays où sont parlées les langues qu'ils enseignent.

Quels résultats sont obtenus avec ces enseignements?

Jamais, par le passé, tous les habitants d'un ensemble de pays n'avaient reçu une préparation systématique pour pouvoir communiquer entre eux dans une langue étrangère. Aujourd'hui encore, une telle situation est inexistante en dehors de l'Europe. Il s'agit là, bien évidemment, d'un progrès et il convient de l'évaluer positivement. Même s'il est tout aussi évident que nous sommes loin des résultats désirés et que, parfois même, les résultats obtenus ne répondent pas aux moyens mis en œuvre.

Une première preuve de cette insuffisance est la grande quantité d'efforts et de ressources consacrés à l'enseignement des langues étrangères dans tous les pays d'Europe pour les personnes ayant déjà dépassé les années d'enseignement obligatoire. C'est lorsque ces personnes commencent leurs études universitaires ou l'exercice de leur profession qu'elles découvrent combien il est important de connaître les langues étrangères et qu'elles désirent accroître leurs compétences dans ce domaine. A côté des procédés classiques d'apprentissage linguistique (entreprises privées se dédiant à l'enseignement des langues, cours publics pour adultes...), il existe une importante offre audiovisuelle, la télévision en particulier.

Étant donné qu'aucune tentative sérieuse d'évaluation des résultats de l'enseignement des langues au terme des études n'a encore été faite pour l'ensemble de l'Europe, il n'est pas possible ici de fournir l'impression générale qui pourrait s'en dégager, ni même de préciser les différences d'efficacité dans les divers pays. Cependant, quelques enquêtes portant sur la population générale ont abouti à des données qui méritent quelques commentaires.

Ainsi, le seul pays de l'Union Européenne dont on peut affirmer que pratiquement tous les habitants peuvent s'exprimer en deux langues secondes est le Luxembourg, mais j'ai déjà dit en quoi le Grand Duché constitue un cas singulier. Pour ce qui est des autres pays, le plus haut niveau de connaissance des langues étrangères se rencontre au Danemark et en Hollande. Viennent ensuite la France et l'Allemagne. Puis au troisième plan, les pays méditerranéens : l'Espagne et l'Italie suivis du Portugal et de la Grèce. Il convient d'inclure aussi dans ce groupe les pays de langue anglaise : l'Irlande et la Grande Bretagne.

Ce classement peut faire l'objet d'une double explication.

En premier lieu, on peut penser que les pays les plus développés du nord de l'Europe ont un système éducatif plus efficace que les pays du sud, et que cette efficacité se reflète dans l'enseignement des langues. Mais ce premier argument ne suffit pas à expliquer le classement précédent. Il faut en chercher un autre. Les habitants d'un pays où se parle une langue de faible diffusion sont plus soucieux d'apprendre des langues que les habitants des pays où sont parlées des langues de diffusion internationale. Cela explique que le niveau de connaissance des langues étrangères au Danemark et en Hollande soit plus élevé qu'en France et qu'en Allemagne. Et cela explique aussi pourquoi l'Irlande et la Grande Bretagne, où se parle l'anglais, se situe au niveau le plus reculé pour ce qui est de l'enseignement des langues étrangères.

8.2. LES LANGUES ENSEIGNÉES

J'ai parlé jusqu'à présent de l'enseignement des langues étrangères en général. Mais il faut se demander aussi quelles sont les langues enseignées.

Une première constatation que j'ai déjà avancée dans mes précédents commentaires, est que dans tous les pays de l'Union Européenne qui ne possèdent pas l'anglais comme première langue, c'est cette langue étrangère qui est la plus enseignée. Dans certains pays, au Danemark plus concrètement, l'anglais est non seulement la première langue introduite, mais son apprentissage est obligatoire pour tous les élèves. Dans d'autres pays, il est optionnel et l'élève peut choisir entre l'anglais et une autre langue, par exemple : entre l'anglais et le français en Espagne et en Allemagne, ou entre l'anglais et l'allemand en France. Dans certains pays, il peut choisir, en outre, d'autres langues — espagnol ou italien, principalement — mais il peut aussi choisir ces langues après l'étude d'une première langue étrangère. D'autres langues se présentent comme options dans quelques autres pays et dans certaines conditions.

Alors que pour tous les pays, l'anglais est la première langue la plus étudiée, la langue qui se situe en deuxième lieu varie selon les pays, mais dans l'ensemble de l'Union Européenne on peut dire que c'est le français, suivi de l'allemand, le français tendant à diminuer et l'allemand à augmenter. Assez loin derrière, arrivent l'espagnol et l'italien, l'espagnol tendant lui aussi à augmenter. D'après une statistique récente (*Les chiffres clés de l'enseignement dans l'U.E.*), dans l'ensemble de l'Union Européenne et dans l'enseignement secondaire, 83 % des élèves étudient l'anglais, 32 % le français, 16 % l'allemand, 9 % l'espagnol et une proportion inférieure l'italien. Quant aux autres langues, ou bien elles ont une présence purement symbolique, parce que ce sont des langues optionnelles dans quelques écoles de certains pays, ou bien elles sont totalement absentes.

Sur le plan universitaire, et c'est compréhensible, l'éventail des langues offertes est beaucoup plus large. Cependant, il ne s'agit pas en général d'un enseignement instrumental de la langue, mais plutôt de cours de langues orientés surtout vers l'enseignement ou la recherche. En revanche, pour ce qui est de l'enseignement des langues aux adultes en dehors de l'orbite universitaire, c'est-à-dire, soit dans des centres privés soit dans des cours publics — un enseignement qui suit les lois du marché et qui est conditionné par la demande — on retrouve la même concentration, et peut-être même plus soutenue encore, autour de quelques langues seulement.

Le contraste entre cette même concentration et les désirs d'étendre la connaissance et l'usage de toutes les langues d'Europe a stimulé la formulation de propositions visant à atteindre un meilleur équilibre dans ces apprentissages. Quelques-unes de ces propositions prétendent compenser la présence majoritaire de l'anglais, d'autres recommandent d'élargir l'éventail des langues offertes.

Parmi les premières, la plus radicale propose d'obliger les élèves à choisir comme première langue étrangère une langue qui ne soit pas l'anglais, en se basant sur le fait que s'il désire vraiment apprendre l'anglais, ils le prendront en seconde langue. Une autre proposition plus élaborée veut que la langue étrangère étudiée en premier lieu soit celle du pays voisin. Ainsi, la langue espagnole au Portugal, le français en Espagne, et en France cela varierait selon les zones de voisinage : l'espagnol à Toulouse, l'italien à Marseille, l'allemand à Strasbourg, et l'anglais à Rouen. Une variante de cette proposition avancée pour les pays de langue latine consisterait en l'étude d'une autre langue latine comme première langue étrangère, puis en l'étude d'une langue anglo-germanique comme seconde langue, alors que dans les pays de langue anglo-germanique, on appliquerait la règle inverse.

Il est facile d'imaginer que toute réglementation de ce genre, parce qu'elle limiterait le choix des parents et contredirait bien souvent leurs désirs, serait fortement critiquée, et l'on ne peut croire qu'un ministre de l'Éducation d'un pays européen puisse prendre une mesure aussi impopulaire.

L'autre type de mesures proposées consiste à augmenter le nombre des langues offertes. En ce sens, il existe assurément de grandes différences dans les systèmes scolaires des pays européens, les uns proposant aux élèves une offre réduite à deux ou trois langues, alors que d'autres, comme la France, par exemple, offrent une éventail beaucoup plus large. Néanmoins, dans la pratique ce choix se réduit considérablement, étant donné que chacune des langues offertes est fonction de certains centres scolaires seulement, de sorte que dans chaque centre le nombre d'options est réduit. Pour généraliser une offre linguistique assez large à toutes les centres scolaires d'un pays donné, il faudrait disposer de moyens économiques et d'une abondance de professeurs de langues actuellement inexistants. Et même en réunissant toutes ces conditions, il faudrait encore que les élèves veuillent bien en bénéficier.

La conclusion est relativement facile à déduire. Pour offrir une gamme plus large de langues étrangères dans l'enseignement, il faudrait y consacrer des ressources économiques et pédagogiques considérables. Mais il faudrait, de plus, que les élèves soient disposés à apprendre davantage de langues que celles qu'ils étudient actuellement, et également que les systèmes scolaires consacrent plus de temps à ces apprentissages. Or, il est illusoire de penser que l'on peut accroître l'apprentissage des langues moins répandues en limitant l'apprentissage de celles qui sont le plus demandées.

Penser à l'offre linguistique c'est aussi penser aux langues qui ne sont pas étrangères à proprement parler et qui, pour des raisons politiques et culturelles, doivent être présentes dans l'enseignement. Je me réfère aux langues des minorités linguistiques et aux langues des immigrants.

Si l'on reconnaît à la langue d'une minorité le droit d'être présente dans l'enseignement, cela signifiera que les membres de cette minorité ou que les habitants du territoire devront se familiariser assez tôt avec cette langue et avec celle de l'État, ce qui représente un effort supplémentaire. Et cela, bien sûr, ne devrait pas limiter les possibilités d'apprentissage des langues étrangères.

C'est une situation semblable, encore que plus complexe, qui est posée par les immigrants, aujourd'hui si nombreux dans les centres scolaires de tous les pays de l'Union Européenne et qui, dans certains pays, constituent un problème grave pour le système éducatif. Pour ces élèves, acquérir la langue du pays où ils s'installent est une priorité absolue et pour qu'ils l'acquièrent, il faut mettre en pratique des ressources pédagogiques considérables. Mais en même temps, et pour de nombreuses raisons, il convient que ces élèves conservent et développent leur première langue, qui est la langue de leur communauté d'origine; cela requiert un effort pédagogique complémentaire, compliqué par le fait que si les immigrants d'une même origine peuvent se répartir un peu partout dans le pays d'accueil, dans toutes les écoles du pays peuvent converger des immigrants d'origines très diverses, et par conséquent de langues différentes.

En théorie, tous les pays européens reconnaissent qu'il convient d'offrir un enseignement de la langue d'origine, et tous consacrent certains efforts pour y parvenir. Néanmoins, dans la pratique, et à quelques exceptions près — certains *Länder* allemands, par exemple — l'ensemble des réalisations sont jusqu'à présent totalement insuffisantes.

8.3. LES MÉTHODES ET LES OBJECTIFS

La constatation, déjà très ancienne, du contraste entre les années que la plupart des élèves consacrent à l'étude des langues étrangères et la faiblesse des résultats acquis par la majorité d'entre eux, a orienté les critiques sur la méthodologie pédagogique utilisée.

Traditionnellement, l'enseignement des langues étrangères a été calqué sur l'enseignement scolaire de la première langue, qui à son tour est centré sur l'apprentissage de la grammaire, et l'enrichissement systématique du vocabulaire, et se base sur les modèles offerts par la langue écrite. L'enseignement de la langue étrangère reproduisait donc ce modèle, mais il s'articulait en outre sur les connaissances déjà acquises de la première langue, traduisant et contrastant ainsi les règles grammaticales et les définitions du vocabulaire.

Au cours des trente dernières années, cette manière traditionnelle d'enseigner une langue étrangère a fait l'objet de nombreuses critiques, et l'on a essayé de la compenser ou de la remplacer de différentes façons. Dans l'ensemble, il s'est produit une évolution, voire une révolution, que l'on pourrait parfaitement résumer en disant que l'élève acquiert sa seconde langue sensiblement de la même façon qu'il a acquis la première.

Ainsi, le petit enfant comprend les premiers messages verbaux qu'il reçoit de l'adulte parce que tous deux se réfèrent à des réalités ou à des intentions qui, pour eux, sont claires à partir de la situation qu'ils partagent ou dans laquelle ils agissent. C'est cette communauté dans le contexte et dans l'action qui lui permet de profiter des signes de l'adulte et de traduire son intention communicative en messages verbaux compréhensibles pour son entourage. Non seulement c'est ainsi qu'il commence à parler dans la langue que parlent ceux qui l'entourent et qui deviendra sa première langue, mais s'il grandit dans une famille où l'on parle habituellement deux langues, il apprend à parler la seconde de la même façon qu'il apprend la première. Et l'enfant qui grandit dans une famille qui — alors qu'il sait déjà parler — change de pays, apprendra tout en jouant avec ses nouveaux compagnons à parler dans cette nouvelle langue beaucoup plus facilement que ses parents qui, eux, essaieront d'acquérir cette langue par des procédés plus académiques. Voilà l'inspiration principale des méthodes actuelles que l'on peut, dans l'ensemble, qualifier de «fonctionnelles et communicatives». Au lieu de commencer par inculquer à l'élève des règles de grammaire et des listes de mots avec leur signification dans la nouvelle langue, ce que l'on tente, aujourd'hui, c'est d'introduire l'apprenant dans des situations dans lesquelles les messages verbaux dans la nouvelle langue soient facilement compréhensibles, et dans des situations qui l'incitent à émettre à son tour des messages dans cette langue. Autrement dit, apprendre à parler en parlant.

Les efforts pour promouvoir et diffuser des méthodes plus efficaces pour l'enseignement des langues étrangères — et dont j'ai dit auparavant qu'elles ont été inspirées par le Conseil de l'Europe — optaient clairement pour cette orientation. Depuis lors, la méthodologie communicative n'a cessé de gagner de l'influence, et l'on peut dire aujourd'hui qu'elle domine le panorama de l'enseignement des langues étrangères, encore que de façon plus ou moins orthodoxe ou plus ou moins mélangée à des perspectives didactiques plus traditionnelles.

Un des avantages de cette méthodologie est qu'elle peut être utilisée à tout âge et donc à tout niveau de l'enseignement scolaire, y compris avant le début de la scolarité formelle, c'est-à-dire au jardin d'enfants. On peut trouver dans toute l'Europe des essais expérimentaux parfaitement réussis d'introduction précoce d'une langue étrangère : ainsi, des enfants de trois et quatre ans habitués à jouer dans une seconde langue au jardin d'enfant sont capables, lorsqu'ils arrivent à six ans au début de la période scolaire, de communiquer entre eux sans difficultés dans cette langue.

Cependant, si cette introduction précoce est relativement aisée, il devient très difficile par la suite d'en profiter au cours de la période scolaire. En effet, pour pouvoir profiter au mieux de l'avantage obtenu grâce à l'apprentissage précoce, il faudrait que le contact quotidien avec cette nouvelle langue soit maintenu tout au long de l'enseignement primaire ; or, pour ce faire, il faudrait que les maîtres chargés de cet apprentissage possèdent les compétences leur permettant de s'exprimer oralement dans cette langue sans difficultés, condition actuellement difficile à imaginer pour l'ensemble du système scolaire d'un pays. Si l'on ne maintient pas ce contact, l'avantage acquis s'évanouit rapidement.

Lorsque la langue étrangère est introduite à dix ou onze ans, comme il est coutume de le faire, l'utilisation des méthodes fonctionnelles et communicatives n'est pas aussi simple et aussi efficace qu'au stade du jardin d'enfants où l'apprentissage se fait par le jeu. A cet âge, la langue étrangère est une matière parmi les autres du programme scolaire, elle a un horaire défini et des objectifs didactiques en fonction desquels sont évalués les résultats obtenus par l'élève. Dans ces conditions, les situations de communication ont beau être présentées de façon quasi réelles, elles n'en restent pas moins des exercices scolaires qui ne sont motivants que grâce aux qualités didactiques de l'enseignant et à l'identification de l'élève avec les objectifs assignés. Autrement dit, l'argument principal généralement utilisé en faveur des méthodes communicatives, à savoir que les méthodes traditionnelles sont peu motivantes pour les élèves alors que les méthodes communicatives éveilleraient, par principe, l'intérêt des élèves est loin d'être démontré.

Cette remarque nous mène tout droit au cœur même des problèmes de l'enseignement des langues et de leur signification pour les apprenants. Lorsqu'un étudiant universitaire ou un jeune professionnel suivent des cours spécifiques pour acquérir ou perfectionner une langue étrangère, ils sont prêts à faire les efforts nécessaires parce qu'ils ont une motivation très claire. Pour l'élève de l'enseignement primaire et de l'enseignement secondaire cet intérêt pour l'étude des langues étrangères est beaucoup plus vague.

La meilleure façon de stimuler l'apprentissage des langues étrangères est de faire en sorte que l'utilisation d'une langue revête une signification personnelle pour l'élève afin qu'il intervienne dans des activités attrayantes à ses yeux : musique, sport, théâtre, collections... ou qu'il s'intéresse à des situations ou à des événements des pays où cette langue est parlée, ou bien encore — et c'est souvent le recours le plus efficace — afin qu'il établisse des relations personnelles avec des élèves étrangers parlant cette langue. En ce sens, les voyages et les séjours à l'étranger sont très efficaces, et plus encore les échanges et les contrats de collaboration entre centres scolaires de différents pays.

Mais pour en revenir à la pédagogie orientée vers la communication, il faut ajouter qu'une évolution significative s'est produite depuis le début de sa diffusion. J'ai déjà fait remarquer que les situations proposées dans la classe de langue pour justifier les communications dans la langue étudiée, malgré leur aspect ludique, sont en réalité des exercices scolaires et qu'elles laissent apparaître rapidement leur caractère artificiel. Si l'on prétend vraiment entraîner à une communication dans la langue étudiée, il faut proposer des tâches réelles, ce qui, dans le contexte scolaire signifie des tâches à but instructif, visant soit à élargir l'information sur un thème, soit à en améliorer la compréhension. C'est ce que propose, précisément, l'enseignement par tâches, qui est la modalité la plus actuelle de la pédagogie communicative. Au moment où l'élève se montre capable de communiquer dans la nouvelle langue, des tâches scolaires dans cette langue étrangère lui sont proposées : collecte de données sur un thème, rédaction d'un rapport, exposé oral, etc.

Si l'on suit ce raisonnement, on arrive à la conclusion suivante : à partir d'un certain niveau de compétence dans la langue étrangère étudiée, au lieu d'insister sur l'élargissement des connaissances linguistiques, il est préférable de l'utiliser comme langue instrumentale pour l'enseignement de toute autre matière scolaire. C'est ce qui se fait dans les écoles bilingues et c'est la meilleure façon d'assurer à l'élève une compétence élevée dans les deux langues. C'est la pratique suivie au Luxembourg où, à partir de la deuxième année de l'étape primaire, la langue d'enseignement est l'allemand pour certaines matières, le français pour d'autres. C'est également la pratique suivie dans les écoles européennes qui accueillent les enfants des fonctionnaires des institutions communautaires. C'est enfin ce qui se fait dans certaines écoles privées qui prétendent assurer à leurs élèves une bonne compétence dans deux ou trois langues. C'est là un des symptômes les plus révélateurs de la tendance observable dans de nombreuses villes européennes vers une société cosmopolite, dont j'ai déjà parlé. La demande d'une éducation plurilingue de haut niveau, que le système de l'éducation publique ne peut satisfaire et qui ne peut être prise en charge que par le domaine privé, est actuellement en pleine expansion.

Un système national d'enseignement public ne peut pas encore prévoir l'existence de professeurs capables d'enseigner des matières scolaires dans une langue étrangère. En revanche, les professeurs de langue étrangère devraient être en mesure non seulement d'enseigner la langue étrangère mais aussi d'informer les élèves sur l'histoire, la culture et sur la société qui parle cette langue. Cela nous porte directement à nous interroger sur les objectifs et les contenus précis de l'enseignement des langues.

Quand les langues classiques avaient un rôle prédominant dans le système éducatif, on considérait que leur acquisition était un exercice intellectuel, une façon de s'habituer à penser avec rigueur et précision, et à s'exprimer correctement et avec élégance, mais c'était en même temps une voie qui conduisait à la découverte de la culture classique que l'on peut résumer sous le nom d'humanisme. Face à cela, l'introduction des langues modernes dans l'enseignement se fit dans un but strictement instrumental et pragmatique : connaître les langues étrangères était utile pour entrer en contact avec les habitants d'autres pays et assimiler l'information produite dans d'autres langues. Il est évident que cette finalité utilitaire explique, en premier lieu, la généralisation de l'acquisition des langues dans notre société.

Cependant, ce n'est pas la seule justification. Dès lors que furent enseignées les langues modernes, on pensa que leur apprentissage avait aussi valeur d'exercice intellectuel susceptible d'améliorer la capacité de réflexion et d'expression de l'individu. Et que, tout comme le grec ou le latin, elles ouvraient les portes de la culture classique, les langues modernes permettaient ainsi d'accéder aux créations culturelles qui s'expriment à travers elles. Pour prendre un exemple, la connaissance du français permet bien sûr de communiquer avec des personnes de langue française et de recevoir des informations dans cette langue, mais elle permet également de se familiariser avec la littérature française, elle aide à la connaissance originale de l'histoire de la France, et grâce à la lecture de la presse française d'approfondir le savoir sur la personnalité française et les problèmes de la société française. Et l'on peut en dire autant de toute autre langue. Puisqu'il ne s'agit pas, comme dans le cas de la culture grécolatine, de peuples disparus mais au contraire de peuples qui vivent dans notre monde, la connaissance mutuelle que permet la connaissance des langues peut être considérée comme un facteur positif de compréhension internationale.

Au début du XXe siècle, le célèbre linguiste Otto Jespersen écrivait dans *L'enseignement des langues* : « *Une des tâches les plus nobles de l'enseignement des langues étrangères est de diffuser la connaissance et l'amour de ce que les autres peuples ont de mieux. C'est par la langue et par la littérature, ou plutôt par la combinaison de ces deux facteurs, que l'on peut arriver à comprendre et à apprécier les gens des autres peuples.* » Dans ce sens, Jespersen suggérait que ce que pourraient faire de mieux les Français et les Allemands pour dépasser les préjugés qui les séparaient, ce serait de consacrer davantage d'efforts à connaître la langue de l'autre.

Il est vrai que la diffusion de la pédagogie communicative renforce d'abord l'aspect pragmatique de l'enseignement des langues. Ce que l'on vise avec ces méthodes c'est que l'élève soit rapidement en mesure de tenir une conversation dans la langue qu'il étudie, et par conséquent qu'il puisse se proposer de voyager, d'entrer en contact avec les utilisateurs de la langue, et de recevoir de l'information en cette langue à travers différents moyens. Toutefois, ce serait une erreur de réduire la finalité de la pédagogie communicative à ces seuls objectifs, certes respectables mais limités. Il faut considérer que la capacité de communiquer dans une langue donne accès à toutes les sources d'information, et donc aussi à toutes les manifestations culturelles existant dans cette langue. Même s'il est vrai, par ailleurs, que ces possibilités ne sont pas toujours mises à profit et que, aujourd'hui plus que jamais, il est nécessaire de bien mesurer l'ensemble de ces aspects dans l'enseignement des langues.

Tout cela converge vers la possibilité de compenser l'ethocentrisme de l'élève, limité par les modes de vivre et de penser de sa propre culture, afin que, grâce à l'acquisition d'une langue étrangère, s'ouvre à lui la manière d'être et de penser d'un autre peuple. Mais le monde est beaucoup plus vaste, et l'apprentissage d'une langue étrangère peut servir à une ouverture beaucoup plus ambitieuse.

Tenons compte, tout d'abord, du fait que le français — et l'on tend souvent à l'oublier — n'est pas employé uniquement en France : il est utilisé également en Belgique, en Suisse, au Canada ainsi que dans de nombreux pays d'Afrique et d'Océanie. Alors, dans la classe de langue, de la même façon que l'on peut parler d'histoire ou de littérature française, de la manière d'être des français ou des problème de leur société, on peut parler de tous ces aspects à propos des pays que je viens de citer, et on peut se donner le même objectif dans d'autres langues, sans parler de l'anglais... Ainsi, la classe de langue étrangère peut se convertir non plus seulement en un moyen de se rapprocher de la culture et des gens d'un autre pays, mais en un moyen de s'ouvrir sur une variété de situations et de problèmes à l'échelle mondiale.

On peut présenter cet argument de façon plus radicale. J'ai déjà dit que, actuellement et à partir du moment où les élèves parviennent à un certain degré de compétence communicative dans la langue étrangère, on préfère leur proposer des tâches scolaires faisant appel à la nouvelle langue. Cependant il est difficile de convertir la classe de langue en classe d'information ou de réflexion sur des thèmes relatifs à la chimie, par exemple. En revanche, il n'est pas insensé de tirer profit de la classe de langue pour familiariser les élèves avec des situations et des problèmes qui n'entrent peut-être pas dans le cadre des matières scolaires mais qui n'en représentent pas moins des questions capitales de notre temps : ainsi du sous-développement et des déséquilibres sociaux et économique nord-sud, ainsi des problèmes que pose l'immigration, de la tolérance des différences ethniques et de l'interculturalité, ainsi des défis de l'écologie et de la protection de l'environnement. Si, comme il est vrai, il arrive un moment où les élèves ne ressentent qu'un faible intérêt pour l'enseignement purement centré sur la langue, il semble que cette perspective soit particulièrement appropriée à l'éveil de leur motivation en même temps qu'elle leur permet de s'entraîner à utiliser la langue qu'ils étudient. Il est un argument supplémentaire : c'est la cohérence qui existe entre le fait de s'entraîner à l'exercice d'une langue étrangère et le fait de traiter des problèmes qui touchent d'autres populations ou l'ensemble de l'humanité.

Cette cohérence est d'ailleurs si claire que des initiatives en ce sens deviennent de plus en plus fréquentes; je me limiterai ici à citer le projet Linguapax, établi sous les auspices de l'UNESCO, qui se propose de mettre en relation l'enseignement de la langue étrangère et une approche de la compréhension entre les hommes et de la promotion de la paix.

Enfin, de la perspective où nous nous situons dans ce livre, il existe une possibilité supplémentaire particulièrement attrayante. Du jour où fut créée la Communauté Européenne, et à mesure qu'elle a pris forme et qu'elle s'est convertie en une réalité agissante, la nécessité s'est fait jour d'offrir aux futurs citoyens de l'Europe une information qui leur permette de se familiariser avec cette réalité et d'éveiller le désir d'y collaborer. Et en effet, de nombreux pays se sont vus proposer des programmes offrant aux élèves du primaire et du secondaire un enseignement adéquat de l'Europe elle-même et de ses institutions. Certains de ces programmes sont excellents. Bien souvent, cependant, la difficulté surgit au moment de les intégrer aux programmes scolaires et dans le cadre d'une matière donnée. Il serait pourtant possible d'y faire face en rédigeant ces programmes dans une langue étrangère et en les introduisant comme un ensemble de tâches pour les classes en cette langue. C'est là une solution élégante qui, tout en offrant un thème attrayant pour pratiquer la langue étudiée, offre une information qui devrait être comprise dans le bagage intellectuel de tous les citoyens de l'Europe.

Cette proposition nous amène à nous poser une question : quel sens revêt le fait de vouloir profiter de la classe de langue pour stimuler une mentalité européenne et pour sensibiliser les jeunes aux problèmes de l'humanité, alors que l'enseignement de la première langue, de l'histoire, de la géographie, de la littérature et, en général, de tout l'ensemble scolaire de base s'effectue encore sur des critères strictement nationalistes? Nous touchons certainement là le thème fondamental qui transparaît dans toutes les pages de ce livre et qui est la relation entre nationalité et identité européenne. Parler d'une «Europe des langues», unie en un projet commun et linguistiquement diverse, restera vide de sens si nous ne parvenons pas à formuler cette relation de façon satisfaisante.

Chapitre 9
Unité de l'Europe et pluralité de langues
Une politique linguistique pour l'union européenne

Tel que nous le supposions au début de cet ouvrage, notre parcours ne nous a conduits vers aucune solution simple des problèmes linguistiques de l'Europe; en revanche, il nous a permis de mieux comprendre ces problèmes, d'en prévoir l'évolution et peut-être même de proposer les lignes directrices d'une politique linguistique capable de l'orienter.

Tout au long de l'Époque Moderne, l'Europe s'est constituée en un ensemble d'États nationaux souverains. Ce n'était certes pas la seule possibilité qui s'offrait aux peuples du continent au commencement de l'Ère Moderne pour s'organiser sur le plan politique, mais c'est finalement celle qui s'est imposée, légitimée par une idéologie nationaliste qui aspirait à identifier État et Nation.

Ce processus, il est vrai, a signifié la fragmentation de plus en plus accusée de l'espace européen; néanmoins la conscience de son unité n'a jamais totalement disparu. L'idée impériale comme version politique de la chrétienté, qui était l'autre possibilité jadis offerte aux Européens et à laquelle ils renoncèrent, s'est maintenue comme une nostalgie quasiment jusqu'à nos jours. Plus proches de nous, Napoléon au début du XIXe siècle, puis Hitler, d'une façon plus dénaturée encore, il y a quelque cinquante ans, avaient cru possible l'unification de l'Europe à partir de l'hégémonie d'une nation.

Les tentatives contemporaines issues de la conviction que les guerres européennes du XXe siècle avaient été des guerres fratricides, et qui se sont concrétisées dans l'effort de construction de la Communauté Européenne, aujourd'hui appelée Union Européenne, partent d'une perspective totalement différente que l'on peut résumer dans les trois points suivants :

1. Alors que, tout au long du XIXe siècle et pendant une bonne partie du XXe, l'Europe était consciente de son rôle central dans l'ordre mondial, aujourd'hui c'est l'inverse qui se passe : les Européens sont conscients de la faiblesse d'une Europe fragmentée face aux grands blocs extra-européens. Et c'est cette prise de conscience qui est le premier argument en faveur de l'intégration qu'elle se propose.

2. L'intégration ainsi envisagée renonce explicitement à se baser sur l'hégémonie d'une nation quelconque. En fait, le projet est né de la volonté de substituer au traditionnel affrontement francogermanique une solidarité mutuelle. C'est une union d'États souverains qui est alors proposée, sur un plan d'égalité et avec des engagements librement consentis.

3. L'union est à l'origine une union exclusivement économique, et l'on escompte que le processus d'unification des économies ne sera pas seulement irréversible mais qu'il conduira aussi vers des engagements politiques de plus en plus solidaires. Il est, par ailleurs, sous-entendu que la pratique de la solidarité finira par créer une conscience communautaire européenne.

Il est évident que, dans cette perspective, le problème de la diversité des langues est relégué au second plan et il est vrai que le Traité de Rome n'en souffle mot, de même qu'il fait silence sur de nombreuses autres caractéristiques qui différencient les États européens entre eux. On peut penser que les promoteurs du Traité espéraient voir le processus d'unification aboutir à des conséquences linguistiques, mais ils ne croyaient pas nécessaire de les insérer dans les objectifs du Traité ou dans la politique qui le développerait.

Cependant, quand vint le moment de mettre en œuvre l'organisation politique et administrative de la Communauté, et de prévoir le fonctionnement des différents organes, il fallut décider quelle en serait la langue. Comme on l'a vu, la solution adoptée, obéissant au principe de l'égalité juridique des États membres, fut d'utiliser les langues de tous les États membres dans des conditions d'égalité ; cette règle s'est maintenue au fur et à mesure des élargissements successifs de la Communauté, jusqu'à nos jours.

Cette règle obligeait à déterminer très précisément les situations informelles dans lesquelles les interlocuteurs peuvent utiliser la langue de leur choix, et les situations formelles dans lesquelles il convient d'appliquer la traduction dans toutes les langues des États membres. Elle a surtout obligé à mettre sur pied un appareil très complexe capable d'assurer le volume de traduction et d'interprétation issu des activités des divers organismes de la Communauté.

En dépit de son apparente équité, le principe de l'utilisation égalitaire de toutes les langues étatiques est discutable du point de vue strictement démocratique. Pourquoi les langues étatiques sont-elles adoptées et les langues non-étatiques restent-elles nécessairement en marge? Certes, les langues étatiques sont plus parlées que les langues minoritaires, et elles ont une plus grande tradition dans le domaine littéraire ou administratif, mais ce n'est pas vrai dans tous les cas. Pourquoi l'irlandais mais non pas le gallois? Pourquoi le luxembourgeois mais non pas le basque? Et que dire du catalan parlé par six millions de personnes, plus que le danois et que d'autres langues étatiques?

Mais les objections les plus fortes à cette règle de l'utilisation de toutes les langues étatiques vont dans un autre sens. Le système de traduction et d'interprétation dans toutes ces langues est cher et rarement utile. Et alors que la Communauté est sur le point de s'élargir de nouveau, avec l'intégration de nouveaux pays et de nouvelles langues, il ne semble plus possible de maintenir ce système. Tôt ou tard, il faudra se limiter aux langues de travail de la Communauté, à l'image de toutes les autres organisations internationales qui travaillent avec un nombre de langues limité.

Ce problème n'est pas facile à résoudre, mais il ne s'agit en définitive que du fonctionnement des organismes de la Communauté. Et quelle que soit la solution actuelle ou celle qui lui fera suite, les langues d'Europe poursuivront leur chemin, sujettes à de multiples influences, entrant en concurrence les unes avec les autres, et augmentant ou réduisant leur aire d'influence. C'est ce qui leur est souvent advenu tout au long de leur histoire, et c'est encore ce qui les attend, indépendamment de toute décision politique.

Pourtant, dans notre société contemporaine, cette dynamique des langues présente des caractéristiques originales. Autrefois, la pression de certaines langues sur d'autres était surtout la conséquence des invasions et des conquêtes. Aujourd'hui, les déplacements humains se font plus intenses et l'information verbale circule facilement, quelle que soit la distance. Ainsi, les possibilités de voir les langues entrer en contact dans un même espace se multiplient, au point que l'on peut parler de sociétés de plus en plus cosmopolites et plurilingues. Ce phénomène provoque la nécessité d'utiliser certaines langues comme moyen de communication entre des personnes et des groupes qui parlent des langues différentes. Cette réalité n'est pas exclusive à l'Europe, loin s'en faut, elle est présente dans le monde entier. Et comme on le sait, il existe une tendance croissante à utiliser l'anglais comme langue principale pour ces échanges. C'est une tendance que l'on peut expliquer de différentes manières, mais il est plus raisonnable d'y voir la relation directe avec la puissance économique des pays de langue anglaise. Faut-il ajouter qu'une fois établie, cette tendance s'auto-alimente et devient peu à peu irréversible.

Cette évolution, qui est manifeste en Europe, l'est peut-être moins dans d'autres endroits du monde où l'anglais est le seul moyen de communication internationale, alors que l'Europe a une longue tradition dans l'utilisation de langues prestigieuses comme langues de communication. Mais, de toutes façons, dans de nombreux domaines de l'activité publique — moyens de communications, spectacles, information scientifique... — la prééminence de l'anglais est tout aussi nette en Europe que dans le reste du monde.

Cette situation porte certaines personnes à penser que, nous autres Européens, n'avons d'autre option que d'adopter l'anglais comme langue auxiliaire de communication hors des frontières de chaque État. Ainsi, tous les Européens, outre leur propre langue originale, connaîtraient-ils l'anglais qui leur servirait à communiquer avec les Européens des autres pays et à recevoir l'information produite dans un autre pays et diffusée en anglais hors de ses frontières. L'anglais serait également la langue des institutions européennes actuelles et de celles qui pourraient être créées, telle une armée européenne, par exemple.

Toutefois, cette proposition a bien peu de chances d'être acceptée, que ce soit en tant que décision formelle de la Communauté, ou en tant qu'attitude collective adoptée par les Européens eux-mêmes.

Dans le domaine propre de l'Union Européenne, on n'imagine guère voir les membres de l'Union voter une décision qui rendrait la langue d'un seul de ces pays, langue commune et unique de l'Union Européenne. Car, la Grande Bretagne même si on y rajoute l'Irlande, n'est pas le pays le plus peuplé de l'Union Européenne, et ce n'est pas non plus le plus influent sur le plan économique. En fait, à l'intérieur de l'Union Européenne, l'anglais première langue compte environ le même nombre d'utilisateurs que le français, et beaucoup moins que l'allemand.

Mais, bien au-delà de ce refus institutionnel lié à des raisons politiques, il existe des raisons beaucoup plus profondes.

Ceux qui défendent le choix de l'anglais comme langue véhiculaire, soutiennent que, lorsqu'il est utilisé comme langue de communication, c'est une langue neutre, libre de connotations culturelles et ne présentant donc aucune menace pour les langues des personnes qui l'utilisent à cet effet. En fait, ce n'est pas exact. Certes, l'anglais utilisé dans maintes situations est simplifié — c'est une espèce d'espéranto — mais ce n'est pas pour autant une langue différente : c'est la même langue que celle qu'emploient les Anglo-saxons, et qui regorge d'implications culturelles et sociales. Or, la personne qui utilise l'anglais simplifié peut, le temps aidant, approfondir ses connaissances; et si l'utilisation est collective et majoritaire, l'anglais finit par devenir la deuxième langue de la population. C'est ce qui commence à advenir dans certains pays du nord de l'Europe.

Considérée sous cet angle, la méfiance à l'égard de l'anglais ne provient pas du fait que c'est la langue d'un membre de l'Union Européenne — de surcroît, un des membres les plus réticents à approfondir l'unité européenne — mais du fait même que c'est la langue de la puissance américaine et que c'est cette langue qui véhicule la culture et des modes de vie venus d'outre-Atlantique. La diffusion de l'anglais donne à de nombreux Européens une impression de dépendance et de menace pour leurs traditions nationales.

Ainsi donc, nous autres Européens d'aujourd'hui, nous trouvons-nous acculés à une situation difficile. D'un côté, nous savons que l'anglais devient la langue de la communication internationale et qu'il est inutile de vouloir le nier. Parallèlement, nous refusons toujours l'idée de voir l'anglais devenir l'intermédiaire obligatoire dans nos relations mutuelles. Ce dilemme n'a qu'une issue : refuser que le rôle de langue de communication n'échoit qu'à une seule langue. Apprendre à utiliser l'anglais mais aussi d'autres langues, en l'occurrence celles qui paraissent les plus appropriées à chaque situation.

Prenons un exemple : si un commerçant allemand s'installe à Madrid pour quelque temps, il n'est pas souhaitable qu'il doive recourir à l'anglais, il est préférable qu'il fasse un effort pour parvenir à communiquer en espagnol, et qu'il trouve, en même temps, des personnes intéressées par l'allemand et capables de le parler. Et si la situation a lieu à Amsterdam, qu'il fasse cet en effort en néerlandais; et si cela se passe à Barcelone, qu'il soit conscient qu'on y parle le catalan et pas seulement l'espagnol; et qu'il sache enfin qu'à Bruxelles on parle français et néerlandais, et que dans ces différents endroits, la télévision reflète cette variété linguistique.

Autrement dit, l'Europe est un ensemble de pays qui possèdent tous au moins une langue propre, et la construction d'une Europe unie ne peut signifier le sacrifice de cette diversité linguistique au profit d'une langue déterminée ; l'Europe doit, au contraire, veiller à conserver cette mosaïque. Il est évident que les langues n'ont pas le même poids ni les mêmes possibilités historiques, et que certaines avancent lorsque d'autres régressent ; mais la politique linguistique de la construction européenne doit avoir comme objectif le maintien de la diversité.

Cette politique devrait donc s'articuler autour des axes suivants :

1°) Le premier principe est de veiller au maintien de la variété tout en élargissant au maximum la capacité de communiquer des Européens ; cela revient à assurer à tous les Européens, dès leur plus jeune âge, la possibilité d'accéder à d'autre langues que la leur. Il n'y a rien de bien nouveau dans tout cela, et l'Union Européenne elle-même a souvent exprimé le désir de voir, dans un futur assez proche, tous les citoyens d'Europe en mesure d'utiliser plusieurs langues outre leur langue propre ou principale.

Pour y parvenir, il faut renforcer considérablement l'enseignement des langues étrangères dans tous les pays de l'Union. Et la Communauté qui, jusqu'à présent, s'est montrée si réticente à toute intervention pouvant interférer avec l'autonomie des États en matière d'éducation, devrait exprimer clairement des exigences minimales dans ce domaine. De même, il ne suffit pas d'essayer d'élargir la présence de l'enseignement des langues dans les systèmes éducatifs de tous les pays, encore faudrait-il que l'Union Européenne cherche à parrainer des programmes destinés à augmenter la qualité et l'efficacité de ces enseignements.

2°) Maintenir la diversité linguistique signifie, en outre, non seulement élargir l'enseignement des langues étrangères ou secondes, mais aussi faire en sorte de ne pas concentrer cet enseignement sur des langues déterminées, celles que l'on qualifie de « langues les plus enseignées ». En fait, il faut aussi se montrer très réaliste. En effet, toute tentative visant à imposer par la force l'apprentissage de certaines langues plutôt que d'autres, ou toute tentative reposant sur l'idée que l'augmentation du nombre d'étudiants « de langues moins enseignées » peut se faire grâce à la réduction du nombre des étudiants « des langues les plus enseignées », est vouée à l'échec. La seule façon d'accroître le nombre d'étudiants des langues moins considérées est d'augmenter l'ensemble des apprentissages linguistiques et, en même temps, d'augmenter l'offre d'enseignement de ces langues et les possibilités réelles de les utiliser.

Et pour rester réaliste, on ajoutera que cette offre ne signifie pas forcément que, dès l'enseignement primaire, tous les élèves de tous les pays d'Europe devraient pouvoir choisir entre toutes les langues de tous les pays de l'Union. Sans aller jusqu'à ces extrêmes, qui d'ailleurs frisent l'utopie, il est évident que l'offre actuelle pourrait être considérablement augmentée. L'Union Européenne devrait recommander, ou exiger, que dans tous les États membres, tous les élèves de l'enseignement primaire puissent choisir entre deux langues étrangères, et, dans le secondaire, parmi un nombre plus grand, quatre au minimum.

Mais, en marge de cet élargissement, il est des mesures que l'on pourrait prendre sans grand effort et qui semblent ressortir au pur sens commun. En voici quelques exemples :

Ainsi, il est absurde que toutes les universités d'Europe fassent de la propagande pour le programme «Erasmus», invitant les étudiants à faire une partie de leurs études dans une université d'un autre pays de l'Union, alors que, dans la plupart des ces universités, le niveau élémentaire de connaissance des langues officielles de certains pays de l'Union n'est même pas atteint. Pourtant, il ne semble pas si difficile de parvenir à ce niveau élémentaire.

On ne comprend pas bien, non plus, pourquoi les programmes spécifiques de la Communauté, tel le programme «Lingua», se limitent aux langues officielles des États membres et laissent en marge les autres langues parlées dans ces États. S'il y a des personnes désireuses d'apprendre ou d'enseigner le gallois, le frison ou toute autre langue parlée en Europe, on ne comprend pas pourquoi les aides leurs sont refusées, d'autant plus que les demandes en ce sens seront très limitées.

Et l'on comprend encore moins l'oubli systématique des langues des immigrants alors que l'immigration constitue un des phénomènes sociaux les plus visibles et les plus influents de la vie actuelle des peuples européens, et que la présence des enfants de migrants dans les écoles est devenue une des questions les plus graves aujourd'hui posées aux systèmes éducatifs de tous les pays d'Europe. Aussi bien la recherche et la diffusion des méthodes les plus aptes à faciliter aux migrants l'acquisition de la langue du pays d'accueil, que la promotion de systèmes pédagogiques visant à leur assurer la conservation de leur langue d'origine, devraient constituer un chapitre sensible de la politique linguistique de l'Union Européenne.

3°) Bien que ce soient les Européens eux-mêmes qui, par leurs préférences et leurs choix, détermineront quelles seront les langues les plus apprises et les plus utilisées et, par conséquent, quel sera l'avenir des langues parlées en Europe, il n'est pas logique de traiter le thème des langues comme s'il ne s'agissait que d'une question de marché, régie exclusivement par la loi de l'offre et de la demande. Si l'on pense que la diversité doit être maintenue parce que c'est un droit des utilisateurs et parce que cela fait partie de notre richesse collective, alors il faut mettre en pratique une politique de préservation des possibilités de toutes les langues face à la menace que présentent les langues fortes envers les langues plus faibles. Et par langues faibles, il faut comprendre aussi bien les langues minoritaires par rapport aux langues étatiques, que les langues étatiques peu utilisées par rapport aux plus employées, ou bien encore, que les grandes langues comme l'espagnol ou le français par rapport à la pression qu'elles subissent de l'anglais. Je ne peux, ici, commenter dans le détail ce que serait une politique ainsi envisagée; néanmoins je souligne qu'il ne suffit pas d'assurer la présence dans l'enseignement de langues aujourd'hui peu représentées, encore faut-il faire en sorte que toutes les langues bénéficient d'une présence suffisante dans les moyens d'information : presse, radio, télévision, cinéma. Nier la possibilité d'une telle politique, en se retranchant derrière l'argument de la liberté de marché et en permettant que la langue qui a un marché potentiel plus grand soit utilisée jusqu'aux limites de ses possibilités, entre en contradiction directe avec ce que doit être un système démocratique qui, s'il considère que chaque personne représente un vote, prétend aussi maintenir la justice et donc défend le plus faible face au plus fort de manière à préserver l'égalité des chances. Et il n'est pas inutile de rappeler que la CE elle-même, dans certains domaines de son activité économique, comme l'agriculture, pratique une politique de subventions dans le but de compenser les différences structurelles et d'assurer un minimum d'égalité des chances entre les régions agricoles européennes.

4°) Si l'on met en pratique une politique de promotion de la diversité telle qu'elle est exposée dans les points précédents, la question des langues officielles et des langues de travail des organisations de l'Union Européenne devrait pouvoir trouver une solution raisonnable. Cette solution commence par reconnaître que le principe selon lequel toutes les langues officielles des pays membres doivent être langues officielles et langues de travail (dans la plupart des cas) des organismes communautaires, a atteint les limites de ses possibilités et qu'il est désormais incompatible avec l'élargissement de l'Union Européenne. Cette constatation admise, la seule solution raisonnable consiste à admettre également que les langues officielles de tous les pays membres ne seront utilisées que pour formuler les accords qui impliquent des conséquences légales. Pour les autres activités de la Commission et du Parlement, aussi bien pour la préparation des décisions que pour leur exécution, il faudra, à l'image des autres institutions internationales, adopter quelques langues comme langues de travail ; dans le cas de l'Union, il pourrait y en avoir trois au minimum — anglais, français et allemand — et cinq au maximum si l'on y ajoute l'italien et l'espagnol.

Cette limitation des fonctions d'une partie des langues officielles serait compatible avec le fait que les organismes communautaires acceptent des communications dans toutes ces langues, aussi bien de la part des gouvernements que des particuliers, et que, à leur tour, ils émettent des informations dans ces langues.

5°) La compétence linguistique des Européens aura beau augmenter, il n'en reste pas moins que chaque langue est, d'abord, le signe d'identité d'un groupe ; or connaître la langue d'un autre groupe n'assure pas forcément la compréhension mutuelle. Soulignons de plus que la compétence linguistique des Européens aura beau augmenter, le nombre de langues en présence et en contact sera toujours plus grand que le nombre de langues qu'un individu normal peut dominer ; ce qui signifie que devront coexister des personnes qui continueront à rencontrer des difficultés pour communiquer entre elles.

Ces constatations nous conduisent à la conclusion suivante : pour assurer la pluralité linguistique, il ne suffit pas de prôner la nécessité d'apprendre des langues ou d'en faciliter la diffusion, il faut surtout enseigner la tolérance face à la diversité. Tant que la langue sera considérée comme la composante essentielle de la nationalité, et la nation comme la référence politique ultime, l'Européen qui parle une autre langue continuera d'être un étranger.

Voilà résumés en cinq points ce que pourrait être une politique linguistique pour l'Europe, mais c'est le dernier de ces points qui nous porte au cœur du débat sur ce que, pour nous, doit être l'Europe unie.

On peut penser que l'Union Européenne ne représente qu'une alliance entre des États nationaux qui gardent la plénitude de leur souveraineté politique au service de leur identité et de leurs intérêts nationaux, mais qui s'unissent pour obtenir des avantages économiques déterminés. Les réactions face à la signature du Traité de Maastricht ont montré que nombreux sont ceux qui pensent ainsi, et demain, ils représenteront peut-être la majorité. Personnellement, je pense que cette attitude — même si elle semble très réaliste — est parfaitement utopique et que si la Communauté se limite à cet objectif, les intérêts nationaux ne tarderont pas à entrer en conflit au risque même de provoquer son naufrage.

Un naufrage qui ne signifierait pas simplement un retour à la situation antérieure. Les interdépendances sont de plus en plus étroites, non seulement sur le plan économique mais aussi culturel et linguistique. Les peuples d'Europe se convertissent chaque jour davantage en un brassage de peuples et de cultures. Dans ce sens, l'exaltation du nationalisme comme justification de l'État national devrait être totalement dépassée si l'on ne veut pas aboutir à une espèce de Yougoslavie à l'échelle européenne.

Il reste une autre voie : c'est l'effort pour constituer, à partir de la diversité et sans y renoncer, une identité et une conscience culturelles européennes qui justifieraient une sorte d'entité supranationale et qui faciliteraient une politique commune par rapport au reste du monde. C'est une voie difficile parce que personne n'est capable d'en définir clairement les objectifs. C'est une voie malaisée parce qu'elle est semée d'embûches et exige une degré élevé de confiance. Mais c'est certainement la seule voie possible.

C'est dans cette perspective que la généralisation de l'enseignement des langues étrangères prend toute sa valeur. On a toujours pensé que l'apprentissage d'une langue nous familiarise avec les créations culturelles et les modes de vie des gens qui parlent cette langue, et nous rapproche de leur modes de penser et de vivre. Ce rapprochement est déjà un apport considérable dans la compréhension et la solidarité. Mais la tendance actuelle à enseigner des langues secondes dès le plus jeune âge et grâce à une méthodologie communicative ouvre la possibilité d'utiliser la langue étrangère comme moyen d'entrer en contact avec la diversité humaine et les problèmes de coexistence. Cela permet aussi, bien sûr, d'offrir des connaissances et des expériences sur la pluralité linguistique et culturelle européenne. L'enseignement des langues devient ainsi un instrument fondamental dans l'effort de construction d'une Europe unie à partir de sa diversité.

A condition, bien entendu, que les Européens veuillent bien s'engager dans cette voie, ce qui n'est pas aussi clair. J'ai déjà évoqué les réactions de méfiance qui se sont produites face au Traité de Maastricht. Quand il fallut s'expliquer sur les raisons de cette méfiance, de nombreuses voix s'élevèrent contre le fait que les hommes politiques qui avaient préparé ce Traité n'avaient pas su expliquer aux habitants de l'Europe les objectifs du Traité, comme si la construction de l'Europe exigeait une vaste opération de marketing commercial! Certes, le Traité de Maastricht, et en général toutes les grandes décisions qui sont prises dans ce sens, devraient être mieux expliquées et devraient parvenir à l'opinion publique d'une façon qui ne reflète pas seulement le point de vue du parti politique qui gouverne dans chaque pays. Mais cela n'est pas encore suffisant. La véritable formation de l'opinion publique des citoyens d'un pays commence avec l'éducation qu'ils reçoivent pendant leur enfance et leur adolescence dans un système éducatif qui modèle leur conscience de citoyen. Vingt-cinq ans après la signature du Traité de Rome, dans tous les pays européens, l'éducation reste toujours dictée par les modèles strictement nationaux et nationalistes; dans tous les pays d'Europe, les élèves du primaire et du secondaire étudient une histoire centrée sur l'État nation, et ils l'étudient comme une justification du nationalisme dans lequel ils sont éduqués. Le fait que, dans certains pays, des élèves se voient offrir ultérieurement une information plus ou moins détaillée sur les institutions européennes et sur ses objectifs, voire sur les idéaux européistes, ne change guère cette situation de fond.

Il a été précisé que le Traité de Maastricht, qui rénove et élargit le Traité de Rome, comme engagement fondamental des États regroupés dans l'Union Européenne, en constitue une modification substantielle en ce sens que, à la différence du Traité de Rome, il inclut des articles relatifs à l'éducation et à la culture, et partant, que cette innovation ouvre la porte à une éducation européenne. En fait, cette innovation est plus apparente que réelle.

Voici ce que stipule le texte de l'article 125 consacré à l'éducation :

« 1. La Communauté contribuera au développement d'une éducation de qualité en encourageant la coopération entre les États membres, et le cas échéant, en complétant leur action et en leur apportant un soutien dans le plein respect de leurs responsabilités en ce qui concerne les contenus de l'enseignement et l'organisation du système éducatif, ainsi que de leur diversité culturelle et linguistique. »

Le point 2 concrétise le contenu de ces actions, stipulant, en premier lieu de : « Développer la dimension européenne dans l'enseignement, en particulier par l'apprentissage et la diffusion des langues des États membres. »

Finalement, le point 4 précise que « pour contribuer à la réalisation des objectifs établis dans le présent article, le Conseil adoptera, selon la procédure prévue à l'article 189 B et après consultation du Comité Économique et Social et du Comité des Régions, des mesures d'encouragement, à l'exclusion de toute harmonisation des dispositions légales et réglementaires des États membres.»

En d'autres termes, alors que la Communauté a pris dès le début des décisions qui limitent la souveraineté des États dans le domaine économique et, en partie également, dans le domaine juridique et administratif, ce que fait le Traité de Maastricht n'est autre que de ratifier le principe, consacré par une pratique constante, qui consiste à ne prendre aucune décision, à n'entamer aucune action susceptible d'être interprétée comme une ingérence dans la pleine compétence des États membres dans le système éducatif. Il le fait, qui plus est, de façon emphatique et par deux fois dans le même article.

Au moment de concrétiser cette action complémentaire, dans ce que le Traité appelle la dimension européenne de l'enseignement, il se limite uniquement à mentionner l'apprentissage et la diffusion des langues des États membres. C'est-à-dire, exactement ce que faisait déjà la Communauté avec les programmes «Lingua» et «Erasmus», désormais intégrés au programme «Socrates».

L'article 128, relatif à la culture, est encore moins précis :

«1. La Communauté contribuera à l'épanouissement des cultures des États membres dans le respect de leur diversité nationale et régionale, tout en mettant en relief le patrimoine culturel commun.

«2. L'action de la Communauté favorisera la coopération entre les États membres, et, le cas échéant, complétera leur action et leur apportera un soutien dans les domaines suivants : l'amélioration de la connaissance et la diffusion de la culture et de l'histoire des peuples européens, la conservation et la protection du patrimoine culturel d'importance européenne, les échanges culturels non-commerciaux, et la création artistique et littéraire, y compris le secteur audiovisuel». Il termine, là encore, en précisant que les mesures concernant ces thèmes devront être prises à l'unanimité et «à l'exclusion de toute harmonisation des dispositions légales et réglementaires des États membres.»

Parvenus à ce terme de notre exposé, je pense qu'il convient d'appeler les choses par leur nom.

L'existence de l'Union Européenne suppose, que l'on veuille ou que l'on ne veuille pas l'admettre, une certaine dose de supranationalité, et avancer dans le chemin de l'union signifie renforcer cette union. Mais pour ce faire, il convient que les Européens assument le fait qu'ils détiennent un patrimoine commun qui scelle leur solidarité et non pas seulement des intérêts économiques communs. Et la meilleure façon d'éveiller la conscience des citoyens d'Europe, c'est de faire reposer leur éducation sur ce patrimoine commun.

Il est vrai que l'Europe ne peut se construire qu'à partir de la diversité et du respect de la diversité, aussi bien linguistique que culturelle — et ce livre a été écrit à partir de cette conviction —, mais force est d'ajouter aussi que le respect des différences n'est possible qu'à partir d'un principe commun partagé. Les pays qui s'intègrent à l'Union devraient s'engager à mettre leurs services éducatifs au service de ce principe commun. Ce n'est que le jour où les élèves d'aujourd'hui et citoyens européens de demain apprendront leur histoire nationale en fonction de l'histoire européenne, et qu'ils s'habitueront depuis l'école à considérer que leur identité nationale est solidaire de la citoyenneté européenne, que nous pourrons croire que nous avançons dans la construction d'une Europe unie et diverse à la fois, d'une Europe dans laquelle la pluralité des langues ne sera pas un obstacle à l'ensemble des objectifs. Et c'est seulement dans la mesure où nous avancerons dans cette voie que nous pourrons proposer aux Européens d'acquérir d'autres langues comme un enrichissement personnel et comme une contribution à la solidarité collective.

On rappelle souvent que Jean Monnet, après avoir, comme on sait, contribué de façon décisive à la construction d'une Europe unie, disait que, s'il avait à recommencer sa tâche, il mettrait en première place l'Europe de la culture, et non l'Europe de l'économie. Devant l'impossibilité de choisir entre la culture et l'économie, je ne crois pas trahir sa pensée en disant que la voie royale vers l'Europe de l'avenir, c'est l'Europe de l'éducation.

Bibliographie

Alladina, S. & Edwards, V. (ed.), *Multilingualism in the British Isles*, Londres, Longman, 1990 (2 vol.).

Balibar, R. & Laporte, D., *Le français national. Politique et pratique de la langue nationale sous la révolution*, Paris, Hachette, 1974.

Baron, E., *Europa en el alba del milenio*, Madrid, Acento, 1994.

Bastardes, A. (ed.), *¿Un Estado, una lengua? La organización pólitica de la diversidad lingüística*, Barcelona, Octaedro, 1994.

Bauer, Otto, *La cuestión nacional y la socialdemocracia*, in Marx, Engels, Kautsky, Bauer : *El marxismo y la cuestión nacional*, Barcelona, Avance, 1976.

Béranger, J., *Histoire de l'Empire des Habsbourg 1273-1918*, Paris, Fayard, 1990.

Braga, G. & Monticivelli, E., *Linguistic Problems and European Unity*, Milan, Franco Angeli, 1982.

Brunot, F., *Histoire de la langue française des origines à nos jours*, 12 volumes, 1966 1969.

Burchfield, R., *The English Language*, Oxford, Oxford University Press, 1985.

Calvet, L.-J., *La guerre des langages et les politiques linguistiques*, Paris, Payot, 1987.

Calvet, L.-J., *L'Europe et ses langues*, Paris, Plon, 1993.

CEE (Baumgratz-Canci), *La mobilité des étudiants en Europe. Conditions linguistiques et socio-culturelles*, 1989.

CEE (Instituto della Enciclopedia Italiana), *Les minorités linguistiques dans les Pays de la Communauté Européenne*, 1986.

CEE (M.Siguan), *Les minorités linguistiques dans la Communauté Economique Européenne : Espagne, Portugal, Grèce*, 1989.

CEE, *The teaching of Modern Foreign Languages in Primary and Secondary Education in Europe*, Euridice, 1992.

CEE, *Les chiffres clé de l'éducation dans l'Union Européenne*, 1994.

Comrie, Bernard, *The Major Languages of Western Europe*, Londres, Routledge, 1989.

Coulmas, Florian (ed.), *A language policy for the European Community. Prospects and Quandaries*, Berlin, New York, Mouton-de Gruyter, 1991.

Crystal, David, *The Cambridge Encyclopedia of Language*.

Duroselle, J.B., *Histoire de l'idée européenne* in Encyclopedia Universalis, 3ᵉ ed., Paris, 1989.

Duroselle, J.B., *L'Europe : histoire de ses peuples*, Paris, Librairie académique Perrin, 1990.

Fichte, J.G., *Discours à la Nation allemande*, Paris, Aubier-Montaigne, 1952.

Freddi, Giov, *L'Italia plurilingue*, Bergamo, Minerva Italica, 1983.

Fodor, I. & Hagege, Cl., *La réforme des langues : histoire et avenir*, Munich, Buske, vol. II, 1983, vol. III, 1984, vol. IV, 1989, vol. V, 1990.

Giordan, H., *Les minorités en Europe*, Paris, KIME, 1992.

Grigoriou, P. (éd.), *Questions des minorités en Europe*, Bruxelles, Presses Interuniversitaires Européennes, 1994.

Grillo, R.D., *Dominant Languages. Language and Hierarchy in Britain and France*, Cambridge, Cambridge University Press, 1989.

Hagège, Claude, *Le souffle de la langue. Voies et destins des parlers d'Europe*, Paris, Ed. Odile Jacob, 1992.

Haarmann, H., *Soziologie und Politik der Sprachen Europas*, Deutscher Taschenbuch Verlag, 1975.

Hattich, M. & Pfitzner, P.D. (dir.), *Nationalsprachen und die Europaische gemeinshaft*, Olzog Verlag.

Heraud, Guy, *Peuples et langues de l'Europe*, Paris, Denoël, 1968.

Hindley, Reg, *The Death of the Irish Language*, Londres, Routledge, 1990.

Humboldt, Wilheim, «Latin und Hellas», in : *Schriften zur Sprache*, Stuttgart, Reclam, 1985.

Humboldt, Wilheim, *Sobre la diversidad de la estructura del lenguaje humano y su influencia sobre el desarrollo de la humanidad*, Barcelona, Anthropos, 1990.

Janton, *L'esperanto*, Paris, PUF, 1973.

Konig, Werner, *Atlas zur deutschen sprache*, DTV, 1978.

Krashen, S., *Second language acquisition and second language teaching*, Oxford, Pergamon, 1981.

Labrie, N., *La construccion linguistique de la Communauté européenne*, Paris, Champion, 1993.

Lockwood, W.P., *Languages of the British Isles. Past and Present*, The Language Library.

Mc Callen, B., *English : a World Commodity. The International Market for Training in English as a Foreing Language*, Special Report 1166, Londres, The Economist Intelligence Unit, 1989.

McLaughlin, B., *Second Language Acquisition*, Londres, Edward Arnold, 1987.

Milian, A., *Drets linguistics i dret fonamental a l'educació*, Barcelona, Generalitat de Catalunya, 1991.

Morin, E., *Penser l'Europe*, Paris, Gallimard, 1987.

Mosterin, J., *La ortografia fonémica del español*, Madrid, Alianza, 1981.

Olender, M., *Les langues du paradis*, Paris, Gallimard-Le Seuil, 1989.

Picht, R. (coord.), *L'identité européenne*, Paris, TEPSA, Presses Universitaires européennes, 1994.

Phillipson, R., *Linguistic Imperialism*, Oxford, Oxford University Press, 1992.

Price, Glanville, *The language of Britain*, Londres, Edward Arnold, 1984.

Raasch, Alb. (ed.), *Peace trough Language Teaching : LINGUAPAX 3*, Saarbrucken, Universität des Saarlandes, 1991.

Renfew, Colin, *Archeaelogy and Language. The puzzle of indœuropean origins*, London, Cape, 1987.

Ronjat, J., *Le développement du langage observé chez un enfant bilingue*, Paris, Champion, 1913.

Siguan, M. (coord.), *Las lenguas y la educación para la paz*, Barcelona, ICE/Horsori, 1990.

Siguan, M., *España plurilingue*, Madrid, Alianza Editorial, 1992.

Stalin, J., «A propos du marxisme en linguistique», in : Marx, Engels, Lafargue, Stalin, *Marxisme et linguistique*, Paris, Payot, 1977.

Stephens, M., *Linguistic minorities in Western Europe*, Llandysul, Wales UK, Gomer Press, 1978.

Taechner, T., *The Sun is Femenine. A Study of Language Acquisition in Bilingual Children*, Berlin, Springer, 1983.

Truchot, Claude, *L'anglais dans le monde contemporain*, Paris, Le Robert, 1990.

Truchot, Cl. (éd.), *Le plurilinguisme européen. Théories et pratiques en politique linguistique*, Paris, H. Champion, 1944.

Toulemon, Robert, *La construction européenne*, Paris, Ed. Falois, 1994.

Vendryes, J., *Le langage. Introduction linguistique à l'histoire*, Paris, Renaissance du Livre, 1921.

Walter, H., *L'aventure des langues en Occident*, Paris, Laffont, 1994.

Wolff, P., *Origen de las lenguas occidentales : 100-1500 d.C.*, Madrid, Guadarrama, 1981.

Table des matières

Avant-propos 5

Chapitre 1
LES RACINES HISTORIQUES

1.1. Un panorama varié 7
1.2. Une origine commune : les langues indo-européennes 12
1.3. Le latin, langue de l'empire romain 16
1.4. Le latin, langue de l'église et de la culture 17
1.5. L'ascension des langues vulgaires 20
1.6. Les facteurs de la consolidation 25

Chapitre 2
LANGUES NATIONALES ET NATIONALISMES LINGUISTIQUES

2.1. Unification politique et unification linguistique – Le modèle français. 31
2.2. L'empire et les langues 36
2.3. Le nationalisme linguistique 39
2.4. Revendications linguistiques et revendications nationales ... 43
2.5. Les conséquences 50

Chapitre 3
UNITÉ ET DIVERSITÉ :
POLITIQUES LINGUISTIQUES DES ÉTATS EUROPÉENS

3.1. Typologie 55
3.2. Le monolinguisme comme objectif 56
3.3. La protection des minorités 63
3.4. L'autonomie linguistique 66
3.5. Le fédéralisme linguistique 69
3.6. Le bilinguisme institutionnel 76
3.7. Promotion et défense des langues d'états 79

Chapitre 4
LANGUES ET SOCIÉTÉ EN EUROPE

4.1. La coexistence des langues : langues majoritaires et langues minoritaires   85
4.2. Autochtones et étrangers   95
4.3. Une société cosmopolite   99

Chapitre 5
DÉFENSE DE LA CORRECTION
ET TENDANCE À LA CONVERGENCE

5.1. La défense de la correction linguistique   107
5.2. La tendance à la convergence   110
5.3. Les systèmes d'écriture   113

Chapitre 6
LES LANGUES DE LA COMMUNICATION INTERNATIONALE

6.1. Remplacement du latin et ascension de l'anglais   125
6.2. L'anglais dans la société contemporaine   128
6.3. Les langues artificielles   137
6.4. La polémique sur l'anglais   139

Chapitre 7
POLITIQUE LINGUISTIQUE DE L'UNION EUROPÉENNE

7.1. Les principes   143
7.2. Le fonctionnement interne   148
7.3. Les programmes spécifiques   154

Chapitre 8
LANGUES ET ENSEIGNEMENT EN EUROPE

8.1. Organisation de l'enseignement   167
8.2. Les langues enseignées   170
8.3. Les méthodes et les objectifs   173

Chapitre 9
UNITÉ DE L'EUROPE ET PLURALITÉ DE LANGUES
UNE POLITIQUE LINGUISTIQUE POUR L'UNION EUROPÉENNE

....   181

Bibliographie   195

CHEZ LE MÊME ÉDITEUR

PSYCHOLOGIE ET SCIENCES HUMAINES
collection publiée sous la direction de MARC RICHELLE

1. Dr Paul Chauchard : LA MAITRISE DE SOI. *9ᵉ éd.*
7. Paul-A. Osterrieth : FAIRE DES ADULTES. *16ᵉ éd.*
9. Daniel Widlöcher : L'INTERPRETATION DES DESSINS D'ENFANTS. *9ᵉ éd.*
11. Berthe Reymond-Rivier : LE DEVELOPPEMENT SOCIAL DE L'ENFANT ET DE L'ADOLESCENT. *9ᵉ éd.*
22. H. T. Klinkhamer-Steketée : PSYCHOTHERAPIE PAR LE JEU. *3ᵉ éd.*
24. Marc Richelle : POURQUOI LES PSYCHOLOGUES? *6ᵉ éd.*
25. Lucien Israel : LE MEDECIN FACE AU MALADE. *5ᵉ éd.*
26. Francine Robaye-Geelen : L'ENFANT AU CERVEAU BLESSE. *2ᵉ éd.*
27. B.F. Skinner : LA REVOLUTION SCIENTIFIQUE DE L'ENSEIGNEMENT. *3ᵉ éd.*
29. J.C. Ruwet : ETHOLOGIE : BIOLOGIE DU COMPORTEMENT. *3ᵉ éd.*
38. B.-F. Skinner : L'ANALYSE EXPERIMENTALE DU COMPORTEMENT. *2ᵉ éd.*
40. R. Droz et M. Rahmy : LIRE PIAGET. *3ᵉ éd.*
42. Denis Szabo, Denis Gagné, Alice Parizeau : L'ADOLESCENT ET LA SOCIETE. *2ᵉ éd.*
43. Pierre Oléron : LANGAGE ET DEVELOPPEMENT MENTAL. *2ᵉ éd.*
45. Gertrud L. Wyatt : LA RELATION MERE-ENFANT ET L'ACQUISITION DU LANGAGE. *2ᵉ éd.*
49. T. Ayllon et N. Azrin : TRAITEMENT COMPORTEMENTAL EN INSTITUTION PSYCHIATRIQUE
52. G. Kellens : BANQUEROUTE ET BANQUEROUTIERS
55. Alain Lieury : LA MEMOIRE
58. Jean-Marie Paisse : L'UNIVERS SYMBOLIQUE DE L'ENFANT ARRIERE MENTAL
59. Jacques Van Rillaer : L'AGRESSIVITE HUMAINE
61. Jérôme Kagan : COMPRENDRE L'ENFANT
62. Michel S. Gazzaniga : LE CERVEAU DEDOUBLE
64. X. Seron, J.L. Lambert, M. Van der Linden : LA MODIFICATION DU COMPORTEMENT
65. W. Huber : INTRODUCTION A LA PSYCHOLOGIE DE LA PERSONNALITE. *2ᵉ éd.*
66. Emile Meurice : PSYCHIATRIE ET VIE SOCIALE
67. J. Château, H. Gratiot-Alphandéry, R. Doron et P. Cazayus : LES GRANDES PSYCHOLOGIES MODERNES
68. P. Sifnéos : PSYCHOTHERAPIE BREVE ET CRISE EMOTIONNELLE
69. Marc Richelle : B.F. SKINNER OU LE PERIL BEHAVIORISTE
70. J.P. Bronckart : THEORIES DU LANGAGE
71. Anika Lemaire : JACQUES LACAN. *2ᵉ éd. revue et augmentée.*
72. J.L. Lambert : INTRODUCTION A L'ARRIERATION MENTALE
73. T.G.R. Bower : DEVELOPPEMENT PSYCHOLOGIQUE DE LA PREMIERE ENFANCE
74. J. Rondal : LANGAGE ET EDUCATION
75. Sheila Kitzinger : PREPARER A L'ACCOUCHEMENT
76. Ovide Fontaine : INTRODUCTION AUX THERAPIES COMPORTEMENTALES
77. Jacques-Philippe Leyens : PSYCHOLOGIE SOCIALE. *2ᵉ éd.*
78. Jean Rondal : VOTRE ENFANT APPREND A PARLER
79. Michel Legrand : LE TEST DE SZONDI
80. H.J. Eysenck : LA NEVROSE ET VOUS
81. Albert Demaret : ETHOLOGIE ET PSYCHIATRIE
82. Jean-Luc Lambert et Jean A. Rondal : LE MONGOLISME
83. Albert Bandura : L'APPRENTISSAGE SOCIAL
84. Xavier Seron : APHASIE ET NEUROPSYCHOLOGIE
85. Roger Rondeau : LES GROUPES EN CRISE?

86 J. Danset-Léger : L'ENFANT ET LES IMAGES DE LA LITTERATURE ENFANTINE
 87 Herbert S. Terrace : NIM. UN CHIMPANZE QUI A APPRIS LE LANGAGE GESTUEL
 88 Roger Gilbert : BON POUR ENSEIGNER?
 89 Wing, Cooper et Sartorius : GUIDE POUR UN EXAMEN PSYCHIATRIQUE
 90 Jean Costermans : PSYCHOLOGIE DU LANGAGE
 91 Françoise Macar : LE TEMPS, PERSPECTIVES PSYCHOPHYSIOLOGIQUES
 92 Jacques Van Rillaer : LES ILLUSIONS DE LA PSYCHANALYSE. 2e éd.
 93 Alain Lieury : LES PROCEDES MNEMOTECHNIQUES
 94 Georges Thinès : PHENOMENOLOGIE ET SCIENCE DU COMPORTEMENT
 95 Rudolph Schaffer : COMPORTEMENT MATERNEL
 96 Daniel Stern : MERE ET ENFANT, LES PREMIERES RELATIONS
 97 R. Kempe & C. Kempe : L'ENFANCE TORTUREE
 98 Jean-Luc Lambert : ENSEIGNEMENT SPECIAL ET HANDICAP MENTAL
 99 Jean Morval : INTRODUCTION A LA PSYCHOLOGIE DE L'ENVIRONNEMENT
100 Pierre Oleron et al. : SAVOIRS ET SAVOIR-FAIRE PSYCHOLOGIQUES CHEZ L'ENFANT
101 Bernard I. Murstein : STYLES DE VIE INTIME
102 Rondal/Lambert/Chipman : PSYCHOLINGUISTIQUE ET HANDICAP MENTAL
103 Brédart/Rondal : L'ANALYSE DU LANGAGE CHEZ L'ENFANT
104 David Malan : PSYCHODYNAMIQUE ET PSYCHOTHERAPIE INDIVIDUELLE
105 Philippe Muller : WAGNER PAR SES REVES
106 John Eccles : LE MYSTERE HUMAIN
107 Xavier Seron : REEDUQUER LE CERVEAU
108 Moreau/Richelle : L'ACQUISITION DU LANGAGE
109 Georges Nizard : ANALYSE TRANSACTIONNELLE ET SOIN INFIRMIER
110 Howard Gardner : GRIBOUILLAGES ET DESSINS D'ENFANTS, LEUR SIGNIFICATION
111 Wilson/Otto : LA FEMME MODERNE ET L'ALCOOL
112 Edwards : DESSINER GRACE AU CERVEAU DROIT
113 Rondal : L'INTERACTION ADULTE-ENFANT
114 Blancheteau : L'APPRENTISSAGE CHEZ L'ANIMAL
115 Boutin : FORMATION ET DEVELOPPEMENTS
116 Húsen : L'ECOLE EN QUESTION
117 Ferrero/Besse : L'ENFANT ET SES COMPLEXES
118 R. Bruyer : LE VISAGE ET L'EXPRESSION FACIALE
119 J.P. Leyens : SOMMES-NOUS TOUS DES PSYCHOLOGUES?
120 J. Château : L'INTELLIGENCE OU LES INTELLIGENCES?
121 M. Claes : L'EXPERIENCE ADOLESCENTE
122 J. Hayes et P. Nutman : COMPRENDRE LES CHOMEURS
123 S. Sturdivant : LES FEMMES ET LA PSYCHOTHERAPIE
124 A. Pomerleau et G. Malcuit : L'ENFANT ET SON ENVIRONNEMENT
125 A. Van Hout et X. Seron : L'APHASIE DE L'ENFANT
126 A. Vergote : RELIGION, FOI, INCROYANCE
127 Sivadon/Fernandez-Zoïla : TEMPS DE TRAVAIL, TEMPS DE VIVRE
128 Born : JEUNES DEVIANTS OU DELINQUANTS JUVENILES?
129 Hamers/Blanc : BILINGUALITE ET BILINGUISME
130 Legrand : PSYCHANALYSE, SCIENCE, SOCIETE
131 Le Camus : PRATIQUES PSYCHOMOTRICES
132 Lars Fredén : ASPECTS PSYCHOSOCIAUX DE LA DEPRESSION
133 Mount : LA FAMILLE SUBVERSIVE
134 Magerotte : MANUEL D'EDUCATION COMPORTEMENTALE CLINIQUE
135 Dailly/Moscato : LATERALISATION ET LATERALITE CHEZ L'ENFANT
136 Bonnet/Tamine-Gardes : QUAND L'ENFANT PARLE DU LANGAGE
137 Bruyer : LES SCIENCES HUMAINES ET LES DROITS DE L'HOMME

138 Taulelle : L'ENFANT A LA RENCONTRE DU LANGAGE
139 de Boucaud : PSYCHOLOGIE DE L'ENFANT ASTHMATIQUE
140 Duruz : NARCISSE EN QUETE DE SOI
141 Feyereisen/de Lannoy : PSYCHOLOGIE DU GESTE
142 Florin et al. : LE LANGAGE A L'ECOLE MATERNELLE
143 Debuyst : MODELE ETHOLOGIQUE ET CRIMINOLOGIE
144 Ashton/Stepney : FUMER
145 Winkel et al. : L'IMAGE DE LA FEMME DANS LES LIVRES SCOLAIRES
146 Bideau/Richelle : PSYCHOLOGIE DEVELOPPEMENTALE
147 Schmid-Kitsikis : THEORIE CLINIQUE ET FONCTIONNEMENT MENTAL
148 Guggenbühl/Craig : POUVOIR ET RELATION D'AIDE
149 Rondal : LANGAGE ET COMMUNICATION CHEZ LES HANDICAPES MENTAUX
150 Moscato et al. : FONCTIONNEMENT COGNITIF ET INDIVIDUALITE
151 Château : L'HUMANISATION OU LES PREMIERS PAS DES VALEURS HUMAINES
152 Avery/Litwack : NEE TROP TOT
153 Rondal : LE DEVELOPPEMENT DU LANGAGE CHEZ L'ENFANT TRISOMIQUE 21
154 Kellens : QU'AS-TU FAIT DE TON FRERE?
155 Rondal/Henrot : LE LANGAGE DES SIGNES
156 Lafontaine : LE PARTI PRIS DES MOTS
157 Bonnet/Hoc/Tiberghien : AUTOMATIQUE, INTELLIGENCE ARTIFICIELLE ET PSYCHOLOGIE
158 Giovannini et al. : PSYCHOLOGIE ET SANTE
159 Wilmotte et al. : LE SUICIDE
160 Giurgea : L'HERITAGE DE PAVLOV
161 Ionescu : MANUEL D'INTERVENTION EN DEFICIENCE MENTALE N° 1
162 Ionescu : MANUEL D'INTERVENTION EN DEFICIENCE MENTALE N° 2
163 Pieraut-Le Bonniec : CONNAITRE ET LE DIRE
164 Huber : PSYCHOLOGIE CLINIQUE AUJOURD'HUI
165 Rondal et al. : PROBLEMES DE PSYCHOLINGUISTIQUE
166 Slukin : LE LIEN MATERNEL
167 Baudour : L'AMOUR CONDAMNE
168 Wilwerth : VISAGES DE LA LITTERATURE FEMININE
169 Edwards : VISION, DESSIN, CREATIVITE
170 Lutte : LIBERER L'ADOLESCENCE
171 Defays : L'ESPRIT EN FRICHE
172 Broome Walace : PSYCHOLOGIE ET PROBLEMES GYNECOLOGIQUES
173 Aimard : LES BEBES DE L'HUMOUR
174 Perruchet : LES AUTOMATISMES COGNITIFS
175 Bawin-Legros : FAMILLES, MARIAGE, DIVORCE
176 Pourtois/Desmet : EPISTEMOLOGIE ET INSTRUMENTATION EN SCIENCES HUMAINES
177 Sloboda : L'ESPRIT MUSICIEN
178 Fraisse : POUR LA PSYCHOLOGIE SCIENTIFIQUE
179 Ruffiot : PSYCHOLOGIE DU SIDA
180 McAdams/Deliège : LA MUSIQUE ET LES SCIENCES COGNITIVES
181 Argentin : QUAND FAIRE C'EST DIRE...
182 Van der Linden : LES TROUBLES DE LA MEMOIRE
183 Lecuyer : BEBES ASTRONOMES, BEBES PSYCHOLOGUES : L'INTELLIGENCE DE LA 1re ANNEE
184 Immelmann : DICTIONNAIRE DE L'ETHOLOGIE
185 Collectif : ACTEUR SOCIAL ET DELINQUANCE
186 Fontana : GERER LE STRESS
187 Bouchard : DE LA PHENOMENOLOGIE A LA PSYCHANALYSE
188 Chanceaulme : MOURIR, ULTIME TENDRESSE
189 Rivière : LA PSYCHOLOGIE DE VYGOTSKY

190 Lecoq : APPRENTISSAGE DE LA LECTURE ET DYSLEXIE
191 de Montmolin/Amalberti/Theureau : MODÈLES DE L'ANALYSE DU TRAVAIL
192 Minary : MODÈLES SYSTÉMIQUES ET PSYCHOLOGIE
193 Grégoire : ÉVALUER L'INTELLIGENCE DE L'ENFANT
194 Gommers/van den Bosch/de Aguilar : POUR UNE VIEILLESSE AUTONOME
195 Van Rillaer : LA GESTION DE SOI
196 Lecas : L'ATTENTION VISUELLE
197 Macquet : TOXICOMANIES ET FORMES DE LA VIE QUOTIDIENNE
198 Giurgea : LE VIEILLISSEMENT CÉRÉBRAL
199 Pillon : LA MÉMOIRE DES MOTS
200 Pouthas/Jouen : LES COMPORTEMENTS DU BÉBÉ : EXPRESSION DE SON SAVOIR ?
201 Montangero/Maurice-Naville : PIAGET OU L'INTELLIGENCE EN MARCHE
202 Colin A. Epsie : LE TRAITEMENT PSYCHOLOGIQUE DE L'INSOMNIE
203 Samalin-Amboise : VIVRE À DEUX
204 Bourhis/Leyens : STÉRÉOTYPES, DISCRIMINATION ET RELATIONS INTERGROUPES
205 Feltz/Lambert : ENTRE LE CORPS ET L'ESPRIT
206 Francès : MOTIVATION ET EFFICIENCE AU TRAVAIL
207 Houziaux : ÉDUCATION DU PATIENT ET ORDINATEUR
208 Roques : SORTIR DU CHÔMAGE
209 Bléandonu : L'ANALYSE DES RÊVES ET LE REGARD MENTAL
210 Born/Delville/Mercier/Snad/Beeckmans : LES ABUS SEXUELS D'ENFANTS
211 Siguan : L'EUROPE DES LANGUES

Manuels et Traités

    Droz-Richelle : MANUEL DE PSYCHOLOGIE
    Hurtig-Rondal : MANUEL DE PSYCHOLOGIE DE L'ENFANT (Tome 1)
    Hurtig-Rondal : MANUEL DE PSYCHOLOGIE DE L'ENFANT (Tome 2)
    Hurtig-Rondal : MANUEL DE PSYCHOLOGIE DE L'ENFANT (Tome 3)
    Rondal-Seron : LES TROUBLES DU LANGAGE (DIAGNOSTIC ET REEDUCATION)
    Fontaine/Cottraux/Ladouceur : CLINIQUES DE THERAPIE COMPORTEMENTALE
    Godefroid : LES CHEMINS DE LA PSYCHOLOGIE